U0134218

殷周歷史與文字 （第二輯）

敬賀中国社会科学院古代史研究所（原历史研究所）建所七十周年

中国社会科学院甲骨学殷商史研究中心 编

中西書局

本辑执行主编

王泽文

编 辑 前 言

在《殷周历史与文字》第一辑于 2022 年秋出版后，根据所里先秦史学科负责人和研究室主任刘源先生的工作布置，第二辑由王泽文轮值收集并编辑稿件。承学科诸位先生百忙之中慨允赐稿，编辑工作得以顺利进行，在这里表示感谢。

同第一辑一样，本辑也主要选编古代史研究所先秦史学科在职研究人员的研究成果。其中有近年曾公开发表的，也有未刊的新作。

翻阅过第一辑的读者，已经通过相关介绍了解了本学科诸位现职成员。之后，又有夏虞南先生（在站博士后）和杨博先生加入，还收到在读的曲正清博士的论文（合著），因此本辑的内容更加丰富了。这些文章从不同角度对夏商周文明的延续性、统一性和创新性进行探讨，希望有助于阐释中华传统文化的传承和发展。

经征询诸位作者先生的意见，本辑的编排次序略作调整，大体上依照文章涉及的专题稍加归类。

编者

2023 年 4 月 11 日

目　录

1

古 史 钩 沈

汉 学 研 究

甲骨学与殷商史

论商代复合制国家结构[*]

王震中[**]

　　商代的国家结构是商史研究中极重要的一个方面，然而至今学术界对它的认识尚未取得一致。以往的研究主要有两种看法。一种认为"商王国是一个统一的君主专制的大国"，"商王对诸侯如同对王室的臣僚一样……诸侯政权对商王室的臣属关系，在实质上，就是后世中央政权与地方政权的一种初期形态"，[①]或者说商朝是"比较集中的中央权力的国家"。[②] 第二种意见认为商朝时期并不存在真正的中央权力，而把商代看作是一个由许多"平等的"方国组成的联盟，[③]或者称之为"共主制政体下的原始联盟制"国家结构。[④] 在这两种意见之外，笔者近年曾提出，包括商朝在内的夏商周三代都属于复合制国家结构，只是其发展的程度不同，商代强于夏代，周代又强于商代。在夏代，其复合制国家的特征主要是由夏王乃"天下共主"来体现的；而到了商代，除了商王取代夏而成为新的"天下共主"外，其复合制国家结构更主要的是由"内服"和"外服"制来构成的；到了周代，周王又取代商而为"天下共主"，其复合制国家结构则通过大规模的分封和分封制而达到了鼎盛。[⑤]

　＊　本文为国家社科基金中国历史研究院重大专项"五帝时代到夏代王权与国家形态研究"
　　　（22VLS003）阶段性成果。
＊＊　中国社会科学院古代史研究所。

①　杨升南：《卜辞中所见诸侯对商王室的臣属关系》，胡厚宣主编：《甲骨文与殷商史》，上海古籍
　　出版社，1983年；又收入《甲骨文商史丛考》，线装书局，2007年。
②　谢维扬：《中国早期国家》，浙江人民出版社，1995年，第383页。
③　林沄：《甲骨文中的商代方国联盟》，《古文字研究》第6辑，中华书局，1981年。
④　周书灿：《中国早期国家结构研究》，人民出版社，2002年，第7页。
⑤　王震中：《夏代"复合型"国家形态简论》，《文史哲》2010年第1期；《商代的王畿与四土》，《殷
　　都学刊》2007年第4期；《商代都邑》，中国社会科学出版社，2010年，第456、485—486页。

一、商代"内服""外服"制与"复合制国家结构"

"内服"与"外服"是商代最有特征的国家结构关系。在周初的诸诰中，关于商的内服、外服之制，《尚书·酒诰》一篇说得最为详备：

> 我闻惟曰：在昔殷先哲王……自成汤咸至于帝乙，成王畏相，惟御事，厥棐有恭，不敢自暇自逸，矧曰其敢崇饮？越在外服：侯、甸、男、卫、邦伯；越在内服：百僚、庶尹、惟亚、惟服、宗工，越百姓里居（君），罔敢湎于酒。不惟不敢，亦不暇。

这是一篇完整的材料，它记载了商王之属下分内、外两服，其内服为：百僚、庶尹、亚服、宗工，还有百姓里君；其外服为：侯、甸、男、卫、邦伯。《酒诰》的记载恰可以与大盂鼎"惟殷边侯田粤殷正百辟"铭文对应起来："殷边侯田（甸）"说的就是"越在外服"的"侯、甸、男、卫、邦伯"；"殷正百辟"指的就是"越在内服"的百官。由大盂鼎铭文可证，《酒诰》所说的商代的内、外服制是有根据的，也是可信的。

周代文献和金文中有关商的内、外服制还可与甲骨文中"商"与"四土四方"并贞的卜辞相对应，例如：

> 己巳王卜，贞，〔今〕岁商受〔年〕？王占曰：吉。
>
> 东土受年？
>
> 南土受年？吉。
>
> 西土受年？吉。
>
> 北土受年？吉。　　　　　　　　　　　　　　　　（《合集》36975）
>
> 南方，西方，北方，东方，商。　　　　　　　　　　（《屯南》1126）

这里的"商"显然不仅仅是指商都，而应指包括商都在内的商的王邦（商国）即后世所谓王畿地区，①亦即《酒诰》所说的内服之地；与"商"相对应的

---

① 参见王震中：《甲骨文亳邑新探》，《历史研究》2004 年第 5 期。关于商的"王畿"这一概念，最早见于《诗经·商颂·玄鸟》"邦畿千里，维民所止"。这里的邦畿就是汉代以后所说的王畿。

"四土"则是附属于商的侯伯等诸侯，①亦即《酒诰》所说的外服之地。

甲骨文中与"四土"对贞的"商"指的是商国，也可称为王邦和王国，有文献上的依据。在先秦文献中，《尚书·召诰》用"大邦殷"称呼商国，《大诰》中的"周邦""我小邦周"等均指周国。所以，殷邦即商国，周邦即周国。相对于当时大量存在的其他普通的诸侯邦国而言，商代的殷邦、商国与周代的周邦、周国在它们各自的王朝中都可称为王邦和王国。实际上，在先秦时期已出现"王国"一词，如《诗经·大雅·文王》："思皇多士，生此王国。王国克生，维周之桢。"《诗经·大雅·江汉》："四方既平，王国庶定……王命召虎，式辟四方，彻我疆土。匪疚匪棘，王国来极。于疆于理，至于南海。"金文也有"保辥王国"。② 对于上引文献和金文中的"王国"，作为最一般的理解，应该指的是"王之国"即王都，亦即国都。但作为其引申义，于省吾先生认为这个"王国"与《尚书》中的"四国""周国""有周"一样，不是单指国都，也不包括四方在内，而为京畿范围，即王畿之地。③ 确实，根据《江汉》中"王国"与"四方"对举，可以认为这个"王国"就是指"周邦"，即周国，亦即周王直接治理的地区，后世所谓的"王畿"。那么，商的内服之地，即商的王畿地区，亦即甲骨文中与"四土"对贞的"商"，就相当于《尚书》所言"大邦殷"之殷邦或战国时吴起所说"殷纣之国"的商国，为此可称之为商王邦或商王国。

商的内服之地，即王畿地区，亦即商的王邦、王国，其核心地域和范围在商代的前期和后期是有变化的。在商代前期，商的王畿地区，可由偃师商城和郑州商城这两座一度并存的王都加以确定，偃师商城与郑州商城两座王都的连线即为商代前期王畿地区。④ 商代后期王畿地区，就是《史记·殷本纪》正义引《竹书纪年》所说："自盘庚徙殷至纣之灭，二百五(七)十三年，更

---

① 依据甲骨文，这些侯伯诸侯包括侯、伯、子、男、任、田等名称，皆是商朝拥有封地的诸侯，其中男、任、田在古文献中认为是同一种爵称，男、任在甲骨文中有时也通用。本文用"侯伯等诸侯"一语来统称"侯、伯、子、男、田(甸)"等诸侯名称。

② 晋公盆。中国社会科学院考古研究所编：《殷周金文集成释文》第6卷，香港中文大学出版社，2001年，第194页，10342号。

③ 于省吾：《双剑誃尚书新证》，北平直隶书局，1934年。

④ 王震中：《商代都邑》，第460—461页。

不徙都,纣时稍大其邑,南距朝歌,北据邯郸及沙丘,皆为离宫别馆。"也就是《战国策·魏策》吴起所讲的"殷纣之国,左孟门,而右漳滏,前带河,后被山。有此险也,然为政不善,而武王伐之"。漳水在安阳殷墟北,滏水为古漳水支流,源于磁县西之滏山。漳、滏二水在殷之北,距殷墟不远。因以北边的漳滏二水为右,所以"左孟门",就在其南,即今河南辉县西,它位于殷墟的西南。"前带河"之河,是指安阳殷都东侧由南向北流的古黄河;当时的古黄河是走河北从天津入海,并不走山东境内,其中,由浚县至巨鹿大陆泽为南北走向,穿安阳与内黄之间。"后被山"之山是指安阳西边的太行山,因以殷都东侧的黄河为前,殷都西侧的太行山当然就为其后了。吴起的这段话是以安阳殷都为中心,北有(右有)漳滏,南有(左有)孟门,东(前)临大河,西(后)靠太行。吴起说这是"殷纣之国"中的有险可守之处,所以我们可以把它视为晚商王国即王畿中的核心区域。当然,晚商王国(王畿)的范围实际上还应该比这大一些,如《竹书纪年》就说,殷都北边的邯郸和今邢台附近的沙丘有商纣王的"离宫别馆"就属于"稍大其邑"的"大邑商"的范围。

商的外服之地,即甲骨文中商的"四土",此乃畿外侯伯等诸侯邦国所分布的地区。关于商王朝政治地理的分布格局,陈梦家和宋镇豪两位先生都做过很好的研究。陈梦家曾根据卜辞、西周金文、《尚书》以及《诗经·商颂》所叙述的殷代疆土都邑,用三个方框套方框、五个层次的图形方式表示出商的王畿与四土的这种行政区划:最核心的中心区域为商、大邑商;其外为奠;奠外为四土、四方;四土、四方之外为四戈;四戈之外为四方、多方、邦方。[①]宋镇豪也用同样的方式对商国疆域和行政区划作了图示勾勒:商王朝的王畿区以王邑为中心,王邑之外的近郊称东、南、西、北四"鄙",往外一层的区域称东、南、西、北四"奠","奠"即后来称作"甸服"之"甸",它本是由王田区而起名,连同宗族邑聚及农田区一起构成了"王畿区";自"奠"以远泛称"四土""四方",为王朝宏观经营控制的全国行政区域;"四土"之内、四"奠"之外还有"牧"即"牧正"之类,是与商王朝曾有过结盟交好关系的边地

---

① 陈梦家:《殷虚卜辞综述》,中华书局,1988年,第325页。

族落之长;"四土"周围的边地又称为"四戈",属于"边侯"之地;"王畿区"为"内服"之地;"四土"为"外服"之地;"四土"之外为"四至",属于"邦方"之域。① 宋镇豪所说的"王畿区"为"内服"之地,"四土"为"外服"之地,与本文的划分完全一致。只是在"外服"之地的"四土"中,不但有诸多侯伯之类的诸侯邦国,也混杂一些敌对族邦方国,因而造成了商的"四土"地理分布虽然以王畿为中心而呈环状分布,但这个环状分布带还不是整齐划一地连为一体。在有些区域,商的侯伯等诸侯国与敌对族邦国呈现出"犬牙交错"的状态,再加上附属于商的诸侯族邦还有时服时叛的情形,使得商的"四土"的范围实际上处于一种开放的、不稳定的状态。②

商王朝的国家结构体现在其政治区域的划分上固然由内服与外服即王邦与四土诸侯所构成,但这种划分并非使二者截然分离,连接二者的一个很好的纽带就是四土诸侯国的一些人作为朝臣,住在王都,参与王室的一些事务。

二、在朝为官的"外服"之君与复合制国家结构

在"内服"之地,正如《酒诰》所言,主要是王族和执掌各种职官的贵族大臣,但这里要强调的是这些执掌各种官职的贵族大臣有相当多的是来自"外服"的侯伯方国之人。例如,卜辞中有"小臣醜"(《合集》36419),这位在朝廷为官者,就属于来自山东青州苏埠屯一带侯伯之国的人。山东青州苏埠屯一号大墓是一座有四条墓道、墓室面积达 56 平方米、殉犬 6 条、殉人多达48 人的规模极大的墓葬。③ 苏埠屯遗址虽然尚未发现城址,但是这种带有四条墓道的大墓的规格与殷墟王陵是一样的,而且由该遗址出土铸有"亚

① 宋镇豪:《论商代的政治地理架构》,《中国社会科学院历史研究所学刊》第 1 集,社会科学文献出版社,2001 年,第 27 页;《商代的王畿、四土与四至》,《南方文物》1994 年第 1 期。

② 王震中:《商代都邑》,第 482—484 页。

③ 山东省博物馆:《山东益都苏埠屯第一号奴隶殉葬墓》,《文物》1972 年第 8 期;山东省文物考古研究所等:《青州市苏埠屯商代墓地发掘报告》,《海岱考古》第 1 辑,山东大学出版社,1989 年。

醜"族徽铭文的大铜钺以及五六十件传世铜器中都有"亚醜"（图1）铭记来看，①该墓主人是可称为亚醜的诸侯。亚醜原本乃东夷人，"亚醜"是复合族徽，其"亚"即《酒诰》"惟亚、惟服"之"亚"，是武官，是外在诸侯兼有武官者；"小臣醜"是亚醜族（亦即亚醜诸侯）派遣到朝廷担任小臣之职者。既然在王朝任职，当然他和他的家族就需要居住在殷都。

最近发现的殷墟花园庄54号墓是一座在朝为官的显赫贵族墓。墓内出土青铜器、玉器、陶器、石器、骨器、蚌器、竹器、象牙器、金箔、贝等各类器物共达570余件，其中有铜钺7件和大型卷头刀以及大量青铜戈、矛等兵器，在所出的青铜礼器上，大多有铭文"亚长"二字。此"亚"也即《酒诰》"惟亚、惟服"之"亚"，它原本是内服之职官中的武官。"亚"形徽记之所以与"长"形徽记组合成复合型徽记，是因为古代有以官职为徽号的情况，这就是《左传》隐公八年众仲所说的"赐姓""命氏"，"因以为族。官有世功，则有官族，邑亦如之"。所以"亚"与"长"相结合的这种带有"亚"符号的族氏徽记，就属于因官有世功而形成官族后将其族氏徽号铸在铜器上，以显示自己身世尊荣的一个例证。"亚"原本为武职官名，这与墓内随葬大量青铜兵器也是相符的；"长"为甲骨文中"长"族之长。为此，发掘者认为54号墓的墓主当为"长"族的首领，是一位兵权在握的显赫贵族。② 在甲骨文中，长族邦君在一期时即被称为"长伯"（《合集》6987正），到廪辛康丁时期，出现有"长子"的称呼（《合集》27641）。卜辞中长族将领"长友角""长友唐"也是很有名的（《合集》6057正、6063反等）。长伯的封地即称为长，商王关心长地的年成，卜问"长不其受年"（《合集》9791正）。商王还经常与长族进行联络，常常卜问派遣官员"往于长"（《合集》7982、《怀特》956），也有商王亲自行至长地的记录（《合集》767反、36346、36776）。关于长在何地，根据长与舌方、羌（《合集》495）均有涉，以及今山西长子县西郊有春秋时期的"长子"古地名等情况，已故的林欢博士认为"长"族原居于今山西长子县，河南鹿邑县太清宫的长子口墓墓

---

① 殷之彝：《山东益都苏埠屯墓地和"亚醜"铜器》，《考古学报》1977年第2期。

② 中国社会科学院考古研究所安阳工作队：《河南安阳市花园庄54号商代墓葬》，《考古》2004年第1期。

主人是商亡国之后南迁的"长子"族首领。① 那么,花园庄54号墓墓主当为商王祖庚、祖甲时期长族派遣到殷都并居于殷都、在朝为武官的大贵族。

图 1　亚醜族徽铭文

1. 亚醜父辛鼎铭(《三代》二·二八)　2. 亚醜父丙爵盖铭(《三代》十八·二十)　3. 亚醜杞妇卣盖铭(《三代》十二·六十)　4. 亚醜方鼎铭(《三代》二·九)　5. 亚醜父辛簋铭(《三代》六·十七)　6. 亚醜父丁方盉铭(《三代》十四·四)　7. 亚醜父丙鼎铭(《拾遗》图二)　8. 亚醜季尊铭(《三代》十一·二十)　9. 亚醜者女方觥(《三代》十七·二六)

在今安阳梅园庄村一带,东北距小屯宫殿区约2公里处,是一处集居地与墓地于一体的居址,出土有被称为"光"等家族的徽铭,而在卜辞中,我们

---

① 林欢:《试论太清宫长子口墓与商周"长"族》,《华夏考古》2003年第2期。关于长子口墓,也有一种观点认为它是周初封于宋地的微子启的墓葬,参见王恩田:《鹿邑太清宫西周大墓与微子封宋》,《中原文物》2002年第4期;松丸道雄:《河南鹿邑县長子口墓をぁぐる諸問題——古文献と考古学との邂逅》,《中国考古学》第4号,2004年。

可以看到"光"也被称为"侯光"，属于侯伯之类的诸侯，如"丙寅卜，王贞，侯光若……往✿嘉……侯光……"（《合集》20057）。"侯光"他作为诸侯的领地当不在殷墟梅园庄，因为梅园庄一带出土的徽铭不止"光"一个族，还有"单""册韦""天黾"等族。梅园庄出土的"光"徽铭，只是光侯中的一个家族而已，也就是光侯国族中在朝廷为官者。在卜辞中，商王要求"光"致送"羌刍"："甲辰卜，亘贞，今三月光呼来？王占曰：其呼来。迄至惟乙，旬又二日乙卯，允有来自光，氏（致）羌刍五十。"（《合集》94 正）也有卜辞贞问"光"能否获"羌"，"贞，光获羌"（《合集》182），"光不其获羌"（《合集》184、185），"……光来羌"（《合集》245 正）。

殷墟西区第三墓区 M697 出土了一件带有"丙"的族氏徽铭的铜器。然而考察"丙"这一族氏徽铭，我们发现出土这一族氏徽记铭文最多的是在山西灵石旌介的商墓。山西灵石旌介商墓的出土物中，在铸有族氏徽记铭文的 42 件铜器中，"丙"形徽铭竟有 34 件，[①]所以"丙"这一国族的本家即宗族在山西灵石旌介，而居住在殷墟、死后葬于殷墟西区墓地者则是丙国在商王朝为官者及其家族。

丙的本家即宗族不在殷墟，还可以从甲骨文中得到证明。甲骨刻辞中有"丙邑"（《合集》4475），即为丙国之都邑。在卜辞中，我们不但可以看到"王令丙"（《合集》2478），而且也有"妇丙来"（《合集》18911 反）的记录。妇丙之称已表明丙族与商王朝有婚姻关系，而"妇丙来"则进一步说明，从殷都的角度讲，妇丙之丙族是外来者。

丙国派遣人在王朝为官，从一些传世的丙国铜器铭文也可以得到印证。如《续殷文存》下 18.2 著录有一爵，"丙"下有一"亚"框，可以称之为"亚丙"，年代为殷墟文化第二、三期。此"亚"形徽记与"丙"形徽记组合成复合型徽记，也属于因官有世功而形成官族后将其族氏徽号铸在铜器上，以显示自己身世尊荣的又一例证。此外，丙族在商王朝还曾担任"作册"一职，如丙木辛

---

① 李伯谦：《从灵石旌介商墓的发现看晋陕高原青铜文化的归属》，《北京大学学报（哲学社会科学版）》1988 年第 2 期；殷玮璋、曹淑琴：《灵石商墓与丙国铜器》，《考古》1990 年第 7 期。

卣铭文即写作"丙木父辛册"。^① 罗振玉《三代吉金文存》收录有在鼎和卣上铸有"丙"形徽铭的两篇长篇铭文，^②鼎铭记载作器者在某地受到商王赏赐贝而为父丁作器，卣铭记载作器者在夒地受到商王赏赐而为毓祖丁作器。这些都说明丙国丙族首领接受商王职官封号，为王服务，受王赏赐，其宗族的本家远在山西灵石旌介，而其中的一个家族则因在朝为官而族居族葬于安阳殷都。

位于殷墟刘家庄南的 M63 出土有 2 件"息"铭铜器，这也是一个外来族氏在朝为官者的例证。根据 20 世纪 80 年代的考古发掘，息族铜器集中发现的地方是河南罗山县蟒张乡天湖村的晚商墓地。在前后 3 次发掘的 20 座晚商墓葬中，出土有铭文的铜器共 40 件，其中有"息"字铭文的共 26 件，占全部有铭文铜器的 65%；出"息"铭文铜器的墓有 9 座，占全部商代墓的 41%，特别是 10 座中型墓中有 8 座出土"息"铭铜器，占 80%。^③ 学者多认为罗山县天湖墓地为息族墓地，^④应该没有什么疑问。在甲骨刻辞中有"妇息"（《合集》2354 臼），也有"息伯"（《合集》20086）。息族有伯称，属于当时"外服"侯伯之国；息妇的存在，表明息与商王朝存在婚姻关系，而刘家庄南 M63 出土的"息"铜器表明，作为"外服"的息族人有在商王都为官者。

在文献中我们也可以看到，商王通过让"外服"的侯伯之君担任朝中要职而使之成为朝臣，如《史记·殷本纪》载商纣以西伯昌、九侯（一作鬼侯）、鄂侯为三公，就是明例。^⑤

上述位于"外服"即"四土"之地的诸侯国之人何以能在"内服"之地任职，并使殷都的族氏结构中更多的是家族而不只是宗族，^⑥笔者以为这当然

---

① 中国社会科学院考古研究所编：《殷周金文集成释文》第 4 卷，香港中文大学出版社，2001 年，第 84 页，5166 号。

② 分别见于罗振玉：《三代吉金文存》4·10·2 和 13·38·6，中华书局，1983 年。

③ 河南省信阳地区文管会、河南省罗山县文化馆：《罗山天湖商周墓地》，《考古学报》1986 年第 2 期。

④ 李伯谦、郑杰祥：《后李商代墓葬族属试析》，《中原文物》1981 年第 4 期。

⑤ 李学勤：《释多君、多子》，胡厚宣主编：《甲骨文与殷商史》，上海古籍出版社，1983 年。

⑥ 王震中：《商代都邑》，第 353—358 页。

在于商王朝是由内、外服构成的"复合制国家结构"的缘故。

所谓"复合型国家结构"就是"国家"中套有"国家"。在这种"复合型"国家中，作为王国即王邦的"大邦殷"①显然有"天下共主"的特征，它在整个王朝中为"国上之国"。这不仅仅因为它位于中央，可称之为中央王国，更在于它既直接统治着本邦（王邦）亦即后世所谓的"王畿"地区，也间接支配着臣服或服属于它的若干邦国。王邦对于其他众多的属邦就是"国上之国"。而夏朝时即已存在的一个个邦国，在商时它们并没有转换为王朝的地方一级权力机构，这些邦国若臣服或服属于王朝，只是使得该邦国的主权变得不完整，主权不能完全独立，但它们作为邦国的其他性能都是存在的，所以，形成了王朝内的"国中之国"。这样，整个王朝就是由作为"国上之国"的王国与作为"国中之国"的附属邦国所组成。邦国的结构是单一型的，而整个王朝在"天下共主"的结构中，是由王邦与众多属邦组成的，是复合型的，就像数学中的复合函数一样，函数里面套函数。王国是由邦国发展而来的，它在上升为王国之前，原本就是邦国。例如商王国在商灭夏之前，对于夏而言它只是一个邦国；周王国在周灭商之前，也是一个邦国。由邦国走向王国，就是由普通的属邦即庶邦地位走向天下的共主地位。由于在以王为天下共主的王朝中，那些主权半独立的一个个邦国之君，在其国内都行使着国家君主的权力，各邦之间的关系也都是国与国之间的关系，只要周边环境和形势允许，它们都可以走向主权完全独立的国家。我们把这种以王为天下共主、以王国为中央、以主权不完全独立的诸侯国即普通的属邦为周边（外服）的这种王朝国家，称为复合制国家结构。

商代的复合制国家结构，在政治地理结构上固然可划分为"内服"与"外服"，"内服"为王朝的百官所在之地，"外服"为诸侯属邦所在地，但由于在朝为官者也有来自外服诸侯和属邦之人，这些人有的甚至就是各个诸侯属邦的邦君，因而这种内、外服之制实际上是在王权统辖之下的一个统一体。"外服"诸侯和属邦能够在王都即王朝内担任各种官职这一现象，就是对商

---

① 《尚书·召诰》。

代国家形态中复合制结构关系的很好的说明。在这种结构关系中,"外服"诸侯和属邦既非独立的邦国,亦非像后世那样的所谓地方一级的行政管理机构,而是受商王统辖的、不具有独立主权的、规模大小不等的各类政治实体。在这里,商的王权对内、外服的支配(包括对"内服"的直接支配和对"外服"的间接支配),[①]是作为统一体的复合制国家结构得以构成的基础。

三、商的王权与复合制国家结构

(一) 商王是"内服""外服"土地的最高所有者

王宇信和徐义华两位先生在《商代国家与社会》一书中曾使用"商王是全国土地的最高所有者"[②]这样一个命题。这里的"全国土地"就是我们所说的"内服"和"外服"合起来的土地。研究甲骨文和殷商史的学者们,根据甲骨卜辞资料指出:"商王可到全国各地圈占土地,建立田庄,经营农业。"[③]其中,对于王室直接支配的王邦之地,商王向贵族、官吏发布命令,要他们到某地去"袞田"垦荒,或去种植农作物,是无须赘述的。对于诸侯或从属于商王的诸邦(我们称之为"属邦")领地,商王也要派人去占地耕作。例如,卜辞云:

> 贞,令受袞田于先侯。十二月。　　　　　　　　(《合集》9486)
>
> 贞,王于黍侯受黍年。十三月。　　　　　　　　(《合集》9934 正)
>
> 贞,令犬延族袞田于虎。　　　　　　　　　　　(《合集》9479)
>
> 贞,令众人取(趋)入絆方袞田。　　　　　　　　(《合集》6)

"袞田"是垦荒造田。[④] 先侯、黍侯、犬延族、絆方都属于商王朝的诸侯国或方

---

① 王震中:《商代都鄙邑落结构与商王的统治方式》,《中国社会科学》2007 年第 4 期;《商代都邑》,第 486—511 页。

② 王宇信、徐义华:《商代国家与社会》,中国社会科学出版社,2011 年,第 108 页。

③ 杨升南:《商代经济史》,贵州人民出版社,1992 年,第 58 页。

④ 张政烺:《卜辞袞田及其相关诸问题》,《考古学报》1973 年第 1 期。

国。① 商王可以直接参与或派人到这些诸侯方国内垦土造田，足见商王对于诸侯国的土地也拥有最高所有权。

商王对诸侯土地的权力还表现在可以强取诸侯方国的田邑，如卜辞云：

    贞呼从奠（郑）取怀叟鄙三邑。   （《合集》7074）

    贞□彭龙……取三十邑。   （《合集》7073 正）

在引第一辞中，郑既是贵族也是诸侯，卜辞中有"子郑"（《合集》3195），又有"侯郑"（《合集》3351），即可说明这点。上引《合集》7074 这条卜辞是说，"商王从郑侯国内取走三个邑，实指三个邑所领有的土地。这三个邑所领有的土地原本是郑侯的，商王则派人将其取走，以归王室"。② 第二辞的彭为地名，当与"龙"邻近。"龙"为方国名，甲骨文中有"龙方"。龙方起初曾与商朝发生过战争，后又臣服于商。臣服于商的龙方时而向商王进贡物品，时而参与商王的田猎活动。③ 这条卜辞是占卜商王下令从彭、龙取回三十个邑所领有的土地。

商王对土地的最高所有权还表现在对于贵族或诸侯给予土地封赐，如甲骨文云："呼从臣沚有册三十邑。"（《合集》707 正）卜辞中的沚是商王武丁时的一个诸侯，卜辞中有时称之为"沚敱"，有时称之为"伯敱"（《合集》5945 正）。"臣沚"之臣，为职官之称，即沚也是诸侯中在朝为官者。杨升南先生指出："此辞中的'册'是个动词，有'册封'之意。辞的大意是商王让沚将三十个邑书之于典册，以封赏给某个贵族。册上登录有土地邑名（甚至可能有四至的范围），以此册授予被封者，被封者则以此为凭信，拥有册上所登录的土地。"④

既然在国土结构上，诸侯领地的最高所有权在商王手中，诸侯不具有独

---

① 杨升南：《卜辞中所见诸侯对商王室的臣属关系》，胡厚宣主编：《甲骨文与殷商史》。

② 杨升南：《商代经济史》，第 61 页。

③ 杨升南：《商代经济史》，第 61 页；王宇信、徐义华：《商代国家与社会》，第 111 页。

④ 杨升南：《商代经济史》，第 63 页。

立的主权,那么在诸侯领地发生外敌入侵或掠夺的事件时,诸侯就有向商王报告的责任。有一条卜辞说:

> 癸巳卜,㱿贞,旬亡祸? 王占曰:"有祟,其有来艰。"迄至五日丁酉,允有来艰自西,沚㦰告曰:"土方征于我东鄙,戈二邑,舌方亦侵我西鄙田。" (《合集》6057 正)

在这版卜辞中,"我"是沚㦰的自称。"土方征于我东鄙,戈二邑,舌方亦侵我西鄙田",是沚㦰向商王报告的内容:沚㦰的东边边境受到土方的征掠,祸害了鄙上的两个邑;沚㦰的西面边鄙的田地受到舌方的侵扰。

在甲骨文中,也有"长伯"向商王报告外敌侵犯自己领地的记载:

> 癸未卜,㱿贞:旬亡[祸]……祟,其有来艰,迄至七日……允有来艰自西,长戈□告曰:"舌方征于我奠……" (《合集》584 正甲)
>
> 王占曰:有祟,其有来艰,迄至七日己巳,允有来艰自西,长有角告曰:"舌方出,侵我示爨田,七十五人。" (《合集》6057 正)
>
> 癸未卜,永贞:旬亡祸。七日己丑。长友化呼告曰:"舌方征于我奠丰,七月。" (《合集》6068 正)
>
> ……自长友唐,舌方征……亦有来自西,告牛家……
>
> (《合集》6063 反)

这四条卜辞中的"长戈""长有角""长友化""长友唐"等都是长伯国族的邦君名,四条卜辞都是向商王报告说:舌方侵犯长伯国族西部的"奠"地的田邑,造成了损害。

商王不仅十分关心诸侯国的安危、诸侯国的边境田邑是否受到外敌的侵扰,也关心诸侯国的农业收成。前引《合集》36975 卜辞中商王占卜东、西、南、北"四土"是否"受年"就是最典型的例子。此外,诸如"辛酉贞,犬受年。十一月"(《合集》9793),就是关心犬侯的年成;"贞长不其受年。贞长受年"

（《合集》9791正、反），是占卜"长伯"领地的年成；"癸亥卜，王，戈受年"（《合集》8984），"贞戈受［年］"（《合集》9806）是关心戈方的年成；"戊午卜，雍受年"（《合集》9798），是卜问雍地的年成；等等。

商王也经常到诸侯领地进行田猎。例如，"己卯卜，行贞，王其田亡灾，在杞"（《合集》24473）是商王到杞侯境内田猎；"辛卯卜，贞王其田至于犬"（《合集》29388）是商王田猎来到了犬侯之地；"壬午卜，王弗其获在万鹿。壬午卜，王其逐在万鹿获，允获五，二告"（《合集》10951）卜辞中的"万"也称为"万人"（《合集》8715、21651），此辞是说商王在"万"地境内打猎，捕获五头鹿。

上述商王在诸侯国或属邦境内"哀田"、"取邑"、田猎等行为，反映了商王对于诸侯和属邦领地拥有支配权。而各诸侯国和属邦时常向商王报告自己如何受到外敌的侵掠，也是这些诸侯国和属邦把自己的领地看成是商王朝的一个组成部分的缘故。因此，虽然各诸侯国和属邦也有某种程度的相对的独立性，但其主权是不完整的，不是独立的。这种主权的不完整是因为它们被纳入了复合制国家结构之中，商的王权是覆盖整个"外服"诸侯与属邦的。

（二）"外服"侯伯等属邦有向商王贡纳的义务

作为复合制国家结构，其王权在经济方面的体现也由两部分组成。对于"内服"而言，主要是如《孟子·滕文公上》所说"夏后氏五十而贡，殷人七十而助，周人百亩而彻"中的"助"法，这是一种劳役地租，是对商的王邦之地的一种直接剥削；对于"外服"而言，则表现为诸侯要向商王室贡纳各种物品。

有学者指出：卜辞中的"氏（致）""收（供）""入""来"等字就是诸侯向商王贡纳关系的用词。[①] 卜辞中的"氏"，于省吾先生释作"致"，谓："凡物由彼而使之至此谓之致，故《说文》云：'致，送也。'"[②] 卜辞中的"供"字作"𢏚"形，

---

① 杨升南：《卜辞中所见诸侯对商王室的臣属关系》，胡厚宣主编：《甲骨文与殷商史》。
② 于省吾：《释氏》，《双剑誃殷契骈枝 双剑誃殷契骈枝续编 双剑誃殷契骈枝三编》，中华书局，2009年，第127—130页。

象双手奉献之状。卜辞中"入"的物品均为龟甲。这是一种记事性文字,往往刻在龟腹甲的"桥"上,记诸侯或王臣向王室贡入多少只供占卜之用的龟。在甲骨文中,皋、古、唐、戈、郑、囷、亘、雀、竹、子画、子央、妇井、妇喜、伯戬、妇息、先侯、犬侯等40位以上诸侯有纳贡的记录。① 例如,有关先侯向商王贡纳的卜辞:

先氏(致)五十。　　　　　　　　　　　　　　(《合集》1779 反)

辛亥卜,贞,先[侯]来七羌……十三月。　　　　(《合集》227)

这是先侯向商王进贡龟甲、羌人的记载。也有光侯向商王贡纳羌人的记载:

甲辰卜,亘贞,今三月光呼来?王占曰:"其呼来。"迄至惟乙,旬又二日乙卯,允有来自光,氏(致)羌刍五十。　(《合集》94 正)

光来羌。　　　　　　　　　　　　　　　　　(《合集》245 正)

西方的周侯也时常向商王室纳贡,如卜辞云:

周入。　　　　　　　　　　　　　　　　　　(《合集》6649 反甲)

贞:周氏(致)巫。　　　　　　　　　　　　　(《合集》5654)

甲午卜,宾贞,令周乞牛多……　　　　　　　　(《合集》4884)

丁巳卜,古贞,周氏(致)嫀。

贞:周弗致嫀。　　　　　　　　　　　　　　　(《合集》1086 正)

这4条卜辞中,"巫"指巫觋之人。"嫀"乃秦姓女子。这几条卜辞是说周人向商王进贡的物品包括龟甲、巫、牛、女子。

竹侯向商王纳贡的卜辞有:

―――――――――――――――――

① 李雪山:《商代分封制度研究》,中国社会科学出版社,2004 年,第 104 页。

竹入十。 　　　　　　　　　　　　　　　　　（《合集》902 反）

取竹刍于丘。 　　　　　　　　　　　　　　　（《合集》108）

辞中"竹刍"即竹侯国内的刍奴。竹侯向商王贡纳的有十个龟甲，还有刍奴。

奚向商王送来的物品有白马、牛等：

甲辰卜，殸贞，奚来白马。王占曰：吉，其来。 　（《合集》9177 正）

贞：今春奚来牛，五月。 　　　　　　　　　　（《合集》9178 甲）

阜向商王贡纳的物品有龟甲、象牙和牛等：

阜入□。 　　　　　　　　　　　　　　　　　（《合集》9226 反）

阜来其氏（致）齿。 　　　　　　　　　　　　（《合集》17303 反）

贞：阜来舟。 　　　　　　　　　　　　　　　（《合集》11462 正）

丁未贞，阜氏（致）牛其用自上甲汛大示。

己酉贞，阜氏（致）牛其用自上甲三牢汛。

己酉贞，阜氏（致）牛其……自上甲五牢汛大示五牢。

己酉贞，阜氏（致）牛其用自上甲汛大示惟牛。 　（《屯南》9）

上辞中前两条说阜向商王纳贡龟甲和象牙。第三条卜辞是说阜向商王进贡舟。而《屯南》9 这组卜辞是说阜送来牛用于祭祀上甲等祖先。

戈向商王贡纳的物品也有龟甲、象牙、贝等：

戈入…… 　　　　　　　　　　　　　　　　　（《合集》926 反）

己亥卜，殸贞，曰：戈氏（致）齿王。

曰：戈氏（致）齿王。

贞，勿曰：戈氏（致）齿王。 　　　　　　　　（《合集》17308）

……戈允来……豕二、贝…… 　　　　　　　　（《合集》11432）

上述诸侯向商王纳贡的资料说明,在复合制国家结构中,商王与诸侯、商王邦与属邦在经济上也是极其不平等的,这是王权支配着诸侯国在经济上的体现。

（三）商王对"内、外服"军事力量的支配

商代的国土结构由"商"与"四土"组成,国家结构由"内服"与"外服"构成。在这样的结构内,其军队和军事武装也由"内服"武装和"外服"武装两部分构成。"内服"之地的武装也就是商王室的军队,"外服"之地的武装就是诸侯的军队,商王掌握着由这两部分构成的最高军政大权,统领和支配复合制国家结构内所有军事力量。

1. 商王室的军队

商的内服武装,即王邦内的武装,其最核心的成分是被称为"王师""王族""子族""多子族""三族""五族""左族""右族"等的商王室的军队。卜辞有:"王作三师:右、中、左。"(《粹》597)卜辞又云:

> 甲□贞,方来入邑,今夕弗震王师。 （《合集》36443）

卜辞中的"王师"就是王室军队。"王师"也称为"我师"(《合集》27882)、[1]"朕师"。在"师"的编制之下是"旅"。卜辞有"王旅"(《合集》5823),也称为"我旅"(《合集》1027 正、5824)。"旅"的编制之下还有"族"等编制。[2]

对于卜辞中"族"的含义,历来有两种解释:多数人是从血缘层面上理解,认为它是宗族家族之族,[3]也有人认为它是商人军旅,是军事组织名称。[4] 在

---

① 卜辞中"王师"可称为"我师";诸侯对于自己的军队,也可以称为"我师"。就像《合集》6057 正卜辞汕戓向商王报告的"土方征于我东鄙,戋二邑,舌方亦侵我西鄙田"中的"我"是汕戓的自称一样。

② 李雪山:《商代分封制度研究》,第 245—251 页。

③ 林沄:《从子卜辞试论商代家族形态》,《古文字研究》第 1 辑,中华书局,1979 年;朱凤瀚:《商周家族形态研究》,天津古籍出版社,1990 年。

④ 丁山:《甲骨文所见氏族及其制度》,中华书局,1988 年,第 33 页。李学勤先生认为甲骨文中的"王族"是由王的亲族组成的直属部队。见李学勤:《释多君、多子》,胡厚宣主编:《甲骨文与殷商史》。

甲骨文中,族字从㫃,从矢,矢为箭镞,㫃为旌旗,因而丁山先生指出,甲骨文"族字,从㫃,从矢,矢所以杀敌,㫃所以标众,其本谊应是军旅的组织"。[①] 笔者认为,甲骨文中的"族"主要是军事军队编制中的一种,它反映的最基本的不是血缘组织而是军队组织,如果说它与后来的"族"字含义有什么联系的话,甲骨文中"族"所表示的有可能是一种亲属部队,商代以后才将这种表示亲属部队的"族"逐渐地主要表示为血缘组织,并在"族军"这一层面上将二者统一了起来。也就是说,在甲骨文中,"王族"指的是王的亲属部队;"子族"指的是子(子或为爵称,或指宗族之长即宗子,它既包含有王子,也包含有非王子)的亲属部队;"多子族"指的是"多子"即多个子的亲属部队;"一族""三族""五族"分别指的是一个、三个、五个亲属部队;"左族""右族"指的是位于左边和位于右边的亲属部队。[②] 例如,卜辞云:

> 甲子卜……以王族宄方,在函,无灾。
>
> 方来降,吉。
>
> 不降,吉。
>
> 方不往自函,大吉。
>
> 其往。　　　　　　　　　　　　　　　　　　（《屯南》2301）
>
> 贞,令多子族暨犬侯璞周,由王事。　　　　　　（《合集》6813）
>
> 己亥,历贞:三族王其令追召方,及于□。　　　　（《合集》32815）
>
> 王惟羡令五族戍羌方。　　　　　　　　　　　　（《合集》28053）

上引《屯南》2301 这条卜辞是说用"王族"这样的部队去征伐宄方;《合集》6813 这条卜辞中,"璞"为动词,一般认为是征伐之意,此条卜辞是令多子族这样的部队和犬侯征伐周方国;《合集》32815 这条卜辞是商王命令"三族"(三个亲属部队)追击召方;《合集》28053 这条卜辞是说商王命令五个亲属部

---

① 丁山:《甲骨文所见氏族及其制度》。
② 王震中:《商代都邑》,第 510 页注释①。

队戍守羌方。卜辞中"王族""子族""多子族""三族""五族"的职责都是从事征伐和军事活动,因此它们是军事组织名称,是军事编制。

2. 商王可调动和支配诸侯、贵族领地的军队

诸侯或属邦拥有自己的军队,这些军队也称为"师",如卜辞中的弜师、朱师、皋师、雀师、犬师、允师、鼓师、缶师等。① 商王时常率领这些诸侯封国的军队出征。如卜辞云:

丁酉卜,翌日王惟犬师比,弗悔,无灾……不遘雨。 (《屯南》2618)

这条卜辞是说商王要率犬侯之师出征。在甲骨文中,经常可以看到这样一种格式的卜辞"王比某某伐某方",是一个惯用型句子。如"丁丑卜,㱿贞:今🉐王比沚䣅伐土方,受有佑"(《英藏》581)。词中的"比",也有人释为"从"。笔者认为无论释为"从"还是"比","王比沚䣅伐土方"这样的结构说的是:沚䣅为先头部队,即沚䣅在前、王在其后去征土方。所以,沚䣅是商王这次征土方作战的先头部队。也就是说,在甲骨文中,凡是"王比某某"去征伐作战,或"某某比某某"去征伐作战,"比"字后面的某某,都可以理解为是协同作战中的先头部队。

征伐土方之外,沚䣅作为商王对外战争的先头部队,还征伐过召方、舌方和巴方,如"丁卯贞:王比沚……伐召方,受……在祖乙宗卜"(《屯南》81)。这是在祖乙宗庙占卜的卜辞,商王率领沚䣅征伐了召方。还有,"贞:䣅启,王其执舌方"(《合集》6332),"辛卯卜,宾贞:沚䣅启巴,王惟之比,五月。辛卯卜,宾贞:沚䣅启巴,王勿惟之比"(《合集》6461 正),这里的"启"有在前之义,也是占卜是否以沚䣅为先头部队,去征伐舌方和巴方。

沚䣅也称"伯䣅",沚是商的侯伯之国,但起初曾是商的敌对方国。如卜辞说"贞其有艰来自沚。贞亡来艰自沚"(《合集》5532 正),"乙酉卜,圉允执沚"(《合集》5857)。前一卜辞是卜问是否有祸来自沚方,后一卜辞是说拘执

---

① 李雪山:《商代分封制度研究》,第 108 页。

了沚的邦君。后来，沚方臣服、从属于商王而被称为"伯戓"（《合集》5945）或"臣沚"，还册封给沚三十邑，"呼从臣沚有嘼三十邑"（《合集》707 正）。沚成为商的侯伯之国后，商王有时也到沚国去，如"丁卯卜，王在沚卜"（《合集》24351）；沚国成为商王驻跸之处，"今日步于沚"（《金》544），"壬申王卜，在沚贞：今日步于枻"（《合集》36957）。商王率领沚戓出征也就习以为常。有时商王命令沚祸害敌方，"惟圃令沚蚩（害）羌方"（《合集》6623）。

有关商王率诸侯出征的卜辞还可以举出一些：

> 贞，王惟侯告比征夷。
>
> 贞，王勿惟侯告比。 　　　　　　　　　　　　　（《合集》6460 正）
>
> 乙卯卜，㱿贞，王比望乘伐下危，受有佑。 　　　（《合集》32 正）
>
> 丁卯王卜……余其比多田于多伯征盂方伯炎，惟衣，翌日步……
>
> 　　　　　　　　　　　　　　　　　　　　　　（《合集》36511）
>
> 甲戌，王卜，贞……禺孟方率伐西国。嚣西田，嚣孟方，妥余一人。
>
> 余其［比］多田甾征盂方，亡尤…… 　　　　　　（《合补》11242）
>
> 癸丑卜，亘贞，王比奚伐巴方。
>
> 王勿比奚伐。 　　　　　　　　　　　　　　　（《合集》811 正、反）
>
> 甲午王卜，贞……余步比侯喜征人方…… 　　　　（《合集》36482）

上述卜辞，有的是商王以告侯为先头部队征伐夷方，有的是商王以望乘为先头部队征伐下危，有的是商王以多田和多伯为先头部队征伐盂方，有的是商王以奚为先头部队征伐巴方，有的是商王以攸侯喜为先头部队征伐人方，总之都属于王率诸侯出征。

在甲骨文中，还有王命贵族或诸侯出征。例如，"贞，勿惟师般［呼］伐"（《合集》7593），这是命令大将师盘出征；"丁巳卜，贞王令皋伐于东封"（《合集》33068），这是命令皋东征；"……呼妇好伐土方……"（《合集》6412），这是叫妇好出征土方；"甲午卜，宾贞，王惟妇好令征夷"（《合集》6459），这是命令妇好出征夷方；"贞，王令妇好比侯告伐夷……"（《合集》6480），这是命令妇好以告侯为先头部队征伐夷方；"甲戌卜，㱿贞，雀罘子商征基方，克"（《合集》6573），这是卜问子商和雀联合征伐基方；"贞，雀戈祭方"（《合集》6965），这是卜问雀可否战胜祭方；"壬辰卜，㱿贞，戍㞷㑢方"（《合集》6566），这是占卜戍征伐㑢方；等等。

由于王权中很大的力量是军权，商王对复合制国家结构内军事力量的掌握和控制，使得从成汤建立商王朝起，就取得了对天下的统治权，"自彼氐羌，莫敢不来享，莫敢不来王，曰商是常"。[①] 有商一代，商的王权是强大的。

上述卜辞说明，商代复合制国家结构与商的王权和商王为"天下共主"密不可分。从商王在诸侯国内的权力来讲，在甲骨文中我们可以看到，商王可以派人到诸侯国境内"垦田"，可以在诸侯国进行生产活动；商王也可以在诸侯国内打猎和巡游；商王还可以将诸侯国作为对外进行军事行动的起点。从诸侯对商王需承担的军事和经济诸多的义务来讲，在商王的对外战争中，诸侯或率领其军队随王征讨，或接受王的命令去征讨某一方国；在经济方面，诸侯要向商王贡纳牛羊马匹、龟甲、玉戈等各种物品乃至奴仆、人牲等。也就是说，商代的诸侯属邦与王邦的关系，绝非有些学者所谓"平等的"邦国联盟关系。此外，这些诸侯属邦虽然隶属于商王，但它们也不是秦汉以来类似郡县制的地方行政区划内的行政机构。因此，无论是从商王与诸侯的臣属关系，还是从"内服"与"外服"的结构关系来看，商王所直接统治的商国（王邦）与商国周边的诸侯国之间，是以商王为"天下共主"的、以商的王邦为"国上之国"、以诸侯国为"国中之国"的复合制国家结构关系，这种复合制结构关系是商代国家形态中最具特色的一个方面。

原载《中国史研究》2012年第3期，今据以收入，此次重刊个别文字略有改动。

---

① 《诗经·商颂·殷武》。

殷商社会性质问题讨论的
简要回顾与反思

任会斌*

古史分期为历史研究的重点问题之一,殷商社会性质作为重构中国古史体系学术探索中的重要一环,无疑是其中关键所在,而社会性质研究的复杂性和特殊性在面对殷商社会时更是尤其明显。

殷商社会性质研究可追溯至 20 世纪初的中国社会史论战。论战中,中国有无奴隶社会与"亚细亚生产方式"的问题被激烈讨论,殷商社会性质也成为焦点之一。当时进步的马克思主义学者如郭沫若、吕振羽、范文澜、翦伯赞、邓拓等基本认为中国古代存在奴隶社会,但就殷商社会性质意见并不一致。郭沫若是殷商奴隶社会的坚定支持者,但他最初于 1930 年出版的《中国古代社会研究》中,认为殷代阶级制度虽已出现,但尚处氏族社会末期。[①] 吕振羽通过对殷商社会内部结构的分析,率先提出商为奴隶社会的观点,[②]翦伯赞、邓拓等亦持此说。[③] 与此同时,"托派"的李季、胡秋原及"新生命派"的陶希圣、梅思平等否定奴隶社会存在,对殷商社会提出了不同意见。梅思平将夏商称为"原始帝国时期"。[④] 陶希圣则把中国历史分为所谓"宗法

---

* 中国社会科学院古代史研究所、中国社会科学院甲骨学殷商史研究中心。

① 郭沫若:《中国古代社会研究》,《郭沫若全集·历史编》第 1 卷,人民出版社,1982 年,第 6—310 页。

② 吕振羽:《中国经济之史的发展阶段》,《文史》1934 年创刊号;《殷代奴隶制度研究》,《劳动季报》1934 年第 2 期。

③ 翦伯赞:《殷代奴隶社会研究之批判》,《劳动季报》1935 年第 6 期;邓拓:《论中国社会经济史上的奴隶制度问题》,《新世纪》1936 年第 1 卷第 3 期。

④ 梅思平:《中国社会变迁之概略》,陶希圣编:《中国问题之回顾与展望》,上海新生命书局,1930 年,第 117—139 页。

社会""封建社会""资本主义社会",①后又发表《中国社会形式发达过程的新估定》一文,修订殷商为氏族社会。② 胡秋原也指出殷代为氏族社会的末期阶段。③ 李季则认为夏至殷为亚细亚社会。④

　　殷商是否为奴隶社会系论战中有影响力的论题之一。总体看来,当时的研究公式主义特征明显,概念逻辑也欠清晰,习惯以论代史,政治性过强,"不少论战作品学术含量不是很高,表明论战的参加者们大都是在理论和材料准备不足的情况下仓促上阵的"。⑤ 但诸多参与者也积极以马克思主义概念、理论讨论问题,殷商奴隶社会说的提出为后来的进一步研究提供了重要意见和启发。

　　关于殷商社会性质的讨论于 20 世纪 40 年代有了新的发展,范文澜于《关于上古历史阶段的商榷》中据斯大林所概括的奴隶社会生产力及生产关系的特征指出:"奴隶社会基本条件,考之殷代盘庚之后,无不备具。"⑥翦伯赞也认为殷商应属奴隶制种族国家。⑦ 郭沫若于此时放弃了之前商"是一个原始公社制的氏族社会"的观点,1941 年他在《由诗剧说到奴隶制度》中指出:"我从前把殷代视为氏族社会的末期未免估计得太低。现在我已经证明殷代已有大规模的奴隶生产存在了。"⑧另外,他更明确表示:"关于殷代是奴隶社会这一层,近来已得到一般的公认。"⑨1952 年《奴隶制时代》出版,进一

① 陶希圣:《中国社会之史的分析》,上海新生命书局,1931 年。

② 陶希圣:《中国社会形式发达过程的新估定》,《读书杂志》1932 年第 2 卷第 7、8 期合刊。

③ 胡秋原:《略复孙倬章君并略论中国社会之性质》,《读书杂志》1932 年第 2 卷第 2、3 期合刊。认为殷商属氏族社会阶段的还有陈邦国(《中国历史发展的道路》,《读书杂志》1931 年第 1 卷第 4、5 期合刊)、王伯平(《〈易经〉时代中国社会的结构:郭沫若〈周易〉的时代背景与精神生产〉批判》,《读书杂志》1933 年第 3 卷第 3、4 期合刊)等。

④ 李季:《中国社会史论战批判》,上海神州国光社,1934 年。

⑤ 张广志:《中国古史分期讨论七十年(上)》,《文史知识》2005 年第 10 期。

⑥ 范文澜:《关于上古历史阶段的商榷》,《中国文化》1940 年第 1 卷第 3 期。

⑦ 翦伯赞:《中国史纲》第 1 卷,五十年代出版社,1944 年。

⑧ 郭沫若:《由诗剧说到奴隶制度》,《郭沫若全集·文学编》第 19 卷,人民文学出版社,1992 年,第 153 页。

⑨ 郭沫若:《屈原研究》,《郭沫若全集·历史编》第 4 卷,人民出版社,1982 年,第 60 页。

步论证了商周奴隶社会说。[①] 侯外庐在《中国古代社会史论》中则深化了殷商氏族社会末期之说（观点在后期有所改变）。[②] 尹达也指出殷后期的社会本质还是氏族组织。[③] 此外，胡厚宣指出，"惟殷代虽有奴隶，但不能因此即谓殷代为'奴隶社会'"，"众""众人"当是自由公民，"殷代自武丁以降，确已有封建之制"。[④] 其论证不仅利用文献，更结合甲骨卜辞，"这对于中国古代史分期问题讨论的深入开展和健康发展，无疑是有益的"。[⑤]

这一阶段的讨论主要是在数量不多的马克思主义史学家间进行，由于战争形势，缺少深入探讨和争鸣，但也促进了问题的发展，具有一定的学术意义。

自中华人民共和国成立至改革开放前 30 年间，古史分期的研究基本以五种社会形态一元单线演进的理论框架，在肯定中国存在奴隶社会的基础上展开。就殷商社会性质，由于对其生产力水平、主要生产者身份、土地所有制形态、人殉人祭现象等认识不一，大致有四种主要观点：[⑥]原始社会末期说（尚钺、于省吾、赵锡元等），[⑦]原始社会向奴隶社会过渡说（侯外庐、朱本源、孙海波等），[⑧]原始社会向封建社会过渡说（童书业，范义田等），[⑨]奴隶社

① 郭沫若：《奴隶制时代》，《郭沫若全集·历史编》第 3 卷，人民出版社，1984 年，第 4 页。

② 侯外庐：《中国古代社会史论》，人民出版社，1955 年。

③ 尹达：《关于殷商社会性质争论中的几个重要问题》，《中国文化》1940 年第 2 卷第 1 期。文章发表后，谢华、叶蠖生等提出不同意见，参见谢华：《略论殷代奴隶制度》，《中国文化》1940 年第 2 卷第 4 期；叶蠖生：《从安阳发掘成果中所见殷墟时代社会形态之研究》，《中国文化》1941 年第 2 卷第 6 期。尹达亦进行了回复，参见尹达：《关于殷商史料问题》，《中国文化》1941 年第 3 卷第 1 期。

④ 胡厚宣：《殷非奴隶社会论》，《甲骨学商史论丛初集》，河北教育出版社，2002 年，第 78、151 页。

⑤ 林甘泉等：《中国古代史分期讨论五十年》，上海人民出版社，1982 年，第 112 页。

⑥ 限于篇幅，详细论述可参见林甘泉等：《中国古代史分期讨论五十年》，第 215—234 页。

⑦ 尚钺：《先秦生产形态之探讨》，《历史研究》1956 年第 7 期；于省吾：《从甲骨文看商代社会的性质》，《东北人民大学人文科学学报》1957 年第 2、3 期合刊；赵锡元：《读〈从卜辞论商代社会性质〉》，《史学集刊》1957 年第 1 期。

⑧ 侯外庐：《中国古代社会史论》；朱本源：《论殷代生产资料的所有制形式》，《历史研究》1956 年第 6 期；孙海波：《从卜辞试论商代社会性质》，《开封师院学报》1956 年创刊号。

⑨ 童书业：《与苏联专家乌·安·约瑟夫维奇商榷中国古史分期问题》，《文史哲》1957 年第 3 期；范义田：《西周的社会性质——封建社会》，《文史哲》1956 年第 9 期。

会说(郭沫若、范文澜、李亚农、日知、田昌五、李埏、邓拓、唐兰、徐喜辰、王玉哲等)。① 限于当时政治环境及主流史学思潮,"非奴说"支持者甚寡,仅有雷海宗、李鸿哲等少数学者,②相关论点亦多遭批驳。在此背景下,殷商奴隶社会说成为学界主流。

新时期以来,古史分期研究转入学术化,在借助马恩经典阐释,继续"三论五说"讨论的同时,学界开始反思五阶段社会形态理论对中国历史的适用性,中国无奴隶社会阶段的观点再次受到关注,③社会形态的界定标准及对于形成条件和途径的认识也逐渐深化。此背景下,诸多学者重视综合研究及社会结构的考察,围绕殷商社会性质提出了许多新的观点。

张广志认为殷商是建立在村社基础上的"村社封建制社会"。④ 黄伟成认为商属"贡赋制"早期封建制社会。⑤ 黄现璠则指出夏商为"领主封建制社会"。⑥ 胡钟达认为所谓"奴隶社会、封建社会及亚细亚生产方式"都为广义封建社会。⑦ 沈长云指出商系在众多酋邦组成的联盟基础上建立起来,属早

① 郭沫若:《奴隶制时代》,《郭沫若全集·历史编》第 3 卷;范文澜:《中国通史简编》第 1 编,人民出版社,1953 年;李亚农:《殷代社会生活》,上海人民出版社,1955 年;日知:《中国古代史分期问题的关键何在》,《历史研究》1957 年第 8 期;田昌五:《中国奴隶制形态之探索》,《新建设》1962 年第 6 期;李埏等:《试论殷商奴隶制向西周封建制的过渡问题》,《历史研究》1961 年第 3 期;邓拓:《论中国历史的几个问题》,生活·读书·新知三联书店,1959 年;唐兰:《关于商代社会性质的讨论——对于省吾先生〈从甲骨文看商代社会性质〉一文的意见》,《历史研究》1958 年第 1 期;徐喜辰:《商殷奴隶制特征的探讨》,《东北师范大学科学集刊(历史)》1956 年第 1 期;王玉哲:《试述殷代的奴隶制度和国家的形成》,《历史教学》1958 年第 9 期。
② 雷海宗:《世界史分期与上古中古史中的一些问题》,《历史教学》1957 年第 7 期;李鸿哲:《奴隶社会是否是社会发展必经阶段》,《文史哲》1957 年第 10 期。
③ 1979 年,黄现璠发表《我国民族历史没有奴隶社会的探讨》(《广西师范大学学报》1979 年第 2 期)一文,主张中国历史无奴隶社会。张广志、沈长云、胡仲达、晁福林、罗荣渠等学者均发表专著专文提出相同观点,引起很大反响。
④ 张广志、李学功:《三代社会形态:中国无奴隶社会发展阶段研究》,陕西师范大学出版社,2001 年。
⑤ 黄伟成:《贡赋制是华夏族从野蛮进入文明时代的契机》,《广西民族学院学报(哲学社会科学版)》1981 年第 4 期、1982 年第 1 期。
⑥ 黄现璠:《中国历史没有奴隶社会:兼论世界古代奴及其社会形态》,广西师范大学出版社,2015 年。
⑦ 胡钟达:《古典时代中国希腊政治制度演变的比较研究》,《内蒙古大学学报(哲学社会科学版)》1996 年第 6 期。

期国家性质。① 晁福林从社会经济形态入手，提出了"氏族封建制—宗族封建制—地主封建制"的文明演进道路，认为商属氏族封建制发展时期。② 冯天瑜意见与此相同："夏、商分封是对氏族邦国群体的承认。夏、商分封可划入'氏族封建'之列。"③朱凤瀚指出，"如果主要的农业生产者不能被证明是奴隶，则商后期社会显然不能划归奴隶社会"，④商应为"早期中国"。⑤ 苏秉琦从考古学角度对早期国家形态进行阶段划分，提出"古国—方国—帝国"的发展模式，夏商周为方国阶段。⑥ 王震中以"新进化论"概念将商称为"王国时期"，⑦指出"商族社会形态的演进，经历了由中心聚落形态走向邦国（初始国家也即早期国家）形态、再走向王国形态这样一个演进过程"。⑧ 林沄认为商不存在真正的中央权力，可看作是"平等方国"组成的联盟。⑨ 葛志毅则以"王政时代"指称夏商周。⑩ 叶文宪指出商政治制度以封建制为特色，可称之"封建王国时代"。⑪《中国大通史》则明确提出，"中原王朝不存在一个以奴隶制剥削形式为主体的奴隶制阶段"，把三代称作"宗法集耕型家国同构农耕社会"。⑫ 徐义华从考察政治与血缘及国家与宗族关系入手，将中国古史分为氏族社会、贵族社会、豪族社会、宗族社会四期，殷商为"事功型贵族社会"，⑬此也为一极有启发性的角度。

　　考古学著作多立足于考古材料，避开"奴隶社会"，以"商时期"等朝代概念表述。至于海外相关学者，虽就有关历史分期问题认识不同，但基本都否

① 沈长云、张渭莲：《中国古代国家起源与形成研究》，人民出版社，2009 年。
② 晁福林：《夏商西周的社会变迁》，北京师范大学出版社，1996 年。
③ 冯天瑜：《"封建"考论》，中国社会科学出版社，2010 年，第 16 页。
④ 朱凤瀚：《从生产方式看商周社会形态》，《历史研究》2000 年第 2 期。
⑤ 朱凤瀚：《商周家族形态研究》，天津古籍出版社，1990 年。
⑥ 苏秉琦：《中国文明起源新探》，生活·读书·新知三联书店，1999 年。
⑦ 王震中：《中国古代国家的起源与王权的形成》，中国社会科学出版社，2013 年。
⑧ 王震中：《先商社会形态的演进》，《中国史研究》2005 年第 2 期。
⑨ 林沄：《甲骨文中的商代方国联盟》，《古文字研究》第 6 辑，中华书局，1981 年。
⑩ 葛志毅：《从政治角度解读先秦社会形态》，《河南大学学报（社会科学版）》2003 年第 4 期。
⑪ 叶文宪：《关于重构中国古代史体系的思考》，《史学月刊》2000 年第 2 期。
⑫ 曹大为：《关于新编〈中国大通史〉的几点理论思考》，《史学理论研究》1998 年第 3 期。
⑬ 徐义华：《中国古史分期问题析论》，《中国史研究》2020 年第 3 期。

认商为奴隶社会,多以考古分期抑或断代来表述。

一些支持殷商奴隶社会说的学者,也在研究中深化了相应的理论概念。20 世纪 80 年代白寿彝主编的《中国通史纲要》第四章标题为"商周奴隶制国家",但后在多卷本《中国通史》中则以"上古时代"称之,认为:"但在这个时代,奴隶制并不是唯一的社会形态,我们用'上古时代'的提法,可能更妥当些。"①金景芳《中国奴隶社会史》中指出夏商周奴隶制为东方的家庭奴隶制。②俞伟超也认为夏商周三代为家内奴隶制。③田昌五最初认为夏与商前期为父系家族奴隶制,商后期与西周为宗族奴隶制,④但后来有所修正,将五帝与夏商周称为"族邦时代",商为族邦体系的建立和发展时期。⑤

总之,新时期的殷商社会性质研究,与此前主要在肯定五阶段论的前提下进行不同,大量工作是在寻找符合中国历史发展进程的分期方式中,于历史学范围之内,以新理论来阐述商代社会形态。

以上对殷商社会性质近百年来的研究概况作了一简单回顾。就整体而言,可分为"奴隶社会"及"非奴隶社会"两大阵营,殷商奴隶社会说更是长期占据主导地位。事实上,认为中国存在奴隶社会的学者,除少数西周奴隶社会说者外,基本支持殷商为奴隶社会。

奴隶社会问题无疑是中国古史分期研究的焦点,也是其核心讨论的基础。"如果奴隶社会被否定,古史分期之争也就失去了意义"。⑥而中国奴隶社会阶段论争的诸多关键内容,最终均集中于殷商是否属奴隶社会这一问题。⑦所以,殷商社会性质探讨对中国古代社会形态与古史分期研究有着重要且直接的影响,历来为国内外学界所关注。

将商定为奴隶社会的理论前提无疑是五阶段社会进化模式。1859 年,

---

① 白寿彝:《〈中国通史〉第三卷题记》,《史学史研究》1991 年第 3 期。

② 金景芳:《中国奴隶社会史》,上海人民出版社,1983 年。

③ 俞伟超:《古史分期问题的考古学观察(一)》,《文物》1981 年第 5 期。

④ 田昌五:《古代社会断代新论》,人民出版社,1982 年。

⑤ 田昌五:《中国历史体系新论》,《文史哲》1995 年第 2 期。

⑥ 孙家洲:《"古史分期"与"百家争鸣"》,《炎黄春秋》2007 年第 5 期。

⑦ 陈民镇:《奴隶社会之辩——重审中国奴隶社会阶段论争》,《历史研究》2017 年第 1 期。

马克思在《〈政治经济学批判〉序言》中提出："亚细亚的、古代的、封建的和现代资产阶级的生产方式可以看作是社会经济形态演进的几个时代。"[①]事实上，马恩虽然承认奴隶制为古代社会生产的基础，但却多以"（古典）古代社会"来指称人类史前社会之后封建社会之前的历史阶段。[②] 通过检索马克思文本，确实极少发现把古代社会与奴隶制联系起来的阐述。在马恩论述的基础上，苏联马克思主义理论家提出了一种人类社会直线递进的发展模式，后被斯大林总结为："历史上有五种基本类型的生产关系：原始公社制的、奴隶占有制的、封建制的、资本主义的、社会主义的。"[③]这一简明扼要、突出了经济基础和经济形态要素、并带有强烈意识形态取向的单线社会进化论，一度被我们认为是社会发展的普遍规律被应用到古史分期中。这无疑对殷商社会性质的判断产生了巨大影响：在奴隶社会为人类第一个阶级社会的理论前提下，商处于历史进程中的特殊定点，存在大量人殉、人祭等现象，必然会被界定为奴隶社会。[④]

卜辞中"众"及人牲、人殉等现象一度为殷商奴隶社会说的重要证据，但现在看来，均面临很大问题。郭沫若首先据字形，并援引金文材料等指出"众"为奴隶。[⑤] 但就此也争议不断，裘锡圭曾指出，广义的"众"就是众多的人，大概可以用来指除奴隶等贱民以外各阶层的人；而狭义的"众"相当于周代国人下层的平民。[⑥] 历经多年讨论，目前学界基本认可"众"当为庶人和自由人。人牲、人殉曾被认为"毫无疑问是提供了殷代是奴隶社会的一份很可

---

① 马克思：《〈政治经济学批判〉序言》，《马克思恩格斯选集》第 2 卷，人民出版社，1972 年，第 83 页。

② 杨文圣：《"奴隶社会"是对马克思原著的误读》，《学术探索》2013 年第 3 期。

③ 斯大林：《论辩证唯物主义和历史唯物主义》，《列宁主义问题》，人民出版社，1964 年，第 649 页。

④ 陈淳：《社会进化模式与中国早期国家的社会性质》，《复旦学报（社会科学版）》2006 年第 6 期。

⑤ 郭沫若：《十批判书》，《郭沫若全集·历史编》第 2 卷，人民出版社，1982 年，第 38 页。王承祒、李亚农、陈梦家、王玉哲、王贵民、杨升南等学者也持此观点。

⑥ 裘锡圭：《关于商代的宗族组织与贵族和平民两个阶级的初步研究》，《文史》第 17 辑，中华书局，1983 年。此外，张政烺、斯维至、徐喜辰、陈福林、赵锡元、朱凤瀚、张永山、杨宝成、杨锡璋、晁福林、金景芳、于省吾等学者也反对"众"为奴隶。

宝贵的地下材料"。① 但人牲、人殉的出现远在阶级社会之前,且两者不同。人牲为出于宗教祭祀目的的祭品,"是把人作为祭祀时的牺牲而杀掉,是人类生产水平还比较低下,还不能提供更多的剩余产物的时候的一种反映"。② "人殉的本质是随葬品,用生前服务死者的人,如妻妾、侍卫等陪葬,以便死者在另一个世界依然可以享受到服务"。③ 人牲、人殉均不能简单看作为奴隶主对奴隶的肆意杀害,两现象与标志经济基础的社会制度并无必然联系。

就殷商是否属奴隶社会,须明确奴隶制与奴隶社会不同的内涵与标准,一是具体的制度史研究,一是宏观的社会性质问题。把两者关系牵扯过甚或简单化,一度给殷商社会性质的判断造成了很大困扰。"奴隶制始终伴随着文明时代",④在各民族历史上长期存在,而"所谓'奴隶社会'也者,乃是以奴隶为生产之基础"。⑤ 奴隶制是否充分发展,上升为占主导地位的剥削方式,需要具体分析,不能与属于经济社会形态范畴的古代社会概念相等同。就是我们不仅要找到殷商田野中奴隶活动的痕迹,同时也要确定他们在人口构成中的比例,是否为主要生产方式的参与者,以及奴隶制生产关系在社会中的地位,甚至当时奴隶及奴隶制相关的法律体系和思想意识等。中国古代无疑是存在奴隶的,这于传世及出土文献中可以确证。但存在奴隶和奴隶制不一定就为奴隶社会,此类实例比比皆是。羌等外族战俘部分在商时沦为奴隶当是事实,但其于经济领域的比例及性质,目前尚未完全明晰。所以,仅凭目前材料,就断言殷商为奴隶社会,确实会产生太多难以解释的

---

① 郭沫若:《奴隶制时代》,《郭沫若全集·历史编》第3卷,第80页。吕振羽、郭宝钧、李亚农、胡厚宣、杨锡璋、杨宝成、童恩正、杨升南、翦伯赞、尚志儒等赞成人殉、人牲对象为奴隶,持相反意见者主要有于省吾、赵锡元、姚孝遂、张广志、顾德融、黄展岳等。

② 姚孝遂:《"人牲"和"人殉"》,《史学月刊》1960年第9期。

③ 杨弃、朱彦民:《"人牲""人殉"辨——兼谈安阳后冈圆形葬坑的性质》,《社会科学战线》2018年第12期。

④ 恩格斯:《家庭、私有制和国家的起源》,《马克思恩格斯选集》第4卷,人民出版社,1995,第176页。

⑤ 王玉哲:《两周社会形态的检讨》,《历史教学》1951年第7期。

反证。当然，一度过强的理论概念介入限制了不同观点的发出，但在新时期，脱离了传统五阶段单线社会形态说的桎梏，面对纷纭新说，传统殷商奴隶社会说难免词穷。伴随"殷商非奴"说兴起，支持殷商奴隶社会的学者也提出"家长奴隶制""家庭奴隶制""家内奴隶制""宗族奴隶制"等所谓东方奴隶社会概念。就以上不同说法，其本质内涵基本相同，无非系五种社会形态模式下，借助于"家内奴隶""宗族意识""萌芽状态"等对与西方传统奴隶制特点迥异的东方社会结构奴隶制表现形式进行解释。确实，目前殷商奴隶社会说的传统证据链岌岌可危，但是否就可断言殷商非奴隶社会？也不尽然。单就"众"之问题，如学者所言，"众"是否为殷商的主要农业生产者？"众"之外的农业生产者重要性如何？卜辞所见"臣""妾""仆""奚""刍"等，在一定程度上丧失人身自由，且参与社会生产，他们是否为奴隶？他们在商代的社会生产中所占比重如何？① 这些问题，都还需要进一步讨论。

"不是从历史事实出发，而是从结论出发"。这在殷商社会性质不同观点之间争论时都曾用以指称过对方。回看殷商社会性质研究，囿于问题的特殊性，不应将两大阵营，或不同观点完全对立起来攻伐。新时期以来，伴随对传统五阶段理论的质疑与反思，学界围绕中国古史体系重建作了大量工作，针对殷商社会性质提出了新的观点。但客观而言，由于前期理论建设不足，材料梳理及实证欠缺，大都各抒己见，概念结论不一，且往往过度依赖理论、概念和术语，而理论、概念和术语在理解上又有弹性和自由度，所以各家很难达成共识。② 如近年较有影响力的"早期国家"理论，国内外对"早期国家"的认识就非常不一致，"（国外）典型早期国家的特征与我国学者所描述的早期国家的特征不仅不相同，而且简直可以说是互相对立"。③ 事实上，也确实产生了很大的歧义和争论。包括所谓"封建"说，汉语"封建"，"就其本义及最初产生的时代背景而言，当然是指封邦建国，这一概念显然是偏重

---

① 陈民镇：《奴隶社会之辩——重审中国奴隶社会阶段论争》，《历史研究》2017 年第 1 期。

② 徐义华：《中国古史分期问题析论》，《中国史研究》2020 年第 3 期。

③ 沈长云：《联系实际引进国外人类学理论》，《史学月刊》2008 年第 1 期。

于政治的"。[①] 这与欧洲"封建"内涵不同。同时,西语"封建","直到现在也并不统一"。[②] 以"封建"界定的统一内涵和标尺难以形成。此外,一些借助于考古学进行国家形态研究,以及文明化进程的划分,往往标准过于宽泛,对反映社会本质特征的生产关系有所回避,难以于根本上体现殷商历史的阶段性。

社会形态,就是与生产力一定发展阶段相适应的经济基础和上层建筑的统一,生产关系各方面的总和即经济基础。经济形态无疑是社会性质考察的重要落脚点。了解商代社会性质,完全否定社会经济形态理论是不可取的,并不利于问题的真正解决,但也要注意阶级结构、上层建筑、宗法血缘、文化礼仪、思想意识等方面的分析。此前有些相关的观点或理论不乏非常有价值的探索和角度,但未被进一步深化研究。这类工作,学界应有一定关注。

殷商社会性质究竟为何,短时间内尚难有定论。古史分期不是为分期而分期。事实上,早在 20 世纪初,五种社会形态理论就不是西方史学界唯一的叙述线索。我们要科学理解社会形态理论统一性与多样性的辩证,面对马克思主义理论以及其他理论,既不能自我设限,又要正本清源。无须把特殊、普遍截然对立,没有必要夸大,也没有必要缩小中国古代社会形态同古代希腊、罗马"典型奴隶制"及欧洲"典型封建制"的差异性。[③] 殷商社会性质研究不着急有一非此即彼的概念性结论。就目前看,我们更需要在客观史实基础上的扎实实证,避开程式化、概念化影响,利用文献、考古材料,不拘泥定量定性,以多学科综合性的研究和国际化视野,客观全面审视殷商文明究竟建立于怎样的经济基础和社会结构之上,将这一问题纳入科学理性的轨道上来。

还有一点,殷商时段的特殊性决定了必须要充分重视考古学的参与。

---

① 朱凤瀚:《从生产方式看商周社会形态》,《历史研究》2000 年第 2 期。
② 马克垚:《关于封建社会的一些新认识》,《历史研究》1997 年第 1 期。
③ 周书灿:《"求同"与"辨异"——以郭沫若、徐中舒中国奴隶社会形态研究为中心的考察》,《浙江社会科学》2014 年第 2 期。

以往考古学界对该问题的重视和参与都比较欠缺，从考古材料出发对殷商社会形态进行全面分析与理论提升的研究不足，这与考古学重实证、轻理论的学科特点有关。单纯依赖史学界围绕概念做文章是远远不够的，之前卜辞材料、墓葬信息等考古成果在解决此问题的过程中发挥了重要作用，尤其聚落形态考古，更是探索社会结构、社会关系的重要手段。当然，也要处理好文献与考古中信息对应的问题，国外学者提出避免将考古学文化与传世文献相对应，主张早期中国文明研究应该坚持考古学研究的学科本位意识。这一观点虽有失偏颇，但亦有可借鉴和思考之处。

原载《史学理论研究》2021 年第 2 期，今据以收入。

商代契刻卜辞于甲骨的动因

徐义华[*]

甲骨文是契刻在龟甲和兽骨上的文字,主体是占卜的记录。商周时代,已经有了用笔墨书写在简牍上面的记录方式,比起把卜辞契刻在甲骨上,笔墨书更容易实现,可人们为什么还是要舍简就繁把卜辞契刻在甲骨上面呢?

一、商人契刻卜辞不只是为了记录信息

契刻是商人记录的一种重要方式,石器、陶器、甲骨上都有契刻文字的发现,其中以甲骨上带有文字最为常见。契刻在龟甲和兽骨上的文字只是商代文字中特殊的一部分,从当时使用文字的情况分析,甲骨文在整个商代文字中占有的比例应该不是很大。但是,由于文字体裁性质的原因,其他大部分文字随着载体的腐烂而消失了,而记载在甲骨上的文字得以留存下来。遗留下来的商代文字主要保留在甲骨上,使人们把甲骨文作为商代文字的代称,其实商代最普遍的记录方式应该是笔墨加简牍的形式。

(一)商代成熟的笔墨书形式

一说起商代文字,大家往往会提到甲骨文,并说甲骨文是中国最早的成熟文字。其实,这一表述是很不精确的。[①] 以书写方式而论,商代文字大致有笔墨书、契刻、铭铸三种;以文字的载体而论,则有甲骨、青铜器、陶器、石器、简牍、缯帛等。但由于简牍和缯帛等易腐败,难以保留下来,我们今天看不到了。

用笔和墨书写的方式出现很早,例如陶寺遗址发现的朱书陶文即是用

---

* 中国历史研究院早期文明研究基地、中国历史研究院甲骨学研究中心。

① 刘源:《甲骨文不等同于商代文字》,《中国文物报》2017 年 8 月 11 日第 6 版。

毛笔蘸朱砂书写的。[①] 到商代，文字的使用非常广泛，笔墨书写已经成为通行的书写方式，从考古资料看，在甲骨、[②]玉器、石器、[③]陶器[④]等器物上都发现过商代的墨书文字，书写已经形成一定的规范，十分成熟。其中甲骨上所见用笔墨书写的例子达 80 余版，学者把这些书写在甲骨上的与占卜有关的文字称作书辞，所用颜料既有朱砂也有墨。董作宾先生论述殷墟发掘所得甲骨时说："毛笔书写的字迹，在《乙编》中是很常见的。……毛笔书写的字，带暗红色或赭色，也正是朱墨羼杂的颜色。在《乙编》里有朱墨都很纯净的书写或装饰文字。"[⑤]如《合集》1258 反、《合集》18899 反、《合集》18900 反、《合集》18901、《合集》18902、《合集》18903（《乙》887）、《合集》18904、《合集》18905、《屯南》1028、《屯南》2732 等都有笔墨书辞，其主要内容既有甲骨来源记录也有卜辞。众多笔墨书的例子说明，商代笔墨书写十分成熟。《尚书·多士》称"惟殷先人，有册有典"，指的就是竹木制成的册与典。甲骨文中有"册"与"典"字，分别作"𠕋""𠔓"等形状，正是竹简和木牍之形或手持竹简或木牍之形。所以，笔墨书写于竹简和木牍已经是商代主要的记录方式，只是因为载体易腐烂，今日尚未能看到实物。

由此可以知道，笔墨书实际上是商代最流行和普遍的记录文本方式。同时，用笔墨和木牍或竹简的组合方式记事，在记录成本上也是最低的，在效率上也比契刻要高。简牍编联也比较容易，更方便记录和查阅。但商人却将很多占卜记录和其他事项契刻在甲骨上面，这种弃易就难的背后，必有特别的动机。

（二）甲骨契刻的内容

就商代刻辞甲骨的种类而言，主要是占卜用的龟甲和兽骨，但也有许多其他种类的骨头，例如人头骨、鹿头骨、牛头骨、虎骨、骨柶、牛距骨等

---

① 李健民：《陶寺遗址出土的朱书"文"字扁壶》，《中国社会科学院古代文明研究中心通讯》总第一期，2001 年。

② 刘一曼：《试论殷墟甲骨书辞》，《考古》1991 年第 6 期。

③ 王蕴智：《中原出土商代玉石文及其释读》，《中国国家博物馆馆刊》2013 年第 4 期。

④ 宋国定：《郑州小双桥遗址出土陶器上的朱书》，《文物》2003 年第 5 期。

⑤ 董作宾：《殷墟文字乙编序》，《中国考古学报》第 4 册，1949 年。

多种骨头。

就商代刻辞的内容而言,可以分三大类:一类是铭功刻辞,这类骨头上契刻的内容大多是记录特殊事件或铭记功勋的文字,如鹿头骨刻辞、牛头骨刻辞、虎骨刻辞、骨柶刻辞等属于这一类;第二类是记录刻辞,[①]记录刻辞比较复杂,有的是纯记录某事,例如《合集》中的四方风刻辞、小臣墙刻辞、最近新发现的记事刻辞甲骨也是归属此类,[②]大多数记录刻辞是占卜的辅助性内容,如甲桥刻辞、甲尾刻辞、骨臼刻辞等,这类刻辞是为了服务于占卜,所以可以与卜辞一起合称占卜刻辞;第三类是卜辞,是就某事进行占卜的记录,这是商代甲骨刻辞的主要部分,也是甲骨文研究的主要内容。

与笔墨书写形式相比,契刻的难度要大得多:第一,在坚硬的甲骨上刻写文字需要有特殊的坚硬的契刻工具,这在当时的技术条件下是比较困难的事情;第二,在甲骨上刻写文字的难度较大,契刻者需要长时间的特殊训练;第三,与笔墨书写相比,在甲骨上契刻的速度和效率相对较低,是一种高成本、低效益的记录方式;第四,笔墨书写需要的竹简和木牍相对容易获取,而龟甲和兽骨的获取和制作要困难和复杂得多;第五,与笔墨书写形式下的简牍可以方便地编连相比,甲骨的编连、存放和查阅要困难得多。所以,如果没有特殊目的和需求,人们会用笔墨记录而不会把文字契刻在甲骨上面。

铭功刻辞和记事刻辞的功能是为了展示荣耀或记录事件,不易腐朽的甲骨能够很好地实现展示和保存功能,人们出于展示和保存的需求,可以接受较高成本,从而把他们契刻在甲骨上面,这是可以理解的。

但对于大量的卜辞,为什么也采取高成本的记录方式契刻在甲骨上,就很难理解。那么商人是出于什么目的宁愿接受高成本也要把卜辞刻在甲骨上呢?关于这个问题,有学者做过间接的解释,例如陈梦家说"殷代卜官如何处置他们的档案,到今天为止我们尚无充分的知识。地下发掘到的比较有秩序的大量堆积的甲骨,只能说是储积",[③]认为无论记事刻辞还卜辞,都

---

① 参见方稚松:《殷墟甲骨文五种记事刻辞研究》,线装书局,2009 年。

② 何毓灵:《河南安阳市殷墟大司空村出土刻辞牛骨》,《考古》2018 年第 3 期。

③ 陈梦家:《殷虚卜辞综述》,科学出版社,1956 年,第 9 页。

"是殷代的王家档案"。^① 也有学者认为，甲骨卜辞只是祭祀的备忘录。^② 但从根本上说，这些说法只是给甲骨文内容定性，无法说明商人为什么舍弃成本较低的笔墨方式而采取成本更高的契刻方式记录占卜事件。

（三）契刻卜辞不只是记录信息

商人为何契刻卜辞于甲骨，应该从契刻卜辞的功用和目的进行研究。

契刻卜辞于甲骨的目的和作用，不只是占卜的记录。

第一，商代已经成熟的笔墨书方式，有相当一部分占卜应该是采取用笔墨记于简牍的方式记录下来，有的甲骨上面即有笔墨书写的书辞。另外，古文献中有关于占卜记录的规范，《周礼·春官·宗伯》载"凡卜筮，则系币以比其命，岁终则计其占之中否"，《尚书·金滕》记载周公在占卜之后，"纳册于滕之匮中"，都是把占卜过程用笔墨的形式记录。这样的情况，商代应该也是一样的。但是，也有相当一部分占卜，采用了契刻的方式记录在了甲骨上面。商人舍弃简单易行的笔墨记录而采用复杂困难的契刻方式，显然把卜辞契刻于甲骨一定不只是为了记录信息。

第二，如果记录的目的只在于信息，那么信息的规范性就会受到重视，尤其是字体的规范是首先要考虑的问题，而且通过培训实现字体规范也不是很困难的事。但是，商代卜辞的字体却十分复杂，在同一时代也存在多种组类，其中有的组类字体肥柔、契刻刀法复杂，例如肥笔类卜辞，在契刻时同一笔画需要多刀完成以取得美观效果，这样的契刻目的不止于记录。

第三，有的甲骨契刻后，还会有刮削和重刻现象，即把甲骨上原有文字刮削后再契刻新的文字，这在《合集》6834、《合集》11485 等都有体现，如果是单纯的记录信息，就没有必要做如此复杂的行为。而且，即使刮削原有卜辞也一定要把新的卜辞契刻在这个位置，这说明新刻卜辞必须和这片甲骨及这个位置结合在一起才有意义，而不是单纯的文字信息。

第四，有的甲骨卜辞契刻完成后，依然会进行一些加工，最明显的是涂

① 陈梦家：《殷虚卜辞综述》，第 46 页。
② 黄奇逸观点。参见彭楚兵：《古文字研究者提出新观点：甲骨卜辞只是祭祀备忘录》，《人民日报》1991 年 1 月 7 日第 3 版。

朱和涂墨。关于涂朱和涂墨的功能,学者们有多种意见。[①] 其中的宗教性因素不容忽视,即通过涂朱和涂墨达到某种特定目的。

第五,卜辞的选择意向性也表明契刻不是单纯为了记录信息。卜辞带有强烈的有意向的构建特征。一方面,并不是所有占卜用甲骨都契刻上占卜的事项,殷墟即有大量占卜用过的无字甲骨,占卜事项并没有契在甲骨上,这说明哪些事项契刻下来是经过选择的。另一方面,契刻哪些内容也是经过选择的。卜辞内容的选择至少表现在两个方面:一是选择哪几次占卜契刻在甲骨上。在一版龟甲或牛骨上,占卜的次数很多,但由于甲骨的面积有限,能够契刻到甲骨上的内容只是少数,哪些内容契刻到甲骨上是经过人为选择的;同时也有相反的情况上,有的龟甲或牛胛骨空置的面积很大,但只契刻少数几条卜辞,例如《屯南》2399,背面至少有九处钻凿,正反面只契刻五条卜辞,尚有大片闲置的空白区域,这也说明契刻在甲骨上面的内容是选择的结果。二是卜辞的撰写上也带有明显的选择性。一条完整的卜辞包括叙辞、命辞、占辞和验辞四个部分,其中叙辞和命辞是格式化的,按实际情况记录。但占辞和验辞却是可以选择的,占辞主要是选择王所做的占辞,验辞的选择性更明显,占卜后的有效时间内发生的事件很多,用哪些事件作为占卜有效与否的证明,具有很大的选择自由度,可以肯定验辞更是从众多事件中根据需要选择出来的,以《合集》10405 正为例:

> 癸酉卜,㱿贞:旬亡祸。王二曰:"勻。"王固曰:"𦮃!有祟,有梦(𤕠)。"五日丁丑王宾中丁𠃜,险在庭阜。十月。

> 癸未卜,㱿贞:旬亡祸。王固曰:"执!乃兹有祟。"六日戊子,子𢧵殒。一月。

> 癸巳卜,㱿贞:旬亡祸。王固(占)曰:"乃兹亦有祟,若偁。"甲午,王往逐兕,小臣叶𡧛,马𢀛(硪),𢀛王车,子央亦坠。

---

① 参见胡辉平:《关于国图藏甲骨中涂朱现象的初步考察》,《甲骨文与殷商史》新 10 辑,上海古籍出版社,2020 年。

占卜的有效时间是占卜后的十日之内，十日内发生的事件很多，在这里分别选取了发生在占卜后的第五日、第六日、第二日的事件作为验证。这种验证的人为构建因素十分浓厚。这种构建并不是单纯为了记录信息。

所以，契刻卜辞不是简单的记录信息。

二、商人契刻卜辞在甲骨上的动因

卜辞既然不只是占卜的记录，那么商人把卜辞契刻在甲骨上要达成什么目的呢？

合19387

合7780正+合补534
+合补3338正

图 1　林宏明先生缀

（一）卜辞的守兆及其原因推测

从卜辞的布局看，商代契刻卜辞时是按特定方式排列的，[①]其中最重要的原则是守兆，即把卜辞契刻在所对应的卜兆旁，使卜辞与卜兆及其背后的钻凿相联系，二者之间建立起直观可视性。通常情况下，卜辞会契刻在对应的卜兆旁边，卜辞的行款依据空间大小、卜兆位置和字数进行调整。在空间太小、无法将卜辞刻在卜兆旁时，为了保证卜辞与卜兆和钻凿之间的对应关系，会进行特殊的记录，例如林宏明先生缀合的《合集》7780 正、《合补》534 与合补 3338 正（见图1），[②]即是在胛骨卜兆和钻凿对应的位置契刻干支或干支卜，起到提示作用，然后把对应的卜辞契刻在下方骨面上。查阅者可以根据提示的干支，了解每条卜辞与特定的卜兆和钻凿之间的对应关系。

也就是说，契刻卜辞于甲骨一定要守

---

① 参见王宇信：《中国甲骨学》，上海人民出版社，2009 年，第 153—154 页。
② 见林宏明：《甲骨新缀第 601 例》，先秦史研究室网站，2015 年 12 月 24 日。

兆,要直接体现卜辞与卜兆及钻凿之间的关联,直观地恢复占卜时的原状。

从卜辞这种对占卜原状的刻意保持来看,商人契刻卜辞于甲骨的目的有几种可能性:一是为了查验原始资料,二是在教学中培养贞人,三是契刻本身也具有特定的功能。

这种对应性、直观性和可视性,保留了原始资料,使后人可查,并可以根据保留完整的钻凿、兆支、卜辞还原当时的占卜,对占卜的过程和结果做出评判。这使得甲骨与卜辞带有一种占卜灵验与否的验证功能和政治性的监督功能。

另一种对直观的原始资料需求是在贞人培养过程的教学需要,利用原始资料为贞人培养提供完整的学习范本。但是,如果只是给贞人学习,制作部分范本就能满足需要,而不必普遍地契刻和保留多次占卜的内容。

第三种可能,契刻卜辞于甲骨这一行为具有特定的功能。

卜辞是商人占卜的记录,我们在认识古人的占卜时,会默认古人的占卜是为了决疑,即占卜主要目的是为了预测事物发展的结果。但实际上古人的很多占卜,不单纯是为了预知结果,而是包含的更多的内容。就商人的占卜而言,至少同时包括了卜决疑和祈请两个内容,也正是这两个内容,促使商人把卜辞契刻到了甲骨上面。

(二)商人契刻卜辞于甲骨的动因

1. 商代占卜的决疑与祈请功能

商人占卜不都是单纯要预测吉凶,而是希望通过占卜达成特定的预期目的,如果预测的结果不符合预期,则尝试改变预测的结果。所以,占卜包括两个方面的内容:决疑和祈请。

占卜可以只是决疑的活动,也可以是同时包括决疑和祈请的活动。

人类占卜的目的是多样的,有的只是希望知道事情的走向,这种占卜目的侧重预测,是决疑。获知走向后,根据走向安排自己的行为,得到对自己有利的结果。这种情况下,预测和祈请是两个过程,占卜只是预测的过程。

但人类占卜更主要的目的是改变结果,即把不利的结果转化为有利的结果,如果把预测和改变结果直接接合在一起进行,都通过占卜这一个程序完成,这时候的占卜就不仅仅是一种预测方式,而是同时包含着决疑和祈请的内容。

商人占卜当中的祈请因素在与商代相关的文献中并不明显,但在深受商文化影响的周人那里却有较明显的例子,如《尚书·金滕》:

> 既克商二年,王有疾,弗豫。二公曰:"我其为王穆卜。"周公曰:"未可以戚我先王?"公乃自以为功,为三坛同墠。为坛于南方,北面,周公立焉。植璧秉珪,乃告太王、王季、文王。史乃册,祝曰:"惟尔元孙某,遘厉虐疾。若尔三王是有丕子之责于天,以旦代某之身。予仁若考能,多材多艺,能事鬼神。乃元孙不若旦多材多艺,不能事鬼神。乃命于帝庭,敷佑四方,用能定尔子孙于下地。四方之民罔不祗畏。呜呼!无坠天之降宝命,我先王亦永有依归。今我即命于元龟,尔之许我,我其以璧与珪,归俟尔命;尔不许我,我乃屏璧与珪。"乃卜三龟,一习吉。启籥见书,乃并是吉。

在这一次占卜中,周公并不是为了预知结果,而是要直接达成目的。在占卜时候,即已经提出了解决问题的方案,由周公代替武王死,并声称,若得到允许则"以璧与珪",若得不到正面答复则"屏璧与珪"。显然,这次占卜并不只是想知道武王疾病的结果,而是要通过特定的行为使武王痊愈,所以"卜三龟",不断与神灵沟通并祈请,甚至表现出与祖先神博弈的倾向。值得注意的是,这段文中的"穆卜",应该是单纯的决疑为目的的占卜。因为单纯决疑的"穆卜"提供不了解决事务的方案,接受祈祷的先王需要自行思考解决问题的办法,导致"戚我先王",所以周公否定了"穆卜",而选择了带有解决方案的占卜方式,这种占卜更多是祈请而非决疑。由此,我们知道,商末周初至少已经有了单纯决疑的"穆卜",也有决疑与祈请兼有的占卜。

不是为了得到预测结果而是要达成特定目的的占卜,在春秋时期依然存在,例如《左传》昭公十三年有:

　　灵王卜，曰："余尚得天下。"不吉，投龟，诟天而呼曰："是区区者而
不余畀，余必自取之。"

这里记载的是楚灵王占卜，其命辞为"余尚得天下"，即向上天祈祷取得天
下，但得到的结果是"不吉"，即祈请被神灵拒绝。楚灵王由是大怒，扔掉龟
甲，责骂上天。类似的为达成特定目的而进行的占卜还见于《左传》昭公十
七年：

　　吴伐楚。阳匄为令尹，卜战，不吉。司马子鱼曰："我得上流，何故
不吉。且楚故司马令龟，我请改卜。"令曰："鲂也，以其属死之，楚师继
之，尚大克之。"吉。战于长岸，子鱼先死，楚师继之，大败吴师，获其乘
舟余皇。

本段记录的是吴伐楚，楚派令尹阳匄和司马子鱼迎战，阳匄就战事进行占
卜，得到不利的结果，司马子鱼说："我们在上游，怎么会不吉？况且按照楚
国的惯例应该由司马负责占卜，所以我请求由我再次占卜。"子鱼重新占卜
的命辞为："我子鱼（名鲂）愿意率领自己的部属为敢死队先冲锋，楚军随后，
希望能大败吴军。"得到的占卜结果是"吉"。楚与吴战于长岸，子鱼为先锋
战死，楚军大败吴军。在这段记录中，吴军第一次"卜战"显然只是预测结
果，得到"不吉"的预兆。于是，子鱼改变占卜的目的，不再预测吉凶，而是以
"以其属死之，楚师继之"的方案为前提祈请达成"尚大克之"的目的。

　　楚灵王和子鱼占卜的例子说明，占卜不单纯是预测结果的程式，而
同时是祈请达到自己预期结果的程式。类似的记录也见于《左传》文公
十八年：

　　齐侯戒师期，而有疾，医曰："不及秋，将死。"公闻之，卜曰："尚无及
期。"惠伯令龟，卜楚丘占之曰："齐侯不及期，非疾也。君亦不闻。令龟
有咎。"

此段是鲁文公进行的占卜，其命辞是"尚无及期"，即祈祷齐侯在发兵日期前死去。卜楚丘占断齐侯会死在出兵之前，同时推断文公也会在此前死去。句末有"令龟有咎"，这句应该是包含了对"令龟"这一行为的评价，如果只是预测结果，则不会有咎，但因为包含了祈请齐侯早死的内容，所以说"有咎"。

考察甲骨卜辞就会发现，商人占卜的目的也明显包含两个方面：决疑和祈请。

从占卜程序可以看出，商人占卜并不是单纯的占问神灵的意志，而是与复杂的献祭和祈祷仪式结合在一起，这表明商人占卜的关注点不在于仅仅知道结果，而更希望改变原本预定的结果。比较明显的例子是甲骨文中的一事多卜。一事多卜表明，商人很多时候会就一事进行多次占卜，这从甲骨上的兆序可以看出，例如：

> 辛卯卜，内贞，王屮乍祸。一二三四五六七八 二告
>
> 辛卯卜，争贞，王亡乍祸。一二三 　　　　　　　　　　　（《合集》536）
>
> 壬申卜，至日。一二三四五六七八九十十一
>
> 壬申卜，弜至日。一二三四五六七八九十十一 　　　（《合集》22046）

兆序数字记录的是灼龟占卜次序，也显示了殷人就一事进行占卜的次数，反映出殷人会就一件事反复与神灵进行多次沟通。[①] 关于殷人一事多卜最多能达到的次数，张秉权先生认为商人为一事进行的占卜最多十次，[②]胡厚宣先生则认为商人为一事进行占卜最多可达十八次。[③] 不管最多次数如何，商人进行就一事进行多次占卜是可以肯定的。如果商人占卜只是为了知道事情的吉凶，就不会如此反复地就一事进行占卜，并把它们如实记录下来。

更能说明问题的是成套卜辞（也称卜辞同文例），[④]即商人用不同的甲骨

---

① 张秉权：《甲骨文与甲骨学》，台湾编译馆，1988 年，第 165—238 页。
② 张秉权：《卜龟腹甲的序数》，《"中研院"历史语言研究所集刊》第 28 本上册，1957 年。
③ 胡厚宣：《卜辞同文例》，《国立中央研究院历史语言研究所集刊》第 9 本，1947 年。
④ 胡厚宣：《卜辞同文例》，《国立中央研究院历史语言研究所集刊》第 9 本，1947 年。

就同一件事进行多次占卜,并在每块甲骨上都把占卜事项记录下来。甲骨文中有大量的成套卜辞,①例如张秉权先生列举的《丙》12(《合集》6482)、《丙》14(《合集》6483)、《丙》16(《合集》6484)、《丙》18(《合集》6485)和《丙》20(《合集》6486)的例子,同样的内容在五版上连续卜问,不仅内容几乎完全相同,而且在甲骨上的所处的位置甚至布局都基本一样。如果只是记录信息,那么完整占卜内容只记录一次,然后说明占卜的次数、次序等信息即可,这样不厌其烦地把每次占卜都记录在甲骨上就显得多余。之所以每次占卜都如实记录并契刻在甲骨上,一定是每次占卜和契刻都有其特定的意义。

这种反复的卜问,如果只从预测的角度去看,显然有悖于占问的情理,严重违背"再三渎,渎则不告"②的原则,所以不能用单纯的预测目的看待这些占卜。这种连贯的相同的占卜,并不只是占问,而是带有祈请。通过一次又一次与神的沟通,重申自己的祈请,希望得到神的认同与应允。

有的卜辞可以直观地显示商人的占卜不是只为决疑,而是要达成特定目的,例如:

丁酉卜,王,贞:弜殒。不其……　　　　　　　　　　(《合集》21370)

王占曰……弜殒。　　　　　　　　　　　　　　　　(《合集》17105 正乙)

在这里的"弜"字是否定词,甲骨文里主要否定词有弜、弱、不、弗等,在使用上有区别,"'不''弗'是表示可能性和事实的,'弜''弱'是表示意愿的。如果用现代的话来翻译,'不……''弗……'往往翻成'不会','弜……''弱……'则跟'勿……'一样,往往可以翻成'不要……'"。③ 上面的命辞中用"弜殒","弜"作为否定词是带有占卜者和主观性和意愿的,而殒与不殒是一种人力所不能及的自然过程,人们用"弜殒"也就是"不要死"进行占卜,表达的正是请求。

---

① 参见张秉权:《论成套卜辞》,《甲骨文献集成》,四川大学出版社,2001 年,第 18 册,第 56 页。

② 此语见《周易·蒙》《礼记·表记》等篇。

③ 裘锡圭:《说"弱"》,《古文字论集》,中华书局,1992 年,第 117 页。

类似的例子还有：

贞：祖乙弖害王。　　　　　　　　　　　　　　　（《合集》9741 正）

王占曰：（弖）雨，唯其阴。　　　　　　　　　　（《合集》974 反）

王占曰：吉，弖疾妇好。　　　　　　　　　　　　（《合集》1793 反）

上述卜辞中，无论是祖乙降害、下雨或妇好有疾，都是人类不能掌控的力量，但都用表达意愿的"弖"字，包含有祈请的意思。

因为占卜是祈请，而且会就一事进行多次占卜。那么，占卜中的占辞应该也会包含祈请内容在内，是不断沟通神灵达成预定目的的组成部分。对于占辞的理解，就不能单纯视作观察卜兆做出的判断，例如：

庚戌卜，亘贞：王其疾肩。

庚戌卜，亘贞：王弗疾肩。

王占曰：弖疾。　　　　　　　　　　　　　　　　（《合集》709 正）

贞：不唯祸。王占曰：吉。弖唯祸。　　　　　　　（《合集》795 反）

贞：王不唯祸。王占曰：吉。弖唯祸。　　　　　　（《合集》5432 反）

《合集》709 正的卜辞是商王有了肩部生病的迹象，于是进行占卜，在"王其疾肩"与"王弗疾肩"的卜问后，商王的占辞是"弖疾"，生病是自然现象，商王无法命令"不要病肩"，所以只能是祈求"不要病肩"。《合集》795 反和《合集》5432 反是卜问是否有祸，商王占辞为"弖唯祸"，即"不要有祸"，显然也是祈求。类似的例子很多，例如：

王占曰：吉。黾，弖余害。　　　　　　　　　　（《合集》00809 正）

王占曰：吉。弖余害。　　　　　　　　　　　　（《合集》13750 反）

王占曰：吉。弖唯祸。　　　　　　　　　　　　（《合集》17396）

王占曰：吉。圭弖殒。　　　　　　　　　　　　（《合集》17693 反）

这些占辞中的事情，都不是占卜者自己所左右的，却使用意愿性的否定词"弜"，同时这些占卜也多是数次占卜中的一次，后续依然要进行相同的占卜，由此提示我们，占辞并不是单纯的判断之辞，还是持续地与神灵沟通的一个部分，包含有向神灵祈求或提示的意思，即占辞是把得到预兆报告给神灵，提示神灵依照预兆安排或调整结果，后续还会就同一事占卜，占卜自己的祈求是否得到神灵的应允。

有的卜辞则比较直观地显示出占卜者与神灵之间的交流与博弈，例如：

> 贞：桒于上甲，授我祐。
> 弜桒于上甲，不我其授有祐。 　　　　　　　（《合集》1171 正）

表面上看上述两卜辞是正反对贞，但仔细领会就会发现，虽然是正反对贞，但两条卜辞中卜问的焦点是不同的。"桒于上甲，授我祐"是预设桒祭上甲，然后希望因此取得保佑，焦点是卜问否取得保佑。"弜桒于上甲，不我其授有祐"中的"弜"是"不要"的意思，是占卜的主观意愿，所以是预设得不到上甲的保佑，那么就不再桒祭上甲。其中反映出的人与神灵之间进行的博弈色彩十分明显。

综上所述，占卜不仅是单纯的预知吉凶的活动，而且也是与鬼神沟通与博弈以达成预定目的活动。由于这种活动会不断重复进行，而且占卜者还要一步一步将获得的征兆和自己的意思不断地向神灵汇报和祈求，甚至与神灵进行一定的博弈，在这个过程中，神灵不是一个理性的外在的监督者，而是具有自我意志和情绪的裁决者，占卜者需要通过占卜程序一步步向神灵证明自己的诉求过程与合理性，达成与神灵的沟通与认同。在这个过程中，占卜过程的直观性记录和呈现具有重要意义，因为它本身就是与神灵博弈的一部分，所以把卜辞契刻于甲骨并将其与当次占卜的卜兆与钻凿对应起来，就变得十分必要。也就是说，将卜辞契刻于甲骨，不仅是给人看，也是给神看。

同时，将祈请的过程完整展现出来给世人看也有重要意义，可以证明占卜者具有影响神灵的能力，可以改变不利情况，获得有利结果，从而大大提高商王和贵族的宗教和政治地位。

所以，商人会不顾成本地把占卜契刻在甲骨上。

2. 商代占卜的决策功能

商人在处理事务时特别重视神灵的意志，《尚书·洪范》"稽疑"畴中有"汝则有大疑，谋及乃心，谋及卿士，谋及庶人，谋及卜筮。汝则从，龟从，筮从，卿士从，庶民从，是之谓大同。身其康强，子孙其逢。汝则从，龟从，筮从，卿士逆，庶民逆，吉。卿士从，龟从，筮从，汝则逆，庶民逆，吉。庶民从，龟从，筮从，汝则逆，卿士逆，吉。汝则从，龟从，筮逆，卿士逆，庶民逆，作内吉，作外凶。龟筮共违于人，用静吉，用作凶"，我们将王、龟、筮、卿士、庶民的态度与最终结果的关系进行综合，得列表如下：

决策者	决策者的态度（√ 表示从　×表示逆）					
王	√	√	×	×	√	√
龟	√	√	√	√	√	×
筮	√	√	√	√	×	×
卿士	√	×	√	×	×	√
庶民	√	×	×	√	×	√
最终结果	吉	吉	吉	吉	内吉外凶	静吉作凶

从上表可以看出，所有判断其实是以龟、筮为中心：凡龟、筮从，则无论人的因素中哪一方只要有一方附和，即可以判断为吉；如果龟、筮有一是逆，则只能处理王室家族内部事务而不可处理与朝廷政务相关的外部事务；如果龟、筮皆逆，则即使人事的三方皆主张从，也不可以有所作为。这种决策中龟、筮处于绝对中心的地位，说明神灵的意志才是事务发展的决定性因素。

商人的占卜过程很大程度也是决策的过程，甲骨文中大量卜辞都可以视作决策的行为：

> 贞：呼雷耤于明。　　　　　　　　　　　　　　　　　　（《合集》14 正）
>
> 己巳卜，争贞：呼众〔人先于蔥〕。
>
> 贞：弓呼众人先于蔥。　　　　　　　　　　　　　　　　（《合集》40）
>
> 丁卯卜：令执以人田于羡。十一月。　　　　　　　　　（《合集》1022 乙）
>
> 丁卯卜：弓令执以人田于羡。　　　　　　　　　　　　（《合集》1022 甲）

这些卜辞所卜问的事项都是商王自己所能决定的事情，依然向神灵卜问，这显然是把占卜作为决策的一个常规性环节。有的卜辞所带有的决策色彩非常明显，例如《合集》94：

> 甲辰卜，亘贞，今三月光呼来。王占曰：其呼来。乞至隹乙。旬有二日乙卯允有来自光，氏羌刍五十。

这条卜辞中，占卜的是"今三月光乎来"，三月要不要呼光前来，是商王完全可以自己决定的，依然就此进行占卜征求神灵的意见。后面的占辞中，商王更直接说"其乎来。乞至隹乙"。已经是明确的命令。

占卜本身也是决策的过程。决策之所以要采取占卜的形式进行，是要将商王的决策经过占卜的程序表现为神灵的意志，借以体现决策的权威性与合法性。占卜的过程及其所获得的征兆可以证明决策的神圣性，需要原样地保留下来，以作为宣扬和验证的依据。所以，商人把卜辞契刻在甲骨上面，并建立卜辞与卜兆之间的准确对应关系。

3. 契刻自身可能具有的其他功能

此外，将卜辞契刻于甲骨本身可能也具有实质性功能。占卜用龟，龟在古人的观念具有特殊性，《史记·龟策列传》："龟甚神灵，降于上天……知天之道，明于上古。"其背凸腹平与天圆地方相似，《说苑·辨物》："背阴向阳，上隆象天，下平法地……千岁之化，下气上通，知存亡吉凶之变。"同样，在古人的意识中，文字具有特殊的功能，《淮南子·本经》记载"昔者苍颉作书，而天雨粟，鬼夜哭"，这说明文字本身也具有宗教功能（类似符咒的巫术功能）。把具有特定功能的龟甲和文字结合在一起，产生新的宗教性功能，契刻卜辞也就具有了沟通人神改变占卜结果的功效。

综上所述，商人把卜辞契刻在甲骨上，是因为占卜是包含了多种功能的过程，商人需要把这个过程如实呈现出来，以证明自身选择的合理性。所以，商人会把卜辞契刻在甲骨上。

三、商周观念演变与甲骨文的消失

商人把决疑和祈请以及决策结合在一起，都置于占卜这一项活动当中，是同一个程序。商人这种观念和行为与其对天命以及人神关系的认识有关，商人认为天命稳定，是不会轻易变动的，商纣王在受到祖伊警告时即言"我生不有命在天"，深信天命在商而不移。[①] 所以，在处理人神关系时，商人看重神灵的意志，所谓"殷人尊神，率民以事神，先鬼而后礼"。[②] 在这种认识下，神灵意志被认为是影响事物发展的决定性因素，商人要想实现自己预期的目的，就必须与神灵达成沟通与博弈。所以，祈请神灵成为商人必然的行为，商人力图通过与神灵的不断沟通和反复祭祀达成自己的目的，而占卜也成为决策合法性和正确性的证明。商人为了呈现与神灵之间的沟通过程和证明决策的正确性，把占卜内容契刻在人神沟通的中介物甲骨上面，由此形成了契刻卜辞。契刻卜辞发展成为一种常见的记录形式，其使用范围不断扩大，出现了多种类的甲骨刻辞，由此形成今天所见到的甲骨文。

到西周以后，人们的天命观念发生了变化，其中最明显的变化有两个：一是天命靡常，上天的眷顾不再是稳固于某族或某人；二是天命归德，即天命所归的依据发生了变化，由以神灵意志为主，转变为人以自身的德为主。这时候影响天命的关键，不再是神灵的意志和人神之间的祭祀与沟通，而是

①《尚书·西伯勘黎》。
②《礼记·表记》。

人自身的行为是否合乎德。在这种观念下,占卜的功能弱化,其中祈请和裁决的功能逐渐消失,日益变为单纯的决疑程序。这时候,占卜只是为了预知吉凶,在获知吉凶的征兆之后,再通过另外的环节,特别是人自身行为的调整,达成趋吉辟凶的目的。所以,在周人那里,决疑、祈请分化为不同的程序,需要分别达成。

因为周人的占卜包含的内容简化,成为单纯的决疑程序,只是通过神灵获知结果,所以不需要一事多卜。周人的占卜程序逐渐规范化,形成卜不过三,"再三渎,渎则不告"的占卜观念。同时,由于祈请和决策功能的弱化或消失,把卜辞契刻到甲骨上的行为也失去了原有的意义。由此,周人虽然受商文化影响,在一段时间内曾经把卜辞契刻在甲骨上面,但随着西周王朝制度和文化的发展,周人的契刻卜辞于甲骨的现象日益减少并最终消失。

商人盛行甲骨文而周人逐渐放弃甲骨文,与天命观和占卜功能的演化有很大关系。

四、余论

从以上论述中我们看到:在殷人的占卜中,决疑和祈请两个环节是合而为一的;一事多卜是一个持续的不断推进的过程。理解了这两点,对于我们认识和理解甲骨文会有新的启示。

(1)甲骨文字体问题。甲骨文字体复杂,即使在同一时代也会有多种字体并存。[①] 学者以占卜机关不同等方式解释。其实,如果甲骨文是作为一种信息记录工具,目的在于将事件互相交流并呈现给后人,那么字体的一致性就很重要,而字体一致性是很容易通过培训达到的。但是,商人却没有在统一字体方面做努力,而保持了多种多样的字体,同时大量文字的刻写采取了双刀(复刀)刻,增加了艺术性,如《合集》655 正甲、《合集》897、《合集》903 正、《合集》6834、《合集》9234、《合集》10302 正甲、《合集》10833、《合集》

---

① 参见黄天树:《殷墟王卜辞的分类与断代》,文津出版社,1991 年;李学勤、彭裕商:《殷墟甲骨分期研究》,上海古籍出版社,1996 年。

13712 正……还有一部分"类书迹"刻辞，如《合集》11497 正反、《合集》11498 正反、《合集》11499 正反、《合集》11500 正等。这说明，卜辞契刻的目的不只在于给人作档案使用，而更多是沟通神灵。

（2）占辞的性质问题。王在占辞中，常用意愿性的否定词，说明商王不只是做出判断，而是根据结果，继续与神灵进行沟通。占辞是把得到预兆报告给神灵，提示神灵依照预兆安排或调整结果，所以占辞也是祈请过程中的一部分。尤其是一事多卜或成套卜辞中，占卜是一个递进的过程，这个过程中不同卜次的占辞所关注的焦点可能不同。

（3）验辞的构建问题。占卜是一个决疑的过程，所以验辞可以用来验证占卜的准确与否。同时，占卜是一个祈请的过程，所以验辞也可以证明占卜中与神灵的沟通有效与否。认识到这一点，可以帮助我们解读验辞中选取验证事件的背后动机。

（4）一事多卜和成套卜辞的区分问题。一事多卜和成套卜辞记录的是一个连续的递进的过程，虽然每版的卜辞表面上看起来一样，但具体到每次占卜，由于处于祈请链条上的不同环节，其卜问的关注的重点可能不同，即表面相同的卜辞内在的含义会有不同。

（5）卜辞中的卜问焦点问题。每次占卜都有一个关注的焦点，如何确定占卜的焦点，是正确理解卜辞的基础。以决疑为前提理解卜辞，还是以祈请为前提理解卜辞，或者以决疑加祈请与决策为前提理解卜辞，对占卜的焦点的确定和卜辞的理解会有很大差异。

（6）卜辞疑问句还是陈述句问题。卜辞是疑问句还是陈述句，学界争议很大，一直没有定论。[①] 卜辞是疑问句还是陈述句，要看该次占卜是决疑之卜还是祈请之卜，决疑为主的卜辞，应该视为疑问句。而祈请为主的卜辞，视作陈述句是可以的。

（7）对于卜辞的理解要置于整体的背景之下。一条卜辞可能是多次占卜中的一次，而多次占卜进行的祈请是一个递进的过程，后一次占卜是在前

---

① 参见赵诚、陈曦：《殷墟卜辞命辞性质讨论述要》，《古籍整理研究学刊》2001 年第 1 期。

次占卜基础上的进一步沟通。所以,重视卜辞的卜次,把每条卜辞都置于占卜的整体背景下,才能更准确地理解。这一点对于理解甲骨文中的省略句、特殊字符尤其有用,把他们的次序和背景搞清楚,将其恢复到占卜整体中去,会帮助理解其含义。

原载《河南社会科学》2022 年第 1 期,今据以收入。

甲骨占卜形式研究简述[*]

赵　鹏^{**}

关于占卜形式的研究，本文只大概枚举。

从历时角度总览中国古代占卜或甲骨占卜的研究主要有：容肇祖《占卜的源流》(1928)；①石璋如《骨卜与龟卜探源———黑陶与白陶的关系》(1954)；②李亨求《渤海沿岸早期无字卜骨之研究———兼论古代东北亚诸民族之卜骨文化》(1981)；③刘玉建《中国古代龟卜文化》(1992)；④谢端琚《论中国史前卜骨》(1998)；⑤李学勤《甲骨占卜的比较研究》(1991)；⑥李零《中国方术续考》(2000)、⑦《中国方术考(修订本)》(2001)；⑧崔波《甲骨占卜源流探索》(2003)；⑨慧超《论甲骨占卜的发展历程及卜骨特点》(2006)；⑩谢麟《卜法

＊ 本文为"古文字与中华文明传承发展工程"(G3030)阶段性成果。

＊＊ 中国社会科学院古代史研究所、中国社会科学院甲骨学殷商史研究中心。

① 容肇祖：《占卜的源流》，海豚出版社，2010 年。

② 石璋如：《骨卜与龟卜探源———黑陶与白陶的关系》，《大陆杂志》1954 年第 9 期。

③ 李亨求：《渤海沿岸早期无字卜骨之研究———兼论古代东北亚诸民族之卜骨文化》，《故宫季刊》1981—1982 年第 16 卷第 1—3 期；又收入《甲骨文献集成》，四川大学出版社，2001 年，第 17 册，第 102—119 页。

④ 刘玉建：《中国古代龟卜文化》，广西师范大学出版社，1992 年。

⑤ 谢端琚：《论中国史前卜骨》，西安半坡博物馆编：《史前研究———西安半坡博物馆成立四十周年纪念文集》，三秦出版社，1998 年，第 115—126 页。

⑥ 李学勤：《甲骨占卜的比较研究》，《比较考古学随笔》，中华书局(香港)有限公司，1991 年，第 139—150 页。

⑦ 李零：《中国方术续考》，东方出版社，2000 年。

⑧ 李零：《中国方术考(修订本)》，东方出版社，2001 年。

⑨ 崔波：《甲骨占卜源流探索》，中国文史出版社，2003 年。

⑩ 慧超：《论甲骨占卜的发展历程及卜骨特点》，《华夏考古》2006 年第 1 期，第 48—55 页。

新考》(2009)；①朴载福《先秦卜法研究》(2011)。②

以商代甲骨占卜为着眼点的研究主要有：刘焕明《商代甲骨占卜探讨》(1992)；③严军《从甲骨占卜术的兴衰看甲骨卜辞的存亡》(1992)；④郭振禄《试论甲骨刻辞中的"卜"及其相关问题》(1993)；⑤朱彦民《论商族骨卜习俗的来源与发展》(2008)。⑥

关于殷墟甲骨占卜过程的研究主要有：罗振玉《殷商贞卜文字考》第三部分卜法(1910)；⑦董作宾《商代龟卜之推测》(1929)；⑧陈梦家《殷虚卜辞综述》(1956)等。⑨

关于殷墟龟骨上占卜痕迹反映占卜问题的研究主要有：张秉权《殷虚卜龟之卜兆及其有关问题》(1954)、⑩《卜龟腹甲的序数》(1956)、⑪《甲骨文的发现与骨卜习惯的考证》(1967)、⑫《甲骨文中所见的"数"》(1975)、⑬《甲骨文与甲骨学》(1988)；⑭曹兆兰《殷墟龟甲占卜的某些步骤试探》(2004)。⑮

---

① 谢麟：《卜法新考》，山东大学硕士学位论文，2009年。

② 朴载福：《先秦卜法研究》，上海古籍出版社，2011年。

③ 刘焕明：《商代甲骨占卜探讨》，《文物春秋》1992年第3期，第23—28页。

④ 严军：《从甲骨占卜术的兴衰看甲骨卜辞的存亡》，《杭州师范学院学报》1992年第2期，第105—111页。

⑤ 郭振禄：《试论甲骨刻辞中的"卜"及其相关问题》，中国社会科学院考古研究所编：《中国考古学论丛——中国社会科学院考古研究所建所40年纪念》，科学出版社，1993年，第279—288页。

⑥ 朱彦民：《论商族骨卜习俗的来源与发展》，《中国社会历史评论》2008年第1期，第233—244页。

⑦ 罗振玉：《殷商贞卜文字考》，《殷虚书契考释三种》，中华书局，2006年，上册。

⑧ 董作宾：《商代龟卜之推测》，《安阳发掘报告》1929年第1期，第59—130页。

⑨ 陈梦家：《殷虚卜辞综述》，科学出版社，1956年。

⑩ 张秉权：《殷虚卜龟之卜兆及其有关问题》，"中研院"院刊》第1辑，"中研院"，1954年。

⑪ 张秉权：《卜龟腹甲的序数》，《"中研院"历史语言研究所集刊》第28本上册，1956年，第229—272页。

⑫ 张秉权：《甲骨文的发现与骨卜习惯的考证》，《"中研院"历史语言研究所集刊》第37本下册，1967年，第827—880页。

⑬ 张秉权：《甲骨文中所见的"数"》，《"中研院"历史语言研究所集刊》第46本第3分，1975年，第347—390页。

⑭ 张秉权：《甲骨文与甲骨学》，台湾编译馆，1988年。

⑮ 曹兆兰：《殷墟龟甲占卜的某些步骤试探》，《考古与文物》2004年第3期，第32—39页。

　　关于殷墟甲骨占卜法、占卜制度方面的研究主要有：彭裕商《殷代卜法初探》(1995)；①宋镇豪《再论殷商王朝甲骨占卜制度》(1999)、②《殷墟甲骨占卜程式的追索》(2000)。③ 其中关于习卜的研究主要有：郭沫若《卜辞通纂》(1933)、④《安阳新出土的牛胛骨及其刻辞》(1972)；⑤李亚农《殷契摭佚续编》(1950)；⑥李学勤《评陈梦家〈殷虚卜辞综述〉》(1957)；⑦裘锡圭《读〈安阳新出土的牛胛骨及其刻辞〉》(1972)；⑧唐兰《殷墟文字记》(1981)；⑨柳曾符《释"习卜"》(1981)；⑩连邵名《望山楚简中的"习卜"》(1986)；⑪宋镇豪《殷代"习卜"和有关占卜制度的研究》(1987)；⑫冯华《包山楚简成套卜筮辞中的习卜研究》(2012)；⑬于成龙《战国楚占卜制度与商占卜制度之比较》(2010)；⑭宋镇豪《论古代甲骨占卜的"三卜"制》(1989)。⑮

　　文例研究涉及殷墟甲骨占卜的研究主要有：李学勤《关于甲骨的基础知识》(1959)、⑯《宾组卜骨的一种文例》(1998)；⑰萧良琼《卜辞文例与卜辞的整

---

① 彭裕商：《殷代卜法初探》，《夏商文明研究》，中州古籍出版社，1995年，第228—246页。

② 宋镇豪：《再论殷商王朝甲骨占卜制度》，《中国历史博物馆馆刊》1999年第1期，第12—27页。

③ 宋镇豪：《殷墟甲骨占卜程式的追索》，《文物》2000年第4期，第35—45页。

④ 郭沫若：《卜辞通纂》，文求堂，1933年，第586页。

⑤ 郭沫若：《安阳新出土的牛胛骨及其刻辞》，《考古》1972年第2期，第3页。

⑥ 李亚农：《殷契摭佚续编》，商务印书馆，1950年，第58页。

⑦ 李学勤：《评陈梦家〈殷虚卜辞综述〉》，《考古学报》1957年第3期，第124—125页。

⑧ 裘锡圭：《读〈安阳新出土的牛胛骨及其刻辞〉》，《考古》1972年第5期，第43—44页。

⑨ 唐兰：《殷虚文字记》，中华书局，1981年，第22页。

⑩ 柳曾符：《释"习卜"》，《中国语文》1981年第4期，第313—316页。

⑪ 连邵名：《望山楚简中的"习卜"》，《江汉论坛》1986年第11期，第79—80页。

⑫ 宋镇豪：《殷代"习卜"和有关占卜制度的研究》，《中国史研究》1987年第4期，第91—103页。

⑬ 冯华：《包山楚简成套卜筮辞中的习卜研究》，《中国史研究》2012年第1期，第5—18页。

⑭ 于成龙：《战国楚占卜制度与商占卜制度之比较》，《殷都学刊》2010年第4期，第9—20页。

⑮ 宋镇豪：《论古代甲骨占卜的"三卜"制》，《殷墟博物苑苑刊》创刊号，中国社会科学出版社，1989年，第138—150页。

⑯ 李学勤：《关于甲骨的基础知识》，《历史教学》1959年第7期，第20—22页。

⑰ 李学勤：《宾组卜骨的一种文例》，《南开大学历史系建系七十五周年纪念文集》，南开大学出版社，1998年，第1—3页。

理和研究》（1986）；①张秉权《论成套卜辞》（1960）；②郭振禄《试论康丁时代被锯截的卜旬辞》（1989）、③《试论祖庚、祖甲时代的被锯截卜王辞》（1989）；④林宏明《小屯南地甲骨研究》（2003）、⑤《宾组骨首刻辞与左右胛骨的关系》（2009）、⑥《宾组骨面刻辞起刻位置研究》（2017）、⑦《宾组卜骨骨边"干支"刻辞现象探究》（2019）等；⑧刘风华《殷墟村南系列甲骨卜辞整理与研究》（2007）、⑨《殷墟小屯南地甲骨中的截锯卜旬卜骨》（2008）、⑩《一种殷墟成组卜辞的文例分析及应用》（2019）、⑪《读契札记二则》（2019）；⑫门艺《殷墟黄组甲骨刻辞的整理与研究》（2008）；⑬刘影《殷墟胛骨文例》（2011）、⑭《文例规律对历组卜辞时代提前的新证》（2016）；⑮孙亚冰《殷墟花园庄东地甲骨文例研究》（2014）；⑯何会《殷墟王卜辞龟腹甲文例研究》（2014）；⑰赵鹏《何组牛肩胛

---

① 萧良琼：《卜辞文例与卜辞的整理和研究》，《甲骨文与殷商史》第 2 辑，上海古籍出版社，1986 年，第 24—64 页。

② 张秉权：《论成套卜辞》，《"中研院"历史语言研究所集刊》外编第 4 种上册，1960 年。

③ 郭振禄：《试论康丁时代被锯截的卜旬辞》，《殷墟博物苑苑刊》创刊号，中国社会科学出版社，1989 年，第 107—112 页。

④ 郭振禄：《试论祖庚、祖甲时代的被锯截卜王辞》，《庆祝苏秉琦考古五十五年论文集》，文物出版社，1989 年，第 371—380 页。

⑤ 林宏明：《小屯南地甲骨研究》，政治大学博士学位论文，2003 年。

⑥ 林宏明：《宾组骨首刻辞与左右胛骨的关系》，《出土文献研究视野与方法》第 1 辑，政治大学中文系，2009 年，第 253—270 页。

⑦ 林宏明：《宾组骨面刻辞起刻位置研究》，《古文字与古代史》第 5 辑，"中研院"历史语言研究所，2017 年，第 1—26 页。

⑧ 林宏明：《宾组卜骨骨边"干支"刻辞现象探究》，《出土文献研究视野与方法》第 6 辑，政治大学中文系，2019 年，第 25—47 页。

⑨ 刘风华：《殷墟村南系列甲骨卜辞整理与研究》，郑州大学博士学位论文，2007 年；上海古籍出版社，2014 年。

⑩ 刘风华：《殷墟小屯南地甲骨中的截锯卜旬卜骨》，《殷都学刊》2008 年第 4 期，第 7—13 页。

⑪ 刘风华：《一种殷墟成组卜辞的文例分析及应用》，《殷都学刊》2019 年第 2 期，第 47—52 页。

⑫ 刘风华：《读契札记二则》，《博物院》2019 年第 6 期，第 15—19 页。

⑬ 门艺：《殷墟黄组甲骨刻辞的整理与研究》，河南大学博士学位论文，2008 年。

⑭ 刘影：《殷墟胛骨文例》，首都师范大学博士学位论文，2011 年；首都师范大学出版社，2016 年。

⑮ 刘影：《文例规律对历组卜辞时代提前的新证》，《考古与文物》2016 年第 2 期，第 108—110 页。

⑯ 孙亚冰：《殷墟花园庄东地甲骨文例研究》，上海古籍出版社，2014 年。

⑰ 何会：《殷墟王卜辞龟腹甲文例研究》，中国社会科学出版社，2020 年。

骨上兆序排列考察》(2015)、[①]《宾组三类胛骨钻凿与兆序排列的初步整理与研究》(2016)、[②]《师宾间类胛骨兆序排列及其相关问题》(2016)、[③]《宾一类胛骨兆序排列的整理研究》(2016)、[④]《出组二类胛骨钻凿布局、兆序排列与占卜》(2018)、[⑤]《黄组胛骨钻凿布局、兆序排列及其相关问题》(2019)、[⑥]《截锯甲骨探微》(2021)；[⑦]王崇月《宾组甲骨刻辞行款研究》(2016)；[⑧]李卿《殷墟村北系列卜旬辞的整理与研究》(2013)；[⑨]王旭东《卜夕卜辞综合研究》(2017)；[⑩]罗华鑫《殷墟卜旬辞的整理与研究》(2020)。[⑪]

关于贞人与占卜关系的研究主要有：牛海茹《论商代甲骨占卜中的"异史同贞"》(2018)；[⑫]许子潇《商代甲骨占卜中的二人共贞现象》(2019)。[⑬]

关于卜筮关系的研究主要有：贝冢茂树《龟卜和筮》(1947)；[⑭]屈万里《易卦源于龟卜考》(1956)；[⑮]饶宗颐《由卜兆记数推究殷人对于数的观

---

① 赵鹏：《何组牛肩胛骨上兆序排列考察》，《南方文物》2015 年第 4 期，第 198—203 页。
② 赵鹏：《宾组三类胛骨钻凿与兆序排列的初步整理与研究》，《出土文献研究》第 15 辑，中西书局，2016 年，第 1—13 页。
③ 赵鹏：《师宾间类胛骨兆序排列及其相关问题》，《古文字研究》第 31 辑，中华书局，2016 年，第 62—67 页。
④ 赵鹏：《宾一类胛骨兆序排列的整理研究》，《南方文物》2016 年第 3 期，第 210—216 页。
⑤ 赵鹏：《出组二类胛骨钻凿布局、兆序排列与占卜》，《古文字研究》第 32 辑，中华书局，2018 年，第 127—138 页。
⑥ 赵鹏：《黄组胛骨钻凿布局、兆序排列及相关问题》，《南方文物》2019 年第 3 期，第 139—149 页。
⑦ 赵鹏：《截锯甲骨探微》，《甲骨文与殷商史》新 11 辑，上海古籍出版社，2021 年，第 500—522 页。
⑧ 王崇月：《宾组甲骨刻辞行款研究》，西南大学硕士学位论文，2016 年。
⑨ 李卿：《殷墟村北系列卜旬辞的整理与研究》，郑州大学硕士学位论文，2013 年。
⑩ 王旭东：《卜夕卜辞综合研究》，南开大学硕士学位论文，2017 年。
⑪ 罗华鑫：《殷墟卜旬辞的整理与研究》，河南大学硕士学位论文，2020 年。
⑫ 牛海茹：《论商代甲骨占卜中的"异史同贞"》，《甲骨文与殷商史》新 8 辑，上海古籍出版社，2018 年，第 439—461 页。
⑬ 许子潇：《商代甲骨占卜中的二人共贞现象》，《殷都学刊》2019 年第 3 期，第 1—4 页。
⑭ 贝冢茂树：《龟卜和筮》，《东方学报》(京都)第 15 册，1947 年。
⑮ 屈万里：《易卦源于龟卜考》，《"中研院"历史语言研究所集刊》第 27 本，1956 年，第 117—133 页。

念——龟卜象数论》(1961)、①《殷代易卦及有关占卜诸问题》(1983);②肖楠《安阳殷墟发现"易卦"卜甲》(1989);③曹定云《殷墟四盘磨"易卦"卜骨研究》(1989)、④《论安阳殷墟发现的"易卦"卜甲》(1993);⑤李殿魁《从出土考古资料及书面资料试探易之起源与真象(一)》(1993);⑥李棪《早周骨甲所刻易卦筮符综说》(1995);⑦徐葆《殷墟卜辞中的商代筮法制度——兼释甲骨文爻、学、教诸字》(1996);⑧晁福林《商代易卦筮法初探》(1997);⑨沈建华《清华简〈筮法〉果占与商代占卜渊源》(2017)。⑩

　　以上研究各有侧重,彭裕商《殷代卜法初探》勾勒出了殷墟甲骨占卜的大概框架。

① 饶宗颐:《由卜兆记数推究殷人对于数的观念——龟卜象数论》,《"中研院"历史语言研究所集刊》外编第 4 种下册,1961 年。
② 饶宗颐:《殷代易卦及有关占卜诸问题》,《文史》第 20 辑,中华书局,1983 年,第 1—14 页。
③ 肖楠:《安阳殷墟发现"易卦"卜甲》,《考古》1989 年第 1 期,第 66—70 页。
④ 曹定云:《殷墟四盘磨"易卦"卜骨研究》,《考古》1989 年第 7 期,第 636—641 页。
⑤ 曹定云:《论安阳殷墟发现的"易卦"卜甲》,《殷都学刊》1993 年第 4 期,第 17—24 页。
⑥ 李殿魁:《从出土考古资料及书面资料试探易之起源与真象(一)》,《中国文字》新 17 期,艺文印书馆,1993 年,第 255—262 页。
⑦ 李棪:《早周骨甲所刻易卦筮符综说》,《第二届国际中国古文字学研讨会论文集续编》,香港中文大学,1995 年,第 31—52 页。
⑧ 徐葆:《殷墟卜辞中的商代筮法制度——兼释甲骨文爻、学、教诸字》,《中原文物》1996 年第 1 期,第 81—85 页。
⑨ 晁福林:《商代易卦筮法初探》,《考古与文物》1997 年第 5 期,第 58—62 页。
⑩ 沈建华:《清华简〈筮法〉果占与商代占卜渊源》,《出土文献》第 10 辑,中西书局,2017 年,第 19—24 页。

科学技术在甲骨学研究中的应用*

赵孝龙**

甲骨学是研究商周甲骨以及甲骨上所刻写的文字的一门科学。甲骨学自诞生之日起便是一门交叉学科，这可以从甲骨文字所包含的丰富内容中反映出来。它涉及 3 000 年前商代的自然生态、天象裸异、气候灾害、王室组成、宗法与宗庙制、王权与神权关系、卜官与占卜制度、土地所有制、社会经济构成、立邑任官、交通出行、外交征伐，以及商王都内权贵阶层的日常生活状况，如衣食住行、生老病死、婚姻嫁娶、养老教子、梦幻思维、情感追求、宗教信仰、祀神祭祖、饮食宴享等，为研究中国源远流长的灿烂文明史和早期国家与人文社会传承形态，提供了独特而真实可贵的第一手资料，是中国最早的成文古文字文献遗产。① 如此包罗万象的卜辞内容，吸引了众多不同学科的学者参与研究。随着社会的发展和研究的深入，甲骨学同其他学科之间的交叉融合越来越多。令人备受鼓舞的是，现代的学科交叉已经将更多的科学技术融入甲骨学研究中，并且取得了可喜的成果，这是一个全新的增长点。鉴于此，本文将简要梳理和讨论几种可以应用于甲骨学研究的科学技术。

一、放射性碳测年技术

放射性碳测年技术是利用碳十四的衰变原理对目标样品进行绝对年代测定的技术。碳十四存在于大气和生物体中，并处于动态平衡的状态。当

---

* 本文为"古文字与中华文明传承发展工程"规划项目"甲骨文字契刻特征的显微分析"（G3940）阶段性成果。

** 中国社会科学院古代史研究所、中国社会科学院甲骨学殷商史研究中心。

① 宋镇豪：《寻绎中国思想渊薮的最真实素材》，《光明日报》2017 年 11 月 19 日第 12 版。

生物体死亡后,其体内的碳十四便开始有规律地衰变(半衰期为 5 730 ± 40 年),因此测试生物体中碳十四的剩余含量便可知其所处的年代。放射性碳测年技术的应用已经有半个多世纪的历史了,它为考古学、历史学以及人类学等学科的绝对年代断定提供了科学依据,并极大地推动了这些学科的发展。

在甲骨断代方面,虽然可以通过某些卜辞的内容来推断部分甲骨大致所处的历史时期,却无法得知其绝对年代。如果能够断定某些甲骨的绝对年代,这将对构建商代后期的年代框架起到重要作用,从而进一步推动商代历史的研究。目前,适合对甲骨进行绝对年代测定的方法首选放射性碳测年技术。早在 20 世纪 70 年代,牛津大学和新西兰地球科学所分别对"中研院"历史语言研究所藏的一版牛肩胛骨进行过碳十四测年,但是二者所测的数据相差有点大。而在 20 世纪 90 年代,国家启动"九五"科技攻关重点项目——"夏商周断代工程",该工程在国内首次运用碳十四测年技术对甲骨进行年代测定,所测样品来自国内甲骨收藏单位中的九家,共一百个样品,相关数据与天文数据、文献资料等共同为商代后期年代学的建立提供了重要支撑。

随着科技的发展,碳十四测年技术的精度也在不断提高,它已经成为考古学等学科的一项重要的测年技术。然而,除了"夏商周断代工程"外,国内再也没有见到运用该方法对甲骨进行测年的报导。这主要是因为碳十四测年技术属于有损检测技术,需要对检测对象进行样品提取。如此,便会对甲骨造成一定程度的损毁,而甲骨属于珍贵文物,无法承受这种损伤。由此也可以断定,今后很少会出现对甲骨进行有损检测的实验。

二、计算机技术

计算机技术综合了多个学科的技术优势,能够轻松实现对逻辑、数据等的运算。不可否认,计算机技术是人类的一项伟大发明。鉴于其精确、高效的信息加工处理能力,计算机技术被广泛运用到各个领域,给人们的生产生活带来了翻天覆地的变化。近些年来,甲骨学与其他学科之间的交叉与融合创新呈现出较快的增长态势，这符合世界科学发展的主流方向，计算机技术所具有的强大的信息处理和储存能力正好迎合了新时代甲骨学研究的需要，从而顺理成章地被应用在了甲骨学研究中。

目前，计算机技术主要被应用于甲骨缀合和专业平台的建设等方面。缀合是甲骨学研究的一个重要领域，它对整合甲骨材料、促进史学研究等的作用不言而喻。早在个人计算机诞生之初，学术界便出现了利用计算机进行甲骨缀合的声音，这充分体现了部分学者的学术敏锐度极高。无奈当时的计算机技术以及各方面的条件还不成熟，这一设想还无法实现。近些年，计算机技术日臻成熟，足以轻松满足支撑甲骨缀合所需要的技术要求。此外，国家大力支持甲骨学的发展，促使甲骨原始材料的整理达到了前所未有的规模，客观上为甲骨缀合提供了较为充足的材料支撑。目前，见诸报导的利用计算机技术对甲骨进行缀合的团队分别是安阳师范学院甲骨文信息处理教育部重点实验室和河南大学的缀多多团队。从二者公开发表的成果来看，利用计算机技术拼合甲骨已经成为现实，而且这项工作的未来是光明的。

此外，专业的研究性平台具有开放、便捷、资源共享等优势，它的建设不仅可以推动学界的专业研究，还可以为学科的发展提供大力支持。甲骨学经过一百多年的发展，建设一个专业的甲骨学研究性平台已是大势所趋。2019 年，时值甲骨文发现 120 周年，由中国社会科学院甲骨学殷商史研究中心与安阳师范学院甲骨文信息处理教育部重点实验室合作建设的"殷契文渊"对公众发布，这是一个专门性质的甲骨文资源大数据平台，其内容包括甲骨字形库、甲骨著录库、甲骨文献库、甲骨文知识服务平台，为甲骨学研究者提供了极大的便利。

除了上述两方面外，还有利用计算机制作电子摹本、小型数据库等工作，在此不再展开讨论。值得注意的是，学术界正在尝试引入 AI 技术，以实现对甲骨文字进行人工智能考释。这一思路的确让人兴奋，但考释文字需要兼顾形、音、义三个方面，AI 技术如何来实现，确实值得期待。

概而言之，计算机技术应用于甲骨学研究的前景是非常广阔的，但是在实现的过程中所遇到的困难也是空前的。例如,在缀合方面,若要提高缀合的成功率,则需要尽可能全面地将每版甲骨的信息录入计算机系统,这些信息包括甲骨的正面、反面和侧面的各项数据,卜辞的内容以及甲骨拓片的各项数据。假使一切外部条件都很顺利,这也将是一项浩大的工程。因为目前存世的甲骨在 16 万片左右,这些甲骨多数是不完整的,即使将其中的一部分进行信息录入,其工作量也是十分巨大的。当然,随着科技的不断创新,计算机技术必将实现跨越式发展。与此同时,其在甲骨缀合方面的准确率也将不断提高,虽然考释文字在目前看来还不太成熟,但日新月异的计算机技术让我们有理由保持足够的耐心。

三、光谱分析技术

光谱分析技术是多种光谱分析方法的总称,它能够根据物质的光谱特性,来鉴别物质并确定其化学成分,有的分析方法还能确定物质元素的含量,在进行定性分析的同时进行定量分析。光谱分析技术具有快速、灵敏、准确、无损等优点,凭借这些优点,该技术在诸多领域得到了广泛应用。将光谱分析技术引入甲骨学研究,主要是利用其对甲骨上所附着的物质进行成分分析。众所周知,部分甲骨和文字的字口中存在红色或黑色的物质,这种现象很早就引起了学术界的兴趣。学者们根据文献资料和某些考古遗址中的红色和黑色物质成分,推测甲骨上的红色物质应该是朱砂,黑色物质应该是碳。然而,这毕竟是推测,一直没有得到实证。这与作为珍贵文物的甲骨很难走出收藏单位进入实验室有很大关系,最理想的状态是甲骨收藏单位建立自己的实验室或是拥有能够承担检测任务的设备。比较幸运的是,近些年考古文博单位开始重视将科技手段引入传统研究,并陆续引进先进的仪器设备,客观上为甲骨学研究提供了技术支持。

在光谱分析技术中,有多种方法可以用来检测甲骨上红色物质与黑色物质的成分,而拉曼光谱分析法应该是非常适合的一种。与某些只能检测物质元素的方法相比,它可以直接检测出物质的化学成分,因此更加直观、便捷。迄今为止,运用光谱分析技术对甲骨进行研究的工作还非常少,见诸报导的仅有陈光宇先生与"中研院"史语所合作，运用激光显微共聚焦拉曼光谱仪对史语所收藏的甲骨中的二十余例涂朱填墨样品进行检测。他们的试验结果是：红色物质为朱砂或三氧化二铁，以朱砂居多；黑色物质为碳。虽然这项工作仅仅测试了二十余例样品，但是其结果已经足以证明学术界对涂朱和填墨的物质成分的推测基本是正确的。然而，这项工作还有继续推进的必要，有些问题还不明了，例如在一至五期的涂朱甲骨中，各期都是以哪种物质为主，搞清楚这个问题或许对探究殷人的宗教文化有一定的帮助。此外，在已知红色与黑色物质成分的基础上，如能继续探知它们的矿料来源，则可望为研究殷商时期的手工业经济提供重要资料。

四、显微技术

显微技术是一门对于物质微小区域进行化学成分分析、显微形貌观察、微观结构测定的专门的显微分析技术。[①] 显微技术自诞生之日起，便在生物学、医学等领域发挥着重要作用。几十年来，显微技术发展迅速，显微设备也从单一功能向多功能发展，并且趋向自动化。目前，显微技术作为一种重要的研究工具已被广泛运用，随着学科的发展以及多学科之间的交叉融合，显微技术的使用范围还将继续扩大。它的不断发展，推动了诸多领域在微观方向不断取得突破性成果。

将显微技术引入甲骨学研究是一种很有意义的尝试，显微技术可以帮助研究者提取用肉眼所无法获得的潜在信息，在确定甲骨文字的笔顺、发现不同的契刻方法、对笔画的内部特征进行分析等方面发挥了重要的作用。艾兰先生是第一位将显微技术引入甲骨学研究的学者，她把照相机和显微镜组合在一起，对大英博物馆所藏的甲骨进行了拍照分析，取得了许多新的成果。近年来，陈光宇先生利用显微镜对儿氏家谱刻辞进行分析，通过真刻与伪刻的不同特征来判断儿氏家谱刻辞的真伪。葛亮先生运用便携显微设备来制作电子摹本，取得了很好的效果。此外，笔者运用超景深数码显微镜

---

① 周疆明、程路明、贾宏涛：《显微镜技术研究进展》，《新疆农业科学》2006 年第 A1 期。

对花园庄东地出土甲骨和中国社会科学院古代史研究所藏甲骨进行了分析，也取得了一些新的发现和认识。

总体而言，显微技术所提取的潜在信息，使甲骨学研究有了更加直观、科学的数据，这些数据可为研究甲骨文字的分期断代、殷商时期的科技水平以及贞人集团的运转等方面提供依据。将现代显微技术应用于甲骨学研究，从微观角度对甲骨文字进行重新认识，使得甲骨学研究延伸至微观领域，在丰富了甲骨学的研究内容的同时，也拓展了显微技术的应用空间。

五、全息影像采录技术

全息影像采录技术是一种集红外扫描、多角度拍照和利用软件对扫描、拍照所得的照片进行后期处理的综合性技术。作为一种无损技术，它可以将文物上一些漫漶不清的痕迹呈现出来，从而为研究提供便利。目前，这项技术已被运用到石刻、青铜器等文物的研究上，取得了良好的效果。

甲骨已埋藏于地下几千年，经过漫长的地下侵蚀，已经变得非常脆弱，不可避免地会出现部分文字漫漶不清的情况，有些文字即使用拓片也很难将其显现出来，这为甲骨文字的研究增加了难度。可以想象，本就佶屈聱牙不易理解的甲骨卜辞，在字迹遭到侵蚀而无法辨认的情况下，要想读懂更是难上加难。虽然目前还没有利用全息影像采录技术进行甲骨学研究的报导，但是根据其对石刻、青铜器等文物上的文字、纹饰等进行复原的成果来看，利用这项技术来复原漫漶不清的甲骨文字应该是可行的。鉴于此，中国社会科学院古代史研究所与新维畅想数字科技有限公司合作，尝试运用全息影像采录技术对古代史所收藏的甲骨中部分字迹漫漶不清者进行痕迹复原实验，争取将文字的原貌展现出来，以期充分发挥甲骨文字的文献史料价值。实验结果表明，这项技术可以将不清晰的甲骨文字显现出来，虽然处理之后的照片，其甲骨表面的颜色可能会有些失真，但这并不影响对文字本身以及卜辞的内容进行研究。

全息影像采录技术是近几年才兴起的一项技术，其在文博研究领域的技术优势非常明显。但是，耗时费力也是它的一点不足之处，如果能自我完善或利用其他技术进行改进，则将在文博领域发挥更大的作用。

六、分子生物技术

除了上述五种科学技术外，分子生物技术在理论上也可以用于甲骨学研究，但是在实际操作中因为需要采样而很难实现，因而在此仅做简单介绍以供讨论和参考。分子生物学是研究和阐述生物大分子结构与功能的学科，是当代生物科学的重要分支。[①] 分子生物技术的功能之一是运用分子遗传技术来鉴定生物的种属，揭示物种之间的亲缘关系。较为常用的有蛋白质分析法和 DNA 分析法。在甲骨学研究的过程中，龟甲和兽骨的种属鉴别工作进展缓慢，特别需要一种准确的方法来推动。而分子生物技术完全可以胜任这项工作，但是，这项技术和碳十四测年技术一样，也需要进行破坏性取样，这不可避免地会对甲骨造成损毁，因此基本上无法实现。

以上我们讨论了六项可以应用于甲骨学研究的科学技术，其中五项技术已经取得了显著成果，另有一项由于样品采集需要破坏甲骨而无法开展。正所谓"他山之石，可以攻玉"，不难发现，甲骨学与科技相结合既能促进自身已有研究领域的发展，又能产生诸多新的研究方向，从而使甲骨学的研究领域不断丰富。在甲骨与科技融合发展的几十年里，学术界已经取得了可喜的成果，相信在科技的加持下，甲骨学定会不断迎来新的发展机遇，甲骨学的未来也将更加光明。

原载《甲骨文与殷商史》新 12 辑，上海古籍出版社，2022 年，今据以收入。

---

① 杨岐生：《分子生物学》，浙江大学出版社，2004 年，"前言"。

卜辞中的"盟"地[*]

孙亚冰[**]

殷墟卜辞中有一个地名,写作以下诸形:

A.

B.

C.

D.

裘锡圭先生释 A 为"皿",B 为"盍",C 为"盟",D 为"囧",它们都可读作"盟"或"孟",作为地名,主要见于以下卜辞:

(1) 贞:乎黍于█,受年。　　　　　　　　（《合集》9536〔典宾〕）

(2) █不其受年。　　　　　　　　　　　　（《合集》440 反〔典宾〕）

(3) 乎田于█。　　　　　　　　　　　　　（《美藏》266〔典宾〕）

(4) ☑在█。　　　　　（《合集》8920 反〔记事刻辞〕〔典宾〕）

(5) 贞:乎立█,出黍。　　　（《合集》9527〔《旅藏》351〕〔典宾〕）

---

* 本文为国家社科基金重大项目"出土先秦文献地理资料整理与研究及地图编绘"（18ZDA176）、"古文字与中华文明传承发展工程"规划项目"明义士《殷虚卜辞》再整理"（G3031）阶段性成果。

** 中国社会科学院古代史研究所、中国社会科学院甲骨学殷商研究中心。

（6）贞：于 🏃 北。

（《合集》9811＋《乙补》5952＋5968〔林宏明缀①〕［典宾］）

（7a）丁酉卜，争贞：今春王弜黍。

（7b）贞：今春王黍于南 🦌 ，涉人于河南兆。

（《合集》9519＋《英藏》814〔蒋玉斌缀，与《合集》9518 成套，图 1〕［典宾］）

（8）□寅卜：在 🏃 从☑。　　　　　　　　（《合集》34430［历二］）

（9）戊寅卜，宾贞：王往以众黍于囧。　　（《合集》10［宾三］）

（10）丙午卜☑令☑黍☑囧。　　　　　　　（《合集》9546［宾三］）

（11）庚辰卜，宾贞：叀王臤南囧黍。十月。　（《合集》9547［宾三］）

（12）☑争贞：☑乙亥登☑囧黍☑祖乙。　　（《合集》1599［宾三］）

（13a）☑叀乙☑于囧。

（13b）☑囧。　　　　　　　　　　　　　（《合集》8103［宾三］）

（14a）己卯贞：在囧眉来告芳，王黍。

（14b）王弜黍。

（14c）庚辰贞：在囧眉来告芳，王其黍。

（14d）王弜黍。

（《合集》33225［历二，即《上博》2426.15，与《缀汇》615〔孙亚冰缀〕成套］）

（15）在囧眉芳，王米。　　　　　　　　（《合集》32963［历二］）

（16a）☑在囧眉☑芳，王米。

（16b）弜米。

（16c）庚寅贞：王米于囧，以祖乙。

（《屯南》936〔《合集》32543 同文］［历二］）

（17a）己巳贞：王其登南囧米，叀乙亥。

（17b）己巳贞：王米囧，其登于祖乙。

（《合集》34165〔《合补》10449、《合集》32042 下半同文］［历二］）

（18）乙未贞：王米，叀父丁以，于囧米。

（《合集》32042 上半［历二］）

---

① 林宏明：《甲骨新缀第 638—648 例》，先秦史研究室网站，2016 年 5 月 7 日。

(19) 癸卯卜,在 [字] 贞:王旬亡忧。

（《合集》36612＋36798①〔此地又见《合集》36799—36801、《甲骨缀合续集》538、《山珍》1236 等〕〔黄组〕）

　　裘先生认为"皿"和"盂"都是种黍的农业区,二者可能指一地,根据"皿""盂"与"盟""孟"音近通同,疑此地在古孟津（或"盟津"）一带,即今河南省孟州市以南黄河两岸之地;而见于宾组和历组的"囧"地,也是一个种黍的农业区,这个"囧"跟"皿""盂"是否指同一地,有待研究;见于黄组的"[字]"等和历组的"[字]"似乎都可以释为"盂",跟宾组卜辞中的"皿""盂"可能指同一地。② 蒋玉斌先生根据新缀合的卜辞（图1,例7）,指出"商王要在'南盂'种黍而涉人到黄河南畔,说明'盂'确指黄河两岸之地,可更好地支持将该地与古孟津联系起来的看法";"以'南盂'之名与'南囧'相对照,似乎更倾向于说明'囧'与'皿/盂'记录的是同一地名"。③

　　结合裘、蒋两位先生的说法,可知以上地名为一地,都是指古孟津。卜辞对此地常称以"南囧"或"南盂",说明它的位置在殷墟以南,新缀的(7b)云"涉人于河南兆",进一步证明了该地在黄河两岸甚至黄河南岸。近来,陈絜先生提出"泰山田猎区"一说,即将晚商田猎区定在今山东泰山周边。④ 对于

---

① 孙亚冰缀合,见孙亚冰:《〈合集〉遥缀二例》,先秦史研究室网站,2012 年 1 月 12 日;又发表在《甲骨缀合五则》,《南方文物》2015 年第 3 期。又,董作宾《殷历谱·下编卷八·旬谱七》（"中研院"历史语言研究所专刊之二十三,1945 年）曾将《合集》36612（《菁》9.12、《后》上 11.8 为其中一部分）与《合集》36810（《前》2.7.1）缀合,即《甲骨缀合编》197、《合补》12870,虽然卜辞位置不错,但《合集》36612 的序数是"一",而《合集》36810 的序数似为"二",故此缀暂存疑。另,董作宾将《合集》36612 右上的"癸巳"误摹、误释为"癸酉"。殷德昭缀过《合集》36951＋36798（参见殷德昭:《黄组甲骨缀合十则（附缀合修正二则及缀合建议二则）》,先秦史研究室网站,2016 年 12 月 15 日）,恐也不可靠。

② 裘锡圭:《释殷虚卜辞中的"[字]""[字]"等字》,《裘锡圭学术文集·甲骨文卷》,复旦大学出版社,2012 年,第 400—401 页。

③ 蒋玉斌:《说甲骨新缀所见的"南盂"与"奠子方"》,《汉字汉语研究》2019 年第 4 期。

④ 陈絜、赵庆淼:《"泰山田猎区"与商末东土地理——以田猎卜辞"盂"、"𩫏"诸地望考察为中心》,《历史研究》2015 年第 5 期;陈絜:《卜辞滴水与晚商东土地理》,《中国史研究》2017 年第 4 期;陈絜、田秋棉:《卜辞"龟"地与武丁时期的王室田猎区》,《故宫博物院院刊》2018 年第 1 期。

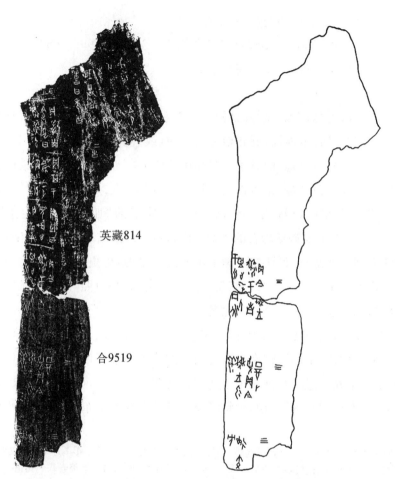

图1 《合集》9519＋《英藏》814(未摹文字属伪刻)

"囧"地，他说"商王室'藉田'所在地是否同样在东土，似乎可以进一步考虑，而其背后所蕴藏的各种历史信息，更值得关注"，从其表述看，陈絜先生似倾向于把"囧"定在东土，但笔者认为从古文字学角度和卜辞内容两个方面看，古孟津的说法更为可信，本文补充一些证据以重申此说。

第一条证据："粪"与"囧"之间的距离

(20a) 癸酉贞：旬亡忧。囧。

(20b)〔癸〕未贞：旬亡忧。粪。　　　　　　(《屯南》2858〔图2〕〔历组〕)

图 2 《屯南》2858

这版卜辞,"癸酉"日在"囧"地占卜,10天后的"癸未"日在"粪"地占卜,据此推算,"粪"与"囧"的距离不超过 10 日。"粪"地又见于《合集》10956、33374,《屯南》663—664、2368—2369,《花东》36、498 等,主要是一处田猎地,"粪"地地望可借助以下卜辞进行推测。

(21a) 丁卜,在柚:其东狩。一

(21b) 其浚河狩,至于粪。一

(21c) 不其狩。一

(21d) 丁卜:其涉河狩。一二

(21e) 丁卜:不狩。一二

(21f) 丁卜:其上。一

(21g) 不其狩,入商。在柚。一　　　　　　　　　(《花东》36〔图 3①〕)

① 此图是笔者目验原骨重新做的摹本,(21a)的"柚",《花东》书中摹作"🮲",不确;(21b)的"浚",《花东》摹作"🮲",也有误。这两处图 3 做了修改。

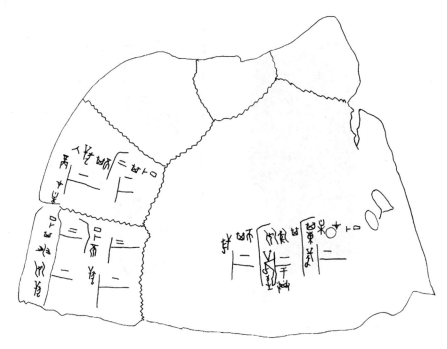

图3　《花东》36

（21b）中的"浚"，姚萱认为此字从夋（叟）声，用作动词，读作"泝/溯"，是沿河而上的意思。[1]"粪"字主要作"𡊫"或"𡊫""𡊫""𡊫"形（参见《甲骨文字编》1114页），徐中舒主编的《甲骨文字典》（439页）分析其结构："象双手执箕弃除秽物之形。"或释为"箕""小其"，均不确。这版卜辞从其刻写位置以及序数看，（21a）（21b）（21c）是一组选贞和正反对贞，（21d）（21e）是一组正反对贞，（21f）（21g）是一组正反对贞，主要卜问狩猎的方向，卜问时间都是"丁"日，卜问地点都在"柚"地。[2] 研究者已经指出，《花东》36卜辞否定副词用"不"，表明动作行为是占卜主体子所不能控制的，以上诸辞都是子在贞问揣测王的行为。（21a）（21b）（21c）问王是向东狩猎，还是溯河而上向南狩猎，一直到"粪"地；（21d）（21e）问王涉河狩猎，还是不狩猎；（21f）的"上"，疑是向

---

① 姚萱：《殷墟甲骨文"涿"、"浚"两字考辨》，《中国文字研究》第23辑，上海书店出版社，2016年。
② 关于"柚"字各种形体（为方便叙述，本文统一释为"柚"）和考释，参见王子杨：《甲骨文字形类组差异现象研究》，中西书局，2013年，第296—306页。

高处行的意思，(21f)(21g)可能是问王向高处行，还是不狩猎，进入“商”。这个“商”指哪里？《合集》36639＋36764＋37508＋《合补》13064(郭沫若、持井康孝、张宇卫、林宏明缀，参见《旅藏》1949释文)：

(22) 丁未卜，在(柚)贞：王其入大邑商，亡害在畎。

这版卜辞在“”(此字为“柚”加声符“寻”，仍指“柚”地)地问是否入“大邑商”，两相对照，可知(21g)辞中的“商”即“大邑商”，也就是今安阳殷墟。

从《花东》36的整版内容看，“柚”地当在商代黄河的西边，距安阳殷墟不会太远。帝辛征人方卜辞中也出现过“”(《合补》11142，即《合集》36961与《合集》36825的遥缀)字，过去把它看作地名，但从辞例及其刻写位置推敲，它可能不是地名，而是一个动词。“柚”字的写法很多，其中有从“山”的写法，如“”(参看《甲骨文字编》499—500页)、“”(《合集》33133[①])，因此笔者怀疑“柚”地附近有山，今安阳以东是平原，“柚”很可能在今安阳西边或西南的山区。另据《合集》8358中“”(左旁为“柚”字繁写)字，“柚”地还应有河流。“柚”地，岛邦男、锺柏生置于商、淮之间，在今商丘东南；[②]李学勤、黄然伟认为是沁水上的津渡之一；[③]郑杰祥、晁福林从饶宗颐释此字为“未”，认为即沫或妹地，在今淇县附近；[④]常耀华、林欢定在商都与古黄河之间；[⑤]陈

① 此版卜辞以往释读有误，参见孙亚冰：《卜辞剩义五则》，《甲骨文与殷商史》新10辑，上海古籍出版社，2020年。

② 岛邦男著，濮茅左、顾伟良译：《殷墟卜辞研究》，上海古籍出版社，2006年，第710—711页；锺柏生：《殷商卜辞地理论丛》，艺文印书馆，1989年，第135页。

③ 李学勤：《殷代地理简论》，科学出版社，1959年，第17页。黄然伟：《殷王田猎考(上中下)》，《中国文字》第14—16册，1964—1965年；又收入《殷周史料论集》，三联书店(香港)有限公司，1995年。

④ 饶宗颐：《殷代贞卜人物通考》，香港大学出版社，1959年，第466页；郑杰祥：《商代地理概论》，中州古籍出版社，1994年，第30—33页；晁福林：《殷卜辞所见“未(沫)”地考》，《中国史研究》2019年第2期。“未”地，郑杰祥认为在今淇县北，晁福林认为在今淇县南。

⑤ 常耀华、林欢：《试论花园庄东地甲骨所见地名》，《2004年安阳殷商文明国际学术研讨会论文集》，社会科学文献出版社，2004年；又见孙亚冰、林欢：《商代地理与方国》，中国社会科学出版社，2010年，第156页。

絜、田秋棉释此字为"甹"，定在东土田猎区，在今山东省泰安东南；^①李家浩、王子杨读此字为"鄩"，定在今巩义市；^②刘云读此字为"覃"，定在今武陟县；^③马保春定在商代黄河河道东南；^④唐英杰、邹芙都认为在今安阳东南古黄河西岸。^⑤ 这些说法可能均不确。

商代黄河走向，与今不同。刘起釪先生认为卜辞中的黄河在殷墟以东，也就是大伾以北的《禹贡》河，它一直流到战国中世（即公元前四世纪中叶）才远离殷墟向南移，改走《汉志》所载河道。《禹贡》河道初循成皋大伾东北流，至浚县大伾山之西折而北流，即沿今肥乡至束鹿一线在殷墟以东向北流。^⑥ 淇水在浚县宿胥口附近、洹河在内黄、漳水在曲周注入黄河（图4）。^⑦（21b）辞云沿河而上，到达"粪"，"粪"的具体地望不易确定，但揣摩辞意，它应当在黄河西岸或北岸。陈絜先生认为"粪"在东土田猎地的可能性不大。

（20）辞"粪"距"囧"不超过10日路程，按日程30～40里计算，10日可行300～400里路，以古孟津为起点，到今浚县大伾山直线距离大约400里，到淇水入河口——宿胥口附近直线距离大约340里，这些距离都在可理解范围内。陈絜先生未定"囧"的具体地望，如果以泰安为起点，到最近的洹河入

---

① 陈絜、田秋棉：《卜辞"龟"地与武丁时期的王室田猎区》，《故宫博物院院刊》2018年第1期；田秋棉、陈絜：《商周鼃、寻、谭诸地的纠葛及相关历史问题之检讨》，《史学集刊》2021年第1期。

② 参见王子杨：《甲骨文字形类组差异现象研究》，第305—306页。

③ 刘云：《利用上博简文字考释甲骨文一例》，《简帛语言文字研究》第5辑，巴蜀书社，2010年。

④ 马保春：《殷墟甲骨文"柚"地考》，《甲骨文与殷商史》新9辑，上海古籍出版社，2019年。

⑤ 唐英杰、邹芙都：《晚商"畿内田猎区"考论》，《历史研究》2022年第1期。对此地地望诸说的总结，也可参看马盼盼：《殷墟甲骨文所见地名的整理与研究》，吉林大学博士学位论文，2022年。

⑥ 刘起釪：《卜辞的河与〈禹贡〉大伾》，《殷墟博物苑苑刊》创刊号，中国社会科学出版社，1989年。

⑦ 谭其骧：《西汉以前的黄河下游河道》，《历史地理》创刊号，上海人民出版社，1981年。谭其骧认为先秦时期黄河主要有东（《汉志》河）、西（《禹贡》《山经》河）两股河道，战国筑金堤后，西股断流，专走东股，一直沿袭到汉代。关于先秦时期黄河宿胥口以下河段的走向，还有不同的说法，如史念海主张黄河由宿胥口东北流，绕濮阳县西，再经过内黄县北流，淇水入河口不在宿胥口，而在古内黄，参见《论〈禹贡〉的导河和春秋战国时期的黄河》，《陕西师大学报（哲学社会科学版）》1978年第1期；《河南浚县大伾山西部古河道考》，《历史研究》1984年第2期。袁广阔认为先秦时期黄河并没有发生大规模的改道，而是始终走《汉志》河道，参见《考古学视野下的黄河改道与文明变迁》，《中国社会科学》2021年第2期。

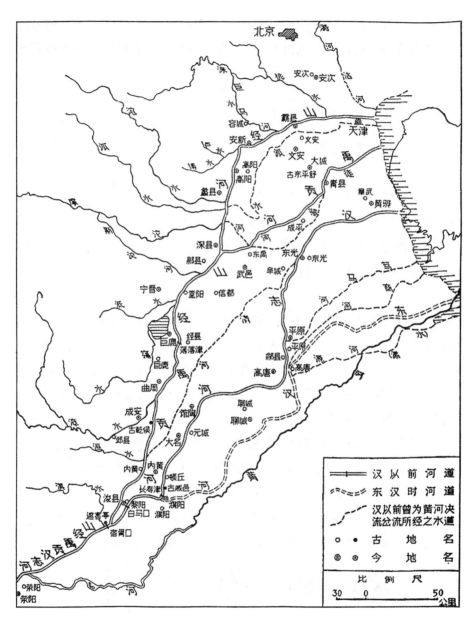

图 4　汉以前河北平原河流分布图①

① 引自谭其骧:《谭其骧历史地理十讲》,中华书局,2022 年,第 213 页。此图与发表在《历史地理》创刊号上的谭文原文中的图不完全一样,如"章武"的位置从"黄骅"的西南方向修改到了西北方向。

河处——古内黄（在今汤阴东北故城村）直线距离也有 420 里以上，到今浚县大伾山直线距离在 460 里以上，到淇水入河口——宿胥口附近直线距离在 540 里以上，距离都相对较远。

第二条证据：征嶽美方的路线

笔者曾排过黄组卜辞中征嶽美方的路线：①

往程：河东兆（10 天）—洛（10 天）—𢼸（𢼸）（10 天）—𡉚（＜1 天）—
𠛹（或释牺，商王与嶽美方交战，在此至少待了 43 天）

返程：𠛹（8 天）—𡙁（10 天）—𢾅（10 天）—𢼸（6 天）—盂（盟）
（9 天）—𣎴（10 天）—‖（30 天）—喜

商王此次征伐，从黄河东岸（即"河东兆"）出发，到达洛水附近，由此推测嶽美方在今河南省境内。而战争结束后返程中所经过的"盂（盟）"地，最大可能也在今河南省境内。陈絜先生推断"嶽美方"的位置在今山东省境内，这一推断源自他对"𡉚""𢼸""河东兆""𢼸"等字词的考释和理解，以及对"牺""洛"等地望的考订。

陈剑先生将"𡉚"释读为"崇"，推测其地在今河南省嵩县附近；②陈絜先生认为此字是"铸"字，"牺""铸"二地即《史记·秦本纪》秦昭襄王"三十六年，客卿灶攻齐，取刚、寿，予穰侯"的"刚""寿"，"刚"在今山东宁阳堽城镇，"寿"在今山东肥城汶阳镇，周代把黄帝之后封在这里，即"铸"国。③ 按，"𡉚"字，陈剑先生认为与以下诸形是繁简体，这一点陈絜先生也同意：

① 孙亚冰：《卜辞中所见"嶽美方"考》，《甲骨文与殷商史》新 3 辑，上海古籍出版社，2013 年。
② 陈剑：《释"琮"及相关诸字》，《甲骨金文考释论集》，线装书局，2007 年。
③ 陈絜：《晚商牺铸二族的存灭变迁与商夷交通》，待刊；《甲骨金文中的"𡉚"字及其相关问题之检讨》，《青铜器与金文》第 3 辑，上海古籍出版社，2019 年。

以上诸形（为表述方便，下文以"✠等形"代称）见于宾组、历组卜辞，"✡"则主要出现于黄组卜辞和晋侯墓地 M31 出土的文王玉环上，写法如下：

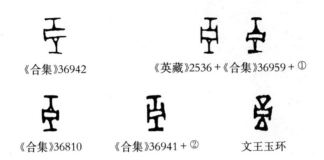

《合集》36942　　　　　　《英藏》2536 +《合集》36959 + ①

《合集》36810　　　　《合集》36941 + ②　　　　文王玉环

"✡"字中间的方框比较扁，方框上下两竖笔或在近方框处分叉（上第一、二、三例），或在近横笔处分叉（上第五例"文王玉环"），或不分叉（上第四例《合集》36941 + ），而方框左右两竖笔都出头（金文有个别字未出头，如《集成》4099），写法与"✠等形"区别还是比较多的，所以《类纂》、《诂林》（2899 和 2902 号）、《甲骨文字编》（3639 和 2713 号）等把它们分列。不过，在金文中，"圐""圙"二字都可以用来表示铸造这个词，③故而学者将其等同。最近，桑金木缀合了一版甲骨（《合集》3314 + 6029，图 5）：④

① 张宇卫缀合了《合补》11283 +《合集》36896，并认为前人缀合的《合补》11283 +《合集》36808 可能属误缀，参见张宇卫：《甲骨缀合第五七—六十则》，先秦史研究室网站，2012 年 3 月 26 日；又收入《缀兴集》，万卷楼图书股份有限公司，2020 年，第 48 则。按，《合补》11283[《合集》36959（《甲》346）+《合集》41776（《英藏》2536）]+《合集》36808 即《殷缀》331，从卜辞系联情况看是没有问题的，故此组缀合当为《殷缀》331 +《合集》36808。

② 《合集》36960 + 36941 +《辑佚》681，孙亚冰、林宏明缀合。参见孙亚冰：《〈合集〉遥缀二例》，先秦史研究室网站，2012 年 1 月 12 日。林宏明：《甲骨新缀第 318 例》，先秦史研究室网站，2012 年 1 月 13 日；收入《契合集》，万卷楼图书股份有限公司，2013 年，第 318 则。

③ 桓台出土的"无寿觚"中的"✠"是否和"圙"等都表示"宠"，还有争议，暂不论。陈絜认为"✠"是地名。

④ 桑金木：《甲骨缀合第 1 则》，先秦史研究室网站，2017 年 6 月 12 日；又收入黄天树主编：《甲骨拼合五集》，学苑出版社，2019 年，第 1205 则。

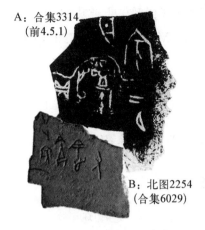

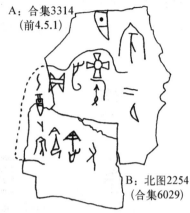

图 5　《合集》3314＋《合集》6029

图 6
《合集》32911

这版缀合和历组《合集》32911（图 6）"乙酉贞：王令疋迓①亚侯又"基本同文，两相对照就会得出，"等形"是"亚"字的异体，不过这版缀合还是有些疑问，它并非密缀，还不能作为二者为异体的证据，"等形"与"亚"的关系有待研究。

关于"字，陈剑先生认为战国简文中以其省体""为声符的那些字，声母多为齿音，韵部在冬、侵、东部，这有文献材料可以为证，所以"当读作"崇"。""的地望，一方面有"洛"的限定，另一方面文王玉环铭云"文王卜曰：我罘唐人弘战人"，文王当时不会打到今山东境内，所以"绝不可能在今山东境内。陈絜先生也承认文王玉环的"在河南境内，但为弥合山东说，就猜测"人"是从山东调过来抵抗周人的。"洛"，陈絜先生认为是齐邑"落姑"，在今山东东平县附近，这个定点也是为了牵合山东说。"洛"应该是指河南洛水附近的地名。"洛"地也种黍：

---

① 沈培：《释甲金文中的"迓"——兼论上古音鱼月通转的证据问题》，"上古音与古文字研究的整合"国际研讨会，2017 年 7 月 15—17 日。

(23) 壬午卜,争贞:令登取洛黍。　　　　　　(《怀特》448[宾三])

关于"𣦼",陈絜先生分为三字,释作"卣谷禺",认为"卣谷""禺"为邻近两地的地名。实际上,"𣦼"字未见分开刻在卜辞两行的,把它分释为"卣谷"两字,证据不足。"𣏾",因为旧拓本把骨面上的裂缝也拓出来了,上部框内看似一竖,其实中间只有一点(看图7:上的拓本和照片,图片做反相处理,也可参看《旅藏》2079 的拓本和照片),笔者曾把它读作"阳",后又改读为"阴"。① 谢明文先生认为"𣏾"(笔者按:谢文也误认为框中间是一竖)是"虫"字,是加在"𣦼"(濬)字上的声符。② 不论哪种说法正确,"𣏾"都不能释为"禺"("禺"形上部框内不是一点,下部还有一横笔,横笔一端多有手形,陈絜先生罗列的"禺"字或"禺"旁,如图7:下),更不是陈絜先生推断的鲁邑"遇"。此字,陈剑读作"蒯",其地在今河南省洛阳市西南。③

图 7　𣏾(上)禺(下)

关于"河东兆"之"兆",詹鄞鑫先生认为是表示山边、水畔某个区域的通名,"东兆"即东畔,"西兆"即西畔。④ "河东兆"指黄河东岸,除了"河东

① 孙亚冰:《释〈合集〉36960 中的"𣏾"字》,《甲骨文与殷商史》新 7 辑,上海古籍出版社,2017 年。
② 谢明文:《释北洞山西汉楚王墓出土陶文"睿"字与说古文字中的"佮"字及相关之字》,《纪念罗君惕先生语言文字学术研讨会论文集》,上海教育出版社,2018 年。
③ 陈剑:《释"琮"及相关诸字》,《甲骨金文考释论集》,第 301—302 页;《简谈清华简〈四告〉的"甀"字省体》,复旦大学出土文献与古文字研究中心网,2020 年 11 月 4 日。邬可晶释此字为"濬",参见《说金文"賷"及相关之字》,《出土文献与古文字研究》第 5 辑,上海古籍出版社,2013 年。
④ 詹鄞鑫:《释甲骨文"兆"字》,《古文字研究》第 24 辑,中华书局,2002 年。

兆"（例子又如：蒋玉斌缀的《合集》8409＋《辑佚》18^①和吴丽婉缀的《合集》8609＋《安明》618，^②这两版同文，即"马方其涉于河东兆"；《村中南》239"涉河东兆"；《合集》3286＋5566^③"涉于河东兆"；《合集》34255"于河东兆奠"；《合集》15455＋《甲》2045＋《合集》14556^④"狩河东兆"；《合集》33391＋33162^⑤"涉东兆狩"，本辞"东兆"前有"涉"字，可知即指"河东兆"），甲骨文里还有"河西兆"（《屯南》4489："王令翌共众伐。在河西兆。""在河西兆"当是指占卜地，陈絜先生认为"在河西兆"应理解为"在河西"之"兆"族，是征伐的对象，恐不确），以及上文提到的"河南兆"。此外，还有"东兆"（《合集》8345、8346、^⑥28399，《屯南》2116，《花东》28，周忠兵缀的《怀特》1648＋《合集》33231，^⑦刘风华、孙亚冰缀的《辑佚》626＋627＋630＋民间甲骨1^⑧）、"涉师于西兆"（《屯南》1111）、"涉兕西兆"（《合集》30439）、"从𝍷北兆"（《合集》36758）、"乎藉于𧰼南兆立/于北兆立"（《合集》29084）、"滴南兆"（《合集》33178）、"☑南兆𣌚禽"（《合集》33400）、"［在］南兆帅"（《拾遗》573）。陈絜先生把"河东兆"之"兆"看作具体的地名，定在今山东鄄城西南的"洮"邑，于辞例不合。"☑南兆𣌚禽"中的"𣌚"地在"南兆"，正说明"兆"是个表示区域的通名。

关于"𥝊"字，陈絜先生释为"麦"，此字从"来"，从"又"，与"麦"下从"止"有显著差异。

卜辞中的地名互相关联，一旦确定了一个点，其他的地名都会跟着移

① 蒋玉斌：《〈甲骨文合集〉缀合拾遗（第六十七组）》，先秦史研究室网站，2010 年 9 月 11 日。

② 吴丽婉：《甲骨拼合第 29 则、替换原第 25 则（附甲骨复原校重两则）》，先秦史研究室网站，2016 年 1 月 18 日；又收入黄天树主编：《甲骨拼合五集》，第 1178 则。

③ 张惟捷、陈逸文缀，参见张惟捷、陈逸文：《甲骨新缀第二十五则（图片更新）》，先秦史研究室网站，2012 年 4 月 14 日。

④ 陈逸文缀，参见陈逸文：《〈甲编〉缀合 26 例》，先秦史研究室网站，2014 年 3 月 6 日。

⑤ 王旭东缀，参见王旭东：《甲骨缀合二则》，先秦史研究室网站，2017 年 3 月 5 日。

⑥ 《合集》8345、8346 遥缀，即《合补》2313。

⑦ 周忠兵：《历组卜辞新缀十一例》，先秦史研究室网站，2008 年 12 月 26 日。

⑧ 刘风华：《甲骨新缀四组》，先秦史研究室网站，2009 年 2 月 11 日；孙亚冰：《安阳民间收藏甲骨缀合两则》，《甲骨文与殷商史》新 11 辑，上海古籍出版社，2021 年。

动,所以要有充分的证据来确定这个点。比如"犅"地,虽然与《秦本纪》的"刚"地读音相同,犅劫尊、卣(《集成》5977、5383)铭文又云"王征盍(奄),赐犅劫贝朋",但恐怕很难断定周王赏赐的"犅劫",其属地就一定在今山东省,且恰好与文献中的"刚"地对应。相反,应当根据比较有把握的"洛""⛓""蒯"的地望,考虑把"犅"放在今河南省。

因为文字释读的问题,以及缺乏对应的材料,征嵒美方往返途中的其他地名虽不能定位,但大致都不会出今河南省。至于"盁(盟)"地,定在古孟津,目前看来,还是最为可信的。

另外,关于"盟津"(或"孟津")的得名,有一种说法认为,因周武王伐商时在此地与诸侯会盟,故名。这种说法可能最早见于北魏《水经注》:"《论衡》:'武王伐纣,升舟,阳侯波起,疾风逆流,武王操黄钺而麾之,风波毕除。中流,白鱼入于舟,燔以告天,与八百诸侯咸同此盟。'《尚书》所谓'不谋同辞'也,故曰孟津,亦曰盟津。《尚书》所谓'东至于孟津'者也。"王树民、童书业等赞同此说。[1] 而时代早于《水经注》的伪《孔传》云:"孟津,地名,在洛北,都道所凑,古今以为津。"《孔疏》:"孟是地名,津是渡处,在孟地致津,谓之孟津。"现由卜辞可知,伪《孔传》、《孔疏》的说法是可信的。"孟灉(津)",战国楚文献《容成氏》亦见。[2] 西周晚期史颂器中的"苏灉"(《集成》2787—2788、4229—4236),李学勤先生认为可读为"苏津",苏国的津渡,实际指"孟津"。[3]

最后,再谈一下甲骨文中的"義"地。1989 年安阳大司空 176 号墓出土了一件殷墟四期的朱书玉戈,朱书有两行,从右往左读,大约有 12 字以上:

嵒美方義伯熊麄□□用任熊☒。

---

① 王树民:《读〈尚书·禹贡〉篇札记·盟津》,《禹贡(半月刊)》1936 年第 4 卷第 10 期;收入《曙庵文史杂著》,中华书局,1997 年,第 235—237 页。童书业:《"盟津"补证》,《童书业历史地理论集》,中华书局,2004 年,第 260—261 页。

② 马承源主编:《上海博物馆藏战国楚竹书(二)》,上海古籍出版社,2002 年,第 143 页。

③ 李学勤:《颂器的分合及其年代的推定》,《古文字研究》第 26 辑,中华书局,2006 年,第 161 页。

笔者认为"義伯熊"可能是"巤美方"其中一支的首领，"熊"是"義伯"的私名。[1] 黄组还有卜辞云：

（24）辛酉☒其虏☒義□伯☒于多伯☒。

（《殷虚卜辞后编》2666［黄组］）

这个"義□伯"也可能就是"義伯熊"。人头骨刻辞有"義友"（《合集》38762），不知和这个"義"有没有关系。

甲骨文中似乎有两个"義"地，其中一个邻近羌方，地处伐羌方的前沿：[2]

（25a）戌叀義行用，遘羌方，有捷。

（25b）弜用義行，弗遘方。

（《合集》27979［无名］〔《合集》27980 与该条内容相关〕）

（26）戌侃于義立，有☒。

（《屯南》4197［无名］〔"汉达文库"记录此版与《合集》27991 缀合〕）

（27）☒其卿☒義，有正。 （《合集》31051［无名］）

（28）丁丑卜：在義田来[3]虏羌，王其𢼸于☒、大乙、祖乙，有正。

（《屯南》2179［无黄］）

---

[1] 孙亚冰：《读〈商王朝文物存萃：甲骨·青铜·玉器〉札记二则》，《甲骨文与殷商史》新 5 辑，上海古籍出版社，2015 年。

[2] 《合补》8969（《合集》27972＋27973）"其乎戌御羌方于𦥑，捷羌方，不丧众"中的"𦥑"，只占一个字的位置，有分开读为两字或三字的，恐不可信。此字下面部分，右边不甚清楚，很可能是"刀"，故可释为"宜"，当为添加的声符，陈絜、刘洋认为此地与"義""䖵"（《合集》6057 反）是一地，在山东莱芜（《宜侯夨簋与宜地地望》，《中原文物》2018 年第 3 期，第 102—103 页）。此地当在西土边境，与方接近。周忠兵认为《花东》7、467 中也有一个从我从且（宜）的字，与䖵、𦥑为一字异体，三者同属一地，参见《说花东卜辞中的一个地名》，《古文字研究》第 33 辑，中华书局，2020 年。

[3] 这里的"来"是动词，送来的意思，（28）辞的大意是王用在義田送来的虏获的羌人祭祀祖先，参见裘锡圭：《甲骨卜辞中所见的"田""牧""卫"等职官研究》，《裘锡圭学术文集·古代历史、思想、民俗卷》，复旦大学出版社，2012 年，第 160 页。陈絜、刘洋认为"来"是人名，根据人名、族名、地名三位一体的原则，视"来"为地名，又把"来"读为"麦"，据"麦"地在汶水上游，推测"義"地也在汶、淄源头，显然不合适。参见陈絜、刘洋：《宜侯夨簋与宜地地望》，《中原文物》2018 年第 3 期，第 101—102 页。

典宾类卜辞常在"𢀖(義京)"杀羌人,举行宜祭:"宜于𢀖羌三人卯十牛"(《合集》388 等)。

另一个在东方,是属于攸侯的边鄙:

(29a) 戊戌贞:右敄于爿,攸侯由鄙。

(29b) 中敄于義,攸侯由鄙。　　　　　　(《合集》32982[历二])

(30) □卯贞:右敄于☒[攸侯]由鄙。　　　(《屯南》241[历二])

"于"是动词到、前往的意思;[①]"鄙"字,也见于西周早期沬司徒疑簋铭"延命康侯鄙于卫"(《集成》4059),李学勤先生认为簋铭中的"鄙"为动词,是划定国土边境地区的意思。[②] 笔者怀疑"攸侯由鄙"之"鄙",也用作动词,是"以……为鄙"的意思,(29)可能是说攸侯由以"爿""義"二地为鄙,即把原本不属于攸侯的"爿""義"纳为边鄙,目的可能是为其提供保护或利用其对付敌人,无名组和黄组卜辞中有"在爿牧"(即"右牧𠭯")伐人方的记载,[③]可为证。

这两处"義"地中,在东方的"義"恐怕和"義伯"没有什么关系,在西方的"義"如果与"義伯"有关,对确定羌方的位置则有帮助。此外,记事刻辞"義示六屯"(《合集》17620)中的"義",可能是人名,也可能是族地名,如果是族地名,具体地望待考。

---

① 裘锡圭:《谈谈殷墟甲骨卜辞中的"于"》,《裘锡圭学术文集·甲骨文卷》;张玉金:《再论甲骨文中的动词"于"》,《殷都学刊》2012 年第 3 期。

② 李学勤:《由清华简〈系年〉重释沬司徒疑簋》,《中国高校社会科学》2013 年第 3 期。路懿菡《从清华简〈系年〉看康叔的始封》(《西北大学学报(哲学社会科学版)》2013 年第 4 期)也有类似的看法。董珊在《清华简〈系年〉所见的"卫叔封"》中认为"鄙于卫"应理解为以卫为边邑,是增大康侯的封地至卫,参见氏著《简帛文献考释论丛》,上海古籍出版社,2014 年,第 84 页。

③ 裘锡圭:《甲骨卜辞中所见的"田""牧""卫"等职官研究》,《裘锡圭学术文集·古代历史、思想、民俗卷》,第 161 页。

引书简称对照表

《合集》	《甲骨文合集》
《合补》	《甲骨文合集补编》
《旅藏》	《旅顺博物馆所藏甲骨》
《美藏》	《美国所藏甲骨录》
《乙补》	《殷虚文字乙编补遗》
《英藏》	《英国所藏甲骨集》
《上博》	《上海博物馆藏甲骨文字》
《缀汇》	《甲骨缀合汇编》
《屯南》	《小屯南地甲骨》
《山珍》	《山东省博物馆珍藏甲骨墨拓集》
《前》	《殷虚书契》
《菁》	《殷虚书契菁华》
《后》	《殷虚书契后编》
《花东》	《殷墟花园庄东地甲骨》
《甲》	《殷虚文字甲编》
《殷缀》	《殷虚文字缀合》
《集成》	《殷周金文集成》
《类纂》	《殷墟甲骨刻辞类纂》
《诂林》	《甲骨文字诂林》
《怀特》	《怀特氏等收藏甲骨文集》
《辑佚》	《殷墟甲骨辑佚》
《安明》	《明义士收藏甲骨》
《村中南》	《殷墟小屯村中村南甲骨》
《拾遗》	《殷墟甲骨拾遗》

2019 年 11 月 5 日一稿

2021 年 2 月 25 日二稿

原载《中原文物》2021 年第 6 期，2023 年 1 月 7 日修订增补。

卜辞中的"丘"与商人"居丘"

张兴照[*]

胡厚宣先生著《卜辞地名与古人居丘说》,[①]以甲骨文字为视角对古人居丘作了很好的揭示。钱穆先生著《中国古代山居考》,[②]也从中国文字之构造阐发古人居所位处高地之特征。在很长的历史时期,古人多山居或居丘,其本质是古人居址选择高地。我们系统检视甲骨文中的丘属地貌专名和地名以及其他高地貌,结合黄河下游地区丘的历史变迁,对商人居丘当会有更为深入的认识。

一、卜辞中的"丘"及高地貌专名

商代人的地形地貌之辨已反映出细密化的趋向,如涉及山地或丘陵地貌类型的专名有:丘、石、谷、山、昆、岳、嵒、高、森、亯、京、封、对、阜、陴、陵、陆、陕、沙、襄、帅、隹、麓、麗等。[③] 我们可将甲骨文表示高地貌的专名,分为五类:丘、山、阜、麓、京。通过考察其字形字义及与之相关的地貌专名或地名,可揭露商人对高地貌的认识。

（一）甲骨文中的丘属地貌专名及地名

丘:字形作"M"(《合集》4248)、"M"(《合集》9529),象小土丘并有二

＊ 中国社会科学院古代史研究所、中国社会科学院甲骨学殷商史研究中心、"古文字与中华文明传承发展工程"协同攻关创新平台。

① 胡厚宣:《卜辞地名与古人居丘说》,《甲骨学商史论丛初集(外一种)》,河北教育出版社,2002 年,第 491—505 页。

② 钱穆:《中国古代山居考》,《中国学术思想史论丛(一)》,东大图书有限公司,1976 年,第 31—81 页。

③ 宋镇豪:《夏商社会生活史(增订本)》,中国社会科学出版社,2005 年,第 278—279 页。

峰之形。《说文》："丘，土之高也，非人所为也。……一曰四方高，中央下为丘。"《广雅》云："小陵曰丘。"徐中舒先生谓："丘为居穴，由人为而成。又因丘多选择高亢干燥处凿建，其出入之孔较高，引申之，土之高者亦称丘。"①徐说其字原恐非。商承祚先生谓："丘为高阜，似山而低，故甲骨文作两峰以象意。"②可从。《尚书·禹贡》"降丘宅土"即其义。黄河下游平原多有名丘之地名，如商丘、封丘等，皆由其地势稍高而得名。卜辞有用"丘"为其本义者，如"[作王]埶于兹丘"（《合集》30272）、"陟丘"（《合集》14792）。

丘可独作地名及地貌的概称与泛称，如"宅丘"（《合集》140 反）、"丘北"（《合集》8381）、"丘南"（《合集》26089）、"兹丘"（《合集》30272）、"丘奠"（《合集》39683）、"阢南小丘"（《花东》14）等。

丘可为人名、官名或地名。卜辞有"取竹刍于丘"（《合集》108）；"小丘臣"（《合集》5602）为管理丘的职官；"丘汰"（《合集》5510 正"乎取～"），汰或为人名，或为人地同名。

明言某丘或丘某为具体地名者，如"⿰卩丘"（《合集》8119 正"宅～"）、"方丘"（《合集》10980"田～"）、"丘雷"（《合集》24367"在～卜"）、"丘商"（《合集》9529"黍于～"）、"丘刿"（《合集》4248"奠于～"、《合集》152 正"刍于～"）、"丘杏"（《合集》27796"乍埶于～"）、"丘鹿"（《英藏》1822"田～"——"丘"倒写）。他辞又有"传丘"（《合集》8383，残文存疑）、"衣丘"（《合集》8390，残文存疑）、"依丘"（《东京》1169），或亦以丘名地者。又有"堡（⿰）"（《合集》14300）、"癸丘（⿱）"（《合集》18948，习刻，或不可连读）、"凡丘"（《合集》10171 正 + 14293 正 +《乙补》6530"乎凡丘"——丘或为神祇）等，是否为丘名，存疑。

甲骨文有"埶"，字形作"⿰"（《合集》27805 + 27792 + 28750），或释塞之初字，是人工构筑于高畅地的防守据点或军事要塞。③ 然则埶之所在或有高

---

① 徐中舒：《甲骨文字典》，四川辞书出版社，1989 年，第 924 页。

② 商承祚：《殷契佚存考释》，金陵大学中国文化研究所，1933 年，第 86 页上；收入《甲骨文献集成》，四川大学出版社，2001 年，第 1 册。

③ 宋镇豪：《夏商社会生活史（增订本）》，第 87 页。

地,或其地即为山阜高丘地貌,如"壴于兹丘"(《合集》30272)、"乍壴于丘杏"(《合集》27796)、"麓壴"(《合集》30268)。卜辞中可揭壴之所在有"牢壴"(《合集》27805 + 27792 + 28750、30275,又《合集》30274"壴牢")、"盂壴"(《合集》30270)、"㭰壴"(《合集》30269,又《合集》30266"壴㭰")等,牢、盂、㭰等皆为田猎之区。卜辞又有"壴单"(《合集》30276)、"于葡乍壴"(《屯南》2152),是单、葡等地亦有壴。

(二) 甲骨文中的其他高地貌

1. 山属

山:字形作"〰"(《合集》33233 正),象起伏的山峰,山为三峰乃表示重叠与高峻。《说文》:"有石而高,象形。"甲骨文中山与火形近,一般以平底者为山,圆底者为火,恐非。有点者必为火,近是。卜辞多用山为本义,如"入山"(《合集》31984)。甲骨文中有很多从山之字,多为山名或地名。山名如"峀"(《合集》34470)、"岙"(《合集》30393)、"⚓"(《合集》30454)、"岀"(《合集》27465)等,甲骨文中能明确判断的山名有十几个。由辞例可看出与山有关的地名[1]如"往于㞇"(《合集》3218)、"方不往自㞖"(《屯南》2301)、"王在〔□〕卜"(《合集》24353)等,甲骨文中这样的地名(或为山名)有 20 个左右。

卜辞中有从山之字,义为山名或地名者,试举两例。岳:字形作"〔□〕"(《合集》4972)、"〔□〕"(《合集》33291)等。孙诒让先生谓:"盖于山上更为丘山,再成重叠之形,正以形容其高。"[2]后世多封境内大山为五岳,进行祭祀。其源或可追溯至商,殷人以岳为神祇,祭典甚隆。卜辞以岳为实体之山者,如"使人于岳"(《合集》5518)。嵒:字形作"〔□〕"(《合集》9432),象山峰有物,以示险峻。[3]《说文》:"嵒,山岩也。"卜辞用为地名。

---

① 甲骨文山阜类地名有两种:一是由地名单字本身的字形判断,如从山、从阜之地名;二是地名单字 + 山/阜/京/麓/丘等。其命名当是由于其地为山阜类地貌,如此判断并非十分准确,但也大体不差。

② 孙诒让:《名原·象形原始》,齐鲁书社,1986 年影印本,第 20 页。

③ 甲骨文又有"嵒"字,字形作"〔□〕"(《合集》5574),三口相连,示多言之义。或以为"嵒"乃后起,盖借"嵒"为"岩"而产生。参见裘锡圭:《说"嵒""严"》,《古文字论集》,中华书局,1992 年,第 99—104 页。

2. 阜属

阜在甲骨文中有二形，𨸂与𨸏。𨸂：字形作"𨸂"（《合集》40773）、"𨸂"（《合集》7860＋2778）。《说文》："𨸂，大陆也，山无石者，象形。"此字说解甚多，[1]其本义解作山岗或土岗为宜。甲骨文有"跫山"（《合集》24352）、"跫𨸂"（《合集》24356），"跫𨸂"之"𨸂"正用其本义。𨸏：字形作"𨸏"（《合集》7860＋2778）、"𨸏"（《合集》30284）。本义疑为丘陵。[2]《说文》："小𨸂也，象形。"裘锡圭先生倾向于把"𨸏"与"𨸏"同训为"小阜"的"𨸏"。[3]

从阜（𨸂、𨸏）之字作地名或可表示其地貌类型为山地丘陵或者有地势较高的地貌单元。隒：字形作"隒"（《合集》33149）、"隒"（《合集》33150）等，象鸟位于山陵高处，为高丘类地貌用字。《说文》："隒隗高也。"隒在卜辞中习见，如"丁亥卜，侑于五山，在□隒，二月卜"（《合集》34168正＋《南辅》105）。隒与山相属，可知隒为高地。隒乃地名，如"奠于隒"（《合集》4837）。卜辞有"步自葉隒"（《合集》28128）、"步自葉三隒"（《合集》33149）、"在葉四隒"（《屯南》994）等。宋镇豪师以为"葉隒"为常设性的军事据点，一般设在干道附近的高丘或山上。[4]

甲骨文中习见𨸏屈体用为师的"𨸏"（《屯南》2618），联系到军队多驻扎在高起的丘陵地，疑其本义与"𨸏"有关，或为屯兵之高阜。卜辞又有从"𨸏"之𨸏，字形作"𨸏"（《合集》27160），卜辞习见在某𨸏的辞例，疑𨸏之所在乃屯兵高地。

甲骨文中从𨸂之字较多，或为高地貌，或与地势上下有关。如陆，字形作"陆"（《合集》36825）。《尔雅·释地》："高平曰陆，大陆曰阜。"陵，字形作

---

[1] 孙诒让先生认为是竖写的"山"。叶玉森先生谓从"丨"象土山高阶，从"彡""三"象阪级。参见李孝定：《甲骨文字集释》，"中研院"历史语言研究所专刊之五十，1970年，第4129页。徐中舒先生以为象古代穴居之脚窝或独木梯之形。徐中舒：《怎样考释古文字》，《徐中舒历史论文选辑》，中华书局，1998年，第1436—1437页。

[2] 孙诒让先生谓字是竖过来写的"丘"。或谓本义为"臀"，引申有"殿堂"之义，再引申为小阜。参见季旭昇：《说文新证》，艺文印书馆，2002年，下册，第259页。

[3] 裘锡圭：《释殷墟卜辞中与建筑有关的两个词——"门塾"与"𨸏"》，《古文字论集》，第193页。

[4] 宋镇豪：《夏商社会生活史（增订本）》，第286—287页。

"𦥑"（《合集》4782），象人登山陵升高之形，或为地貌用字。《尔雅·释地》："大阜曰陵。"陟，字形作"𨑒"（《合集》15370），象两脚登山之形，或亦可为地貌用字。《尔雅·释山》："山三袭，陟。"《英藏》408 中的"陟"或为地名。其他从𨸏之字，有用为地名，或与山陵升降相关者，还有"阤（𨸏）"（《合集》28894）、"陨（𨸏）"（《京人》2506）、"陕（𨸏）"（《合集》1185）、"队（𨸏）"（《英藏》1694）、"降（𨸏）"（《合集》30386）等。

3. 麓属

麓：字形作"𥕢"（《合集》30268）。《说文》："麓，守山林吏也。……一曰林属，于山为麓。"麓之本义当为山脚。卜辞有用其本义者，如"王其田于麓"（《天理》441）。有省林直作鹿或鹿之省变之字，用于地名时义或同于麓，如"在𪊨"（《合集》8225）。甲骨文又有禁、𥽥、彔，皆可用为麓，表示山足之义，如"王田于殺禁（𥽥）"（《合集》37461）、"北𥽥（𥽥）……擒"（《合集》29409）、"东彔（彔）出有兕"（《合集》10971）。

山麓是殷人生存活动的重要区域，与之相关的地名"某麓"，甲骨文常见，"麓"即用为山麓之义。卜辞有"田于麓"（《天理》441）、"在麓"（《东京》833）。麓属地名有"姬麓"（《合集》35965）、"雔麓"（《合集》37656）、"北麓"（《合集》29409）、"戴麓"（《合集》28899）等 30 多个。

4. 京属

京：字形作"𠅘"（《合集》37594）、"𠅘"（《合集》33221）等，本义当为人造高台建筑。引申则有"高""高丘"之义。陈梦家先生认为京是建在积土上的高台，"人为之京和天然之丘，有时亦可通用"。[1] 卜辞有"京彔"（《合集》8394）之称。京当为高丘之地，才会有山足之彔。京自身作为地名者，如"奠于京"（《屯南》1111）、"田于京"（《合集》10919）、"步自京"（《合集》32864）等。甲骨文又有某京之称，亦可为地名，如"酤京"[2]（《合集》10921）、

---

① 陈梦家：《殷虚卜辞综述》，中华书局，1988 年，第 266 页。

② "酤京"又可理解为酤地之高台建筑，或为祭所。疑卜辞中某京之称既可指某地之京，又可以某京代指某地。

"主京"或"圭京"①（《合集》6477）、"阞京"②（《合集》8039＋13308）、"亯京"或作合文③（字形"（图）"，《合集》37594）等。亯，字形作"（图）"（《合集》32262），义近于京。单字亯或某亯可作高台建筑，用为祭所，④又可作地名，如"在亯卜"（《苏德》S58）。甲骨文又有"高"，字形作"（图）"（《屯南》1102），与"京"同源，卜辞有"自高"（《合集》36518）之称，亦当为高地。

二、商人"居丘"

"丘"在甲骨文中是出现频率较高的字，以象土丘形而构字。如前所述，甲骨文中有一些可以反映高地貌景观的丘名，如阞南小丘、丘汰、方丘、丘雷、丘商、丘劂、丘杏、丘鹿、依丘、堡、癸丘、凡丘等，这其中大多数当为黄河下游地区的地名。我们以此为线索，结合黄河下游地区丘的演变及考古发掘揭露丘的商代遗存材料，可对商人居丘做一探讨。

（一）商代黄河下游地区的丘及其变迁

丘有高低大小之别，山丘、丘陵之丘乃长期内力地质作用营构，黄河下游鲁中南丘陵、胶东丘陵即是。而同在黄河下游地区，还有一种平原之上可称作"丘"的地貌景观，实为土丘，其不似山丘般挺拔，丘陵般连绵，一般比周围地势高出几米到十几米，面积则由几百平方米至几十万平方米不等。由于黄河及其他河流在华北平原造成的堆积，丘在几千年的历史时期发生了不小的变化。

丘是商代黄河下游地区极为常见的地貌形态，这可从三方面予以说明：

---

① 同辞（《合集》6477）"主京"与"圭京"对贞，证"圭京"同于"主京"。另卜辞有"主京"之合文（《合集》4723）、"圭京"之合文（《合集》8041），分合无别。他辞有"于主京燎"（《合集》8065）、"在主京"（《合集》8043），以"主京"为主地之京，则为祭所；以"主京"为主地，则为地名。"主京"同于"祖京"之例。

② 卜辞又有"其奉[年]阞京（图）"（《合集》28245，"（图）"当为京之异体，其上之笔画更突出京之高），他辞有"奉年于阞□"（《合集》28246、28247），阞京同于祖京之例。

③ 卜辞又有"于亯京奉"（《合集》8085，"亯京"为合文）、"奉（图）"（《合集》32987）。是亯京同于祖京之例。

④ 卜辞有"乍亯"（《英藏》2081）、"宜于磬亯"（《合集》32262）、"炆天于凡亯"（《合集》32289）。

一是先秦文献中记载了很多名丘之地,直至今天仍保留着一些,可证古时丘甚多。二是历史地理学的考察,黄河在下游地区的泥沙堆积是造成丘之变迁的主要原因。三是由考古发掘来看,华北平原上的很多商代遗址皆位于高地之上,可证其时居丘之说,另《禹贡》所谓"降丘宅土"亦可证兖州之丘为居址所在。

今天全国县市级地名中以"某丘"命名者有8个,其中7个在黄河下游地区,分别是河北的内丘、任丘,山东的章丘、安丘,河南的封丘、商丘、沈丘。除了安丘,余者皆为古代黄河流经之地。以丘为地名的乡村更多。这些地名的得来当与该地处于高地貌有关。考稽先秦史事,文献中多有在某丘进行某种历史活动的记载。检之《国语》《春秋》及《左传》,春秋时期诸侯会盟之地有"梁丘"(庄三十二)、"中丘"(隐十)、"桃丘"(桓十)、"谷丘"(桓十二)、"葵丘"(僖九)、"牡丘"(僖十五)、"郪丘"(文十六)、"清丘"(宣十二)、"鸡丘"(晋语七,在鲁襄三年)、"邢丘"(襄八)、"重丘"(襄二十五)、"平丘"(昭十三)、"廪丘"(哀二十)等。这些地名的内涵并非是原野上的自然土丘,而是于土丘之所在建立的城邑。文献所载,如"城中丘"(隐七)、"城祝丘"(桓五)、"城楚丘"(僖二)、"城丘皇"(昭二十五);又"城鄪,役人病,有夜登丘而呼"(僖十六),则可知鄪地有丘;又"筑五邑于其郊,曰黍丘、揖丘……"(哀七);"筑……领釜丘""筑……牡丘"(齐语);等等。载于文献、传之后世的丘固然不少,而湮没不闻的丘当更多。这些丘当然亦有山地或丘陵地带的高丘类地名(如属鲁南山地的中丘、祝丘等),但考之地望,则以黄淮海平原上的土丘居多。史念海先生在论及两周时期黄河流域的地理特征时曾指出:"两周时期黄河下游山岭虽然不多,可是丘陵却到处习见,这里所说的丘陵一般是突起于平地的高阜,而非波状高原或波状原地的丘陵状态地面。这些突起于平地的丘,一般都是孤立的,与其他的丘不相联系,甚至附近再无其他的丘。"[1]以下从文献中揭出商代以前黄河下游地区的丘(表1)。需要说

---

[1] 史念海:《论两周时期黄河流域的地理特征》,《河山集(二集)》,生活·读书·新知三联书店,1981年,第330页。

明的是由于文献记载较少，列表仅为举隅。

表 1　文献所载商代以前黄河下游地区的丘

丘 名	所 在	资 料 出 处
轩辕丘	河南新郑市西北	《帝王世纪第一》（黄帝）
寿丘	山东曲阜市东北	《史记·五帝本纪》（黄帝）
帝丘	河南濮阳县西南	《左传》昭公十七年（颛顼）；《帝王世纪第三》（夏相）；《春秋》及《左传》僖公三十一年（卫成公）
商丘	河南商丘市睢阳区	《左传》襄公九年（阏伯、相土）
老丘	河南开封县东北	《竹书纪年·夏纪》（帝杼）；《左传》定公十五年
沙丘	河北广宗县西北八里大平台	《史记·殷本纪》、《竹书纪年·殷纪》（商纣）
营丘	山东淄博市临淄西北临淄故城	《史记·周本纪》（尚父）、《齐太公世家》（胡公）
青丘	山东广饶一带	《抱朴子》（黄帝）；《逸周书·王会》；《淮南子·本经》训；《太平寰宇记·卷十八·青州》
邢丘	河南温县东二十里平皋村	《韩诗外传·卷三》（武王伐纣）；《左传》宣公六年，襄公八年；《竹书纪年·魏纪》；《史记·秦本纪》
陶丘	又作釜丘，山东定陶区西南	《尚书·禹贡》；《竹书纪年·魏纪》襄王十九年
玄丘	地望不详，或在黄河下游	《史记·三代世表》褚先生引《诗传》；《山海经·海内经》

作者另外统计文献所载春秋战国时期黄河下游地区的丘名70多个,连同表中商代以前的丘,保留到今天的状况已难知悉,估计存少废多,这不仅是地名的演变所致,更是因为黄河下游地区丘的数量已大大减少。不然会有更多的丘名出现,就像黄土高原的原一样,因原的实际数量增加而导致原名数量大大多于上古时期。黄河下游地区丘的数量减少的主要原因是黄河泥沙的堆积。

黄河流经黄土高原,在其干支流对高原地貌进行侵蚀造成原面破碎之后,携带大量泥沙进入平原,又开始对下游地区的地貌进行另一种改造。由于战国以前尚未大规模筑堤,黄河不受约束地在平原上漫流,华北平原就是黄河上百万年的杰作。平原上丘的形成原因并不是单一的,除了地质作用导致的隆起外,亦有一些为河流冲积过程中因河道移徙、湖沼兴废而形成的大大小小岗地。在进入新石器时代以前,丘的自然变迁已不知经历了怎样的过程和什么样的面貌。在有人类活动出现于丘上并留下遗存为后人发现后,特别是进入历史时期为文字所载之后,丘作为一种自然景观便被打上了人文的烙印。通过考古发掘与文献记载,我们得以对丘的变迁有所了解。而随着对黄河变迁研究的深入,我们对丘因何、如何变迁又多了理论上的把握。人类活动在丘的变迁中也有巨大的作用,这一点尤其值得关注。

黄河在下游地区的堆积是潜在进行却又是显而易见的。我们从汉代文献中即得知黄河"一石水而六斗沙"(《汉书·沟洫志》),而据1919—1960年资料统计,河南陕县(即三门峡)每立方米黄河水中,年均含沙量为37公斤,黄河每年输往下游的总沙量达15.9亿吨。如此多的泥沙除了随黄河流入海中,由于河道移徙泛滥,大量地在平原上淤积。填平湖泽与洼地,当然也会出现新的湖沼、洼地与岗地,一些丘便在这样的泥沙堆积中逐渐消失了。比如可上溯至夏商时代甚至更早的帝丘,今天虽可大致考其地望,但已难知丘之具体所在。帝丘所在的濮阳乃黄河泛滥改道经常发生的地方,《诗经》中的旄丘、《左传》中的清丘和铁丘均在此地。铁丘曾发现古代文化遗存,距现地表很近,虽未受洪水淹没,但丘顶仅高于附近平地约3米,实已不堪丘名了,而当年晋郑于此交战,若没有十数米的高度,卫太子蒯聩是不会登铁丘以望郑师的。他如河南淮阳的宛丘、山东定陶的陶丘、巨野的咸丘等，虽丘址犹存，但其高或不过数米，或仅高于平地，均可见证黄河泥沙之淤积。[①]

黄河下游地区的丘，不仅限于直称为丘名者。甲骨文地名中多有"某京""某𡐔""某𨾠"，所在皆为高地，或亦有丘的存在。今天的黄淮平原上还有一些在不同地方对丘的不同俗称。邹衡先生曾指出，现在河南、山东、江苏、安徽、湖北等地居民把平地突起的小块高地叫作"台""墩""山""岗""岭""坡""畈"等，鲁西南、豫东、皖西一带又称之为"堌堆"或"孤堆"。这些丘类地貌名称中，山东菏泽地区的堌堆，最有特色，最为著名。这些高地不易被水淹没，一般并无淤沙。[②] 但整体看来，黄河下游地区历史上的丘受黄河泥沙堆积影响，大部分还是消失了。比如菏泽，据不完全统计，已知的堌堆有151处，以"堌堆"命名的村庄有100多个，而在菏泽历史上堌堆遗址近500处。有学者认为，"堌堆"是在第四纪新构造运动中形成的，是第四纪新构造运动的衍生物。由于菏泽处在东面的泰蒙山地及西面的太行山地两个高地之间，新构造运动造就了那里高低岗丘林立、大小沟壑交错的情况。堌堆的存废是自然与人为两种力量造成的。菏泽处于黄河南北改道滚动的要冲，堆积是相当厚的，这也是堌堆大量消失的原因。而得以保留下来的则是由于新石器时代以来，先民经年累月居住在堌堆之上，为避免洪水的冲淹，不断地增高居住面，生活中的堆积物也愈堆愈高。若非这样，这些堌堆恐怕早就湮没无存了。

（二）商代邑聚的"居丘"特征

前文从文字形义方面对甲骨文中的高地貌用字（丘、石、山、岳、喦、𪊨、𨸏、陮、陆、陵、陟、麓、京、亯、高等）作了简单的探讨。甲骨文中山阜类地名众多，据作者不完全统计，有山属24个、阜属70个、丘属30个、麓属34个、京属20个等泛称或具体地名近200个。这些地名并非表示山居，而是广义地表示商人居高之所。甲骨文中出现了为数不少的丘名，并有不少在丘之

[①] 史念海：《历史时期黄河流域的侵蚀与堆积（下篇）》，《河山集（二集）》，第70—74页。

[②] 参考闫文盛：《黄河下游地区为何多"丘"——〈禹贡〉"桑土即蚕，是降丘宅土"考论》，《决策探索》2007年第12期。

所在进行活动的记载,如"取竹刍于丘"(《合集》108)、"田方丘"(《合集》10980)、"黍于丘商"(《合集》9529)、"乍𠭥于丘杏"(《合集》27796)等。甲骨文地名多言"丘某"或"某丘",当是古人丘居以防外侵或水患,卜辞中"小丘臣"即"丘小臣"的倒句,意即主管丘居的小臣。① 或谓丘为商代基层组织之一种。② 然则甲骨文中的"丘某"或"某丘"指某地冈丘之上的聚落。《禹贡》"兖州"所谓"降丘宅土"揭示了大禹时代黄河下游平原洪水泛滥时的人们居住之所在。甲骨文中的"丘"有其自然形态的本义,与"降丘宅土"之"丘"义当相同。

商代的"丘"或为农业地:

辛丑卜,殷,贞妇井呼黍丘商。 (《合集》9529)

或为畜牧地:

贞朕刍于丘剃。 (《合集》152 正)

或为田猎地:

戊辰卜,日生田方丘。 (《合补》6659 +《合集》21043)

或为贡纳地:

贞乎取丘汰。 (《合集》5510 正)

或为军事要地:

---

① 于省吾:《释小臣的职别》,《甲骨文字释林》,中华书局,1979 年,第 310 页。
② 张怀通:《先秦时期的基层组织——丘》,《天津师大学报》2000 年第 1 期。

　　乍壴于丘杏。 　　　　　　　　　　　　　　　　　　　（《合集》27796）

　　卜辞又有明言"宅[图]丘"（《合集》8119 正），则丘为聚落可明。甲骨文中作为地名的丘当指平原上的土丘类高地。然其具体分布限于数量不多及甲骨文地名的地望无法确指，我们尚不得其详。文献所载先秦时期的丘除了个别的一些不在平原地带和商代统治疆域，大多数丘当分布于商代的王畿区与东土。

　　人类居址的选择有一个从早期到后期，在地形地貌的高度方面逐渐下移的过程。石器时代，原始人主要靠采集和渔猎为生，因此多在山地活动。随着生存能力的增强，特别是出现农业以后，对土地及水源的要求更为迫切，聚落逐步向山前平原转移。黄河下游广大平原地带也在新的生存环境开拓过程中被纳入视野。但早期人类尚无好的办法抵御洪水，地势低下的湖沼沮洳地带亦不适合耕作生息，平原上的高亢之地便成为立邑定居之所。

　　商代聚落在区域地貌选择上，有缘山分布及择盆而居的特点，而在更为具体的地貌选择方面，则多在台地之上。黄河下游平原商代遗址数量没有缘山附近多，然而商人起源于斯，生存发展于斯，有商一代的聚落在平原地区当有相当数量的分布。但由于黄河在平原上泛滥，低下之地不适合人类居住，丘自然成为人们建立聚落的所在。征之于考古发掘材料，可以发现，商代聚落遗址，大量分布于台地或土丘之上。以藁城台西商代遗址为例，台西村邻近滹沱河，附近分布着三个高大的土丘，是目前台西遗址保存较为集中的三个重要地点。[①] 古人为避免水灾威胁，自然会选择高地居住，并且长期的生产生活使得文化堆积越来越厚，土丘的高度也不断增加。这是商代所谓的"丘"保留至今的一个例子。像这样的台地在缘山地带或黄河中游地区比较常见，多有商代聚落遗址分布其上。然而这并非丘的典型代表，更具代表性的是"降丘宅土"之丘，即黄河下游地区的丘。据考古材料揭示，丘分

---

① 河北省文物研究所：《藁城台西商代遗址》，文物出版社，1985 年，第 1 页。

布最为集中的是菏泽地区,当地方言称作堌堆。① 高广仁先生根据自己多年在豫东、鲁西地区考古积累的经验说:"在一马平川的原野上,如果远远望见高于平地的漫坡或阜丘,十之八九为遗址,又以龙山文化——商代遗址为多,且这种'堌堆'的遗址又往往呈带状分布。"②新石器时代与商代堌堆遗址较多,与其时多水的时空背景有密切关系。统计菏泽部分县区商代堌堆遗址,计牡丹区 11 个、定陶区 13 个、曹县 10 个、成武县 25 个、单县 8 个、巨野县 12 个,面积由 500 平方米到 4.8 万平方米不等。③ 菏泽堌堆遗址大量商代遗存,说明商人与丘这种地貌的关系极为密切,可谓商人居丘的一个很好的例证。

原载《殷都学刊》2021 年第 2 期,今据以收入。

---

① 郅田夫、张启龙:《菏泽地区的堌堆遗存》,《考古》1987 年第 11 期。
② 高广仁:《说"丘"——城的起源一议》,《考古与文物》1996 年第 3 期。
③ 材料来源参见国家文物局主编:《中国文物地图集·山东分册》,中国地图出版社,2007 年。

读《甲骨文捃》(二)

郜丽梅[*]

中国社会科学院古代史研究所藏《文捃》为国内外孤本,其价值不言而喻。[①]
《文捃》所收拓本与摹本共 3 680 版,其中有些拓本与摹本较其他著录清晰完整,所以编纂《合集》时"《合集》组"曾拟定采用《文捃》诸多拓本与摹本。又由于当时编纂《合集》得到了全国各地的大力支持,加上"《合集》组"奔赴各地著拓甲骨,所以就有了同一版甲骨存在几套拓本的情况。出于各种考虑,对于已经剪切下来备用的《文捃》中的一些拓本与摹本最终未予采用,这些未采用的拓本与摹本有些已贴回《文捃》,有些已散失不见。《合补》编纂时也录用了诸多《文捃》拓本。所以我们现在所看到的《文捃》已经是残缺的拓本与摹本集(见图 1)。

笔者近些年对《文捃》不断整理,同时对先秦史研究室所藏资料进行大梳理,又从一些繁芜杂乱的材料中捃出一些相关信息加以补充,目前对《文捃》的复原工作已接近尾声。

本文专论《文捃》凡将斋部分所收摹本的整理情况。

《文捃》0282 至《文捃》0356 为摹本,共 75 版,属凡将斋马衡旧藏,这批甲骨摹本的原骨现藏于北京故宫博物院。就笔者愚目所及,该部分除去《文捃》0296、0297、0301、0304、0309、0310、0312、0316、0317、0318、0320、0324、0325、0327、0337、0338、0350 之外,其余 58 版曾全部著录于《续》,且拓本多有剪裁。《文捃》该部分摹本也有一些剪裁。

---

* 中国社会科学院古代史研究所、中国社会科学院甲骨学殷商史研究中心、"古文字与中华文明传承发展工程"协同攻关创新平台。

① 有关《文捃》著录的基本情况参见拙文《〈甲骨文捃〉的初步复原》,《南方文物》2015 年第 3 期。

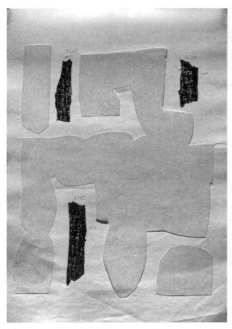

图 1

《凡考》涉及《文捃》部分有摹本的共有 22 版。其中《文捃》0289 正（《凡考》四·二）、《文捃》0296（《凡考》十四·四）、《文捃》0297（《凡考》十二·四）、《文捃》0304（《凡考》二十一·四）、《文捃》0309（《凡考》十九·二）、《文捃》0310（《凡考》十九·一）、《文捃》0312（《凡考》二十九·三）、《文捃》0313（《凡考》十九·四）、《文捃》0316（《凡考》十四·三）、《文捃》0317（《凡考》十三·二）、《文捃》0318（《凡考》二十二·四）、《文捃》0320（《凡考》二十八·一）、《文捃》0324（《凡考》三十·一）、《文捃》0325（《凡考》十五·四）、《文捃》0327（《凡考》十六·二）、《文捃》0337（《凡考》十二·二）、《文捃》0338（《凡考》五·四）、《文捃》0344（《凡考》二十六·三）、《文捃》0350（《凡考》九·三）摹本与《文捃》完全相同。《文捃》0301 较《凡考》十八·三缺失上部。《凡考》六·一（《文捃》0346 为上半部分，《合集》34084）、《凡考》九·二（《文捃》0354 为上半部分）为缀合后摹本，缀合后的这两版拓本分别见于《合补》10446 甲、乙及《合集》6789。

《文捃》见于《南师》的摹本有 17 版，分别是《文捃》0289 正（《南师》2.32 正左侧不完整）、《文捃》0297（《南师》2.62）、《文捃》0301（《南师》2.86 缺上部）、《文捃》0304（《南师》2.107）、《文捃》0309（《南师》2.114）、《文捃》0310（《南师》2.113）、《文捃》0315（《南师》2.24 臼）、《文捃》0316（《南师》2.25）、《文捃》0320（《南师》2.182）、《文捃》0322（《南师》2.181）、《文捃》0324（《南师》2.127）、《文捃》0325（《南师》2.187）、《文捃》0326（《南师》2.188）、《文捃》0329（《南师》2.175）、《文捃》0337（《南师》2.190）、《文捃》0344（《南师》2.196）、《文捃》0349（《南师》2.59）。

《文捃》见于《铁》《铁新》的摹本有 10 版，分别为《文捃》0284（《铁》246.1、《铁新》598）、《文捃》0289（《铁》245.1 正左部不完整、《铁新》632）、《文捃》0297（《铁》118.3、《铁新》21）、《文捃》0298（《铁》272.1、《铁新》470）、《文捃》0301（《铁》118.2、《铁新》349）、《文捃》0305（《铁》91.1、《铁新》889）、《文捃》0308（《铁》177.4、《铁新》749）、《文捃》0314（《铁》125.1、《铁新》1016）、《文捃》0315（《铁》248.3 正、《铁新》229 正）、《文捃》0324（《铁》131.2、《铁新》701）。

《文捃》见于《通》的摹本有《文捃》0302（《通》480）、《文捃》0329（《通》43）。

《文捃》见于《文拓》的摹本有 3 版，分别为《文捃》0282（《文拓》177）、《文捃》0297（《文拓》13）、《文捃》0298（《文拓》80）。

《文捃》0298 又见于《前》6.21.4。

《文捃》0282 见于《佚》29,《文捃》0308 见于《佚》82。

《文捃》0282 又见于《考精》41。

《文捃》所收凡将斋部分的摹本均见于《宫凡将》，且与《宫凡将》拓本一致，只是《文捃》0315（《宫凡将》48）存臼缺正，《宫凡将》48 则正臼完全。有关这批甲骨流传，《宫藏马》前言注释有："据马衡嫡孙马思猛见告，有不足百片一说，因未见，此处不录。"《文捃》所收录凡将斋部分 75 片，抑或与马思猛所言相合。

《文捃》所收凡将斋部分的摹本均见于《宫藏马》，具体著录情况不尽相同。《文捃》较《宫藏马》完整的有 1 版，即《文捃》0346（《宫藏马》251）；《文掾》较《宫藏马》空白有缺失的，共 26 版；余下的《文掾》与《宫藏马》著录情况相同。

根据最新整理统计，《文掾》凡将斋部分见于《合集》的有 71 版，见于《合补》的有 12 版，《合集》《合补》所选拓本形状大小有些与《文掾》著录相同，有些不一致，对于不一致的拓本与摹本具体分析如下：

一、《合集》较《文掾》著录完整部分

（一）《文掾》0282 见于《续》4.47.2、《考精》41、《佚》29、《合集》16790、《文拓》177、《宫凡将》54、《宫藏马》92，其中《考精》41、《文拓》177、《佚》29 著录相同，《合集》16790 与《宫藏马》92 著录相同，其他著录情况均不相同。

《文掾》0282 左右部分有剪裁；《佚》29（《考精》41）左上部有剪裁；《续》4.47.2 则左右两侧与下部均有剪裁；《合集》16790 最为完整，据《合集来源表》可知此版拓本选自《历拓》4684；《宫藏马》92 拓本最清晰。

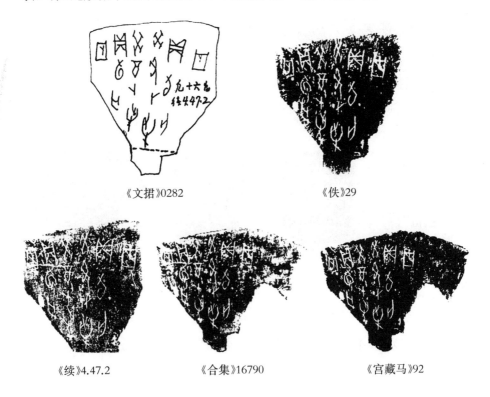

《文掾》0282　　　　　　　　　　　《佚》29

《续》4.47.2　　　　　　《合集》16790　　　　　　《宫藏马》92

（二）《文捃》0283 又见于《续》4.49.1、《合集》16813、《宫凡将》57、《宫藏马》39。

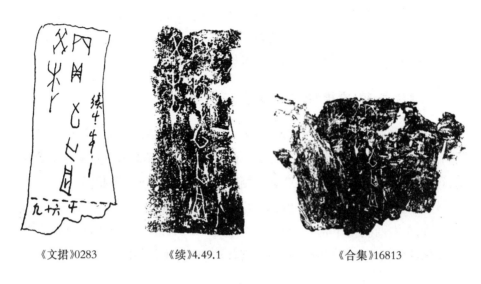

《文捃》0283　　　　　《续》4.49.1　　　　　　《合集》16813

《文捃》0283 左右不完整；《续》4.49.1 左右不完整且下部有剪裁；《合集》16813 选定《历拓》4234，拓本完整；《宫藏马》拓本同《合集》16813。

（三）《文捃》0284 又见于《续》4.11.4、《铁》246.1、《铁新》598、《合集》12771、《宫凡将》90、《宫藏马》185。

《文捃》0284　　　《续》4.11.4　　　《铁》246.1　　　《合集》12771

《文捃》0284 较《铁》246.1 右部空白完整；《续》4.11.4 左右有剪裁；《合集》12771 选定拓本为《历拓》4172，拓本完整；《宫藏马》185 拓本同《合集》12771。

（四）《文摭》0289 正臼又见于《续》6.27.1 臼、《南师》2.32 正、《铁》245.1 正、《铁新》632 正、《合集》17633 正臼、《宫凡将》12 正臼、《宫藏马》91 正臼。

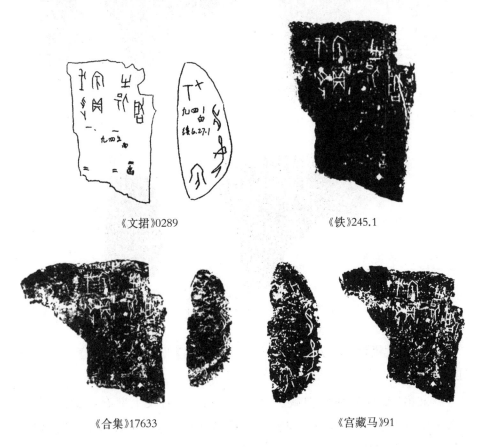

《文摭》0289　　　　　　　　　　　《铁》245.1

《合集》17633　　　　　　　　《宫藏马》91

《文摭》0289 正左上部空白缺失；《铁》245.1、《南师》2.32 同《文摭》0289，缺臼；《合集》17633 正臼与《宫藏马》91 正臼相同，且都完整，但《宫藏马》91 拓本最清晰。

（五）《文摭》0293 又见于《续》1.39.5、《合集》2354 正臼、《宫凡将》13 正臼、《宫藏马》173 正臼。

《文摭》0293 缺臼，正面左右部分各有缺失，不完整；《续》1.39.5（缺臼）左右缺失，下部有剪裁；《合集》2354 选定《历拓》4152 正臼，拓本完整；《宫藏马》173 正臼完整，且臼字迹最清晰。

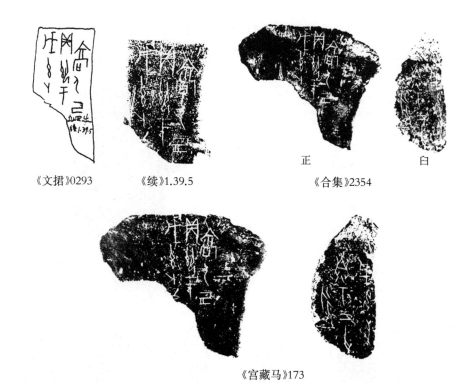

《文捃》0293   《续》1.39.5   《合集》2354

正   白

《宫藏马》173

（六）《文捃》0294 见于《续》6.10.3、《合集》4223、《宫凡将》21、《宫藏马》64。

《文捃》0294 右侧空白缺失；《续》6.10.3 左右及上部有剪裁；《合集》4223 选定《历拓》4161，拓本完整；《宫藏马》64 进行了拼合，多下部空白小片，是目前最完整的拓本。

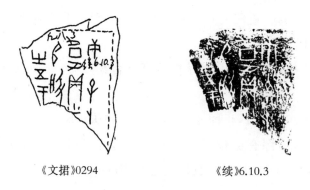

《文捃》0294   《续》6.10.3

《合集》4223　　　　　　　　　　《宫藏马》64

（七）《文捃》0299 见于《续》3.14.7、《合集》7843、《宫凡将》44、《宫藏马》40。

《文捃》0299　　　　　　　　　　《续》3.14.7

 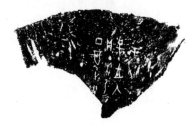

《合集》7843　　　　　　　　　　《宫藏马》40

《文捃》0299 左右空白缺失；《续》3.14.7 四周有剪裁；《合集》7843 选定《历拓》4171，拓本完整；《宫藏马》40 拓本完整，且字迹最清晰。

（八）《文捃》0300 见于《续》6.12.2、《合集》6605、《宫凡将》59、《宫藏马》21。

《文捃》0300 左部空白缺失；《续》6.12.2 左右与上部有剪裁；《合集》6605 选自《历拓》4170，拓本完整；《宫藏马》21 同《合集》4170。

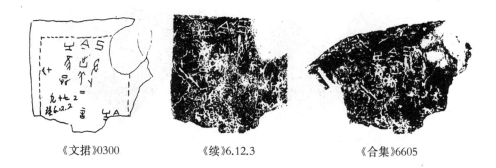

《文捃》0300　　　　　《续》6.12.3　　　　　《合集》6605

（九）《文捃》0301 见于《铁》118.2、《铁新》349、《南师》2.86、《合集》6313、《合集》39866、《宫凡将》64、《宫藏马》106。

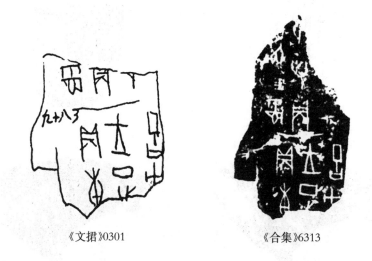

《文捃》0301　　　　　　　　　　《合集》6313

《文捃》0301 与《南师》2.86、《合集》39866 相同，缺上半部分，且都为摹本；《铁》118.2 与《合集》6313 相同；《合集》6313 选自《历拓》7359，拓本完整；《宫藏马》106 拼合后拓本同《合集》6313。

（十）《文捃》0303 见于《续》3.6.8、《合集》8527、《宫凡将》62、《宫藏马》104。

《文捃》0303 左侧空白有缺失；《续》3.6.8 左部有剪裁；《合集》8527 选自《历拓》4168，拓本完整；《宫藏马》104 同《合集》8527。

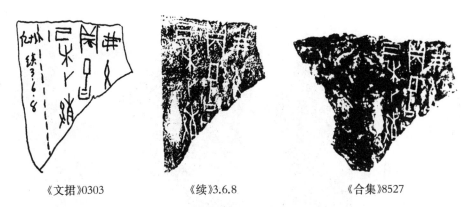

　　《文摭》0303　　　　　　《续》3.6.8　　　　　　《合集》8527

　　（十一）《文摭》0318 见于《合集》23589、《宫凡将》81、《宫藏马》235。

　　《文摭》0318 左侧及上部空白缺失；《合集》23589 选自《历拓》4184，拓本完整；《宫藏马》235 同《合集》23589，但拓本最清晰。

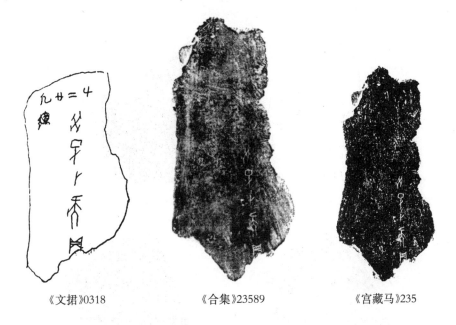

　　《文摭》0318　　　　　　《合集》23589　　　　　《宫藏马》235

　　（十二）《文摭》0321 见于《续》4.43.10、《合集》26331、《合补》8048、《宫凡将》104、《宫藏马》247。

　　《文摭》0321 左侧空白缺失；《续》4.43.10 左侧及下部有剪裁；《合集》26331 选自《历拓》4323，《宫藏马》247 拓本与之相同；《合补》8048 拼合后多上片。

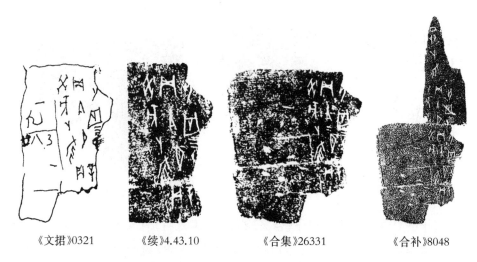

《文捃》0321　　　　《续》4.43.10　　　　《合集》26331　　　　《合补》8048

（十三）《文捃》0335 见于《续》6.11.6、《合集》30726、《宫凡将》24、《宫藏马》285。

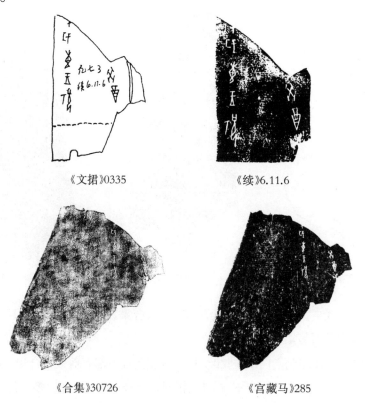

《文捃》0335　　　　　　　　《续》6.11.6

《合集》30726　　　　　　　《宫藏马》285

《文掇》0335 左侧及下部空白有缺失；《续》6.11.6 左右及下部有剪裁，仅存有字部分；《合集》30726 选定《历拓》4180，拓本完整；《宫藏马》285 拓本完整且清晰。

（十四）《文掇》0348 见于《续》2.28.3、《合集》28246、《宫凡将》97、《宫藏马》287。

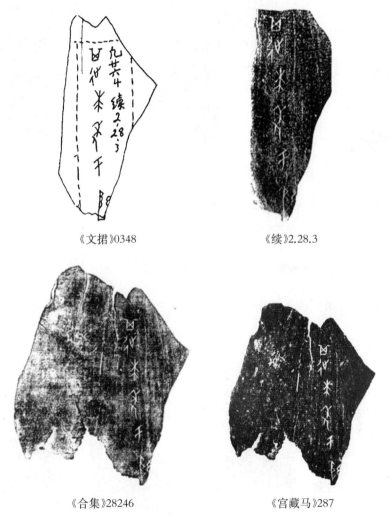

《文掇》0348   《续》2.28.3

《合集》28246   《宫藏马》287

《文掇》0348 左部空白缺失；《续》2.28.3 有剪裁；《合集》28246 选定《历拓》4179，拓本完整；《宫藏马》287 完整也最清晰。

（十五）《文捃》0350 见于《合集》32811、《宫凡将》31、《宫藏马》267。

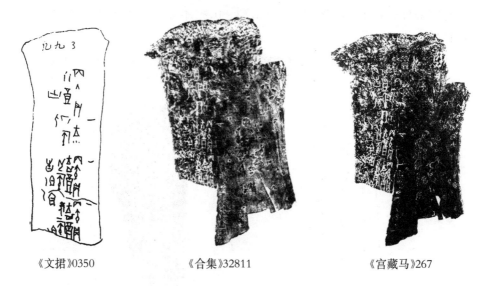

《文捃》0350　　　　　《合集》32811　　　　　《宫藏马》267

《文捃》0350 右部大片缺失；《合集》32811 选定《历拓》4238，拓本完整；《宫藏马》267 完整且最清晰。

二、《文捃》较《合集》《合补》拓本完整部分

（一）《文捃》0286 见于《续》4.24.1、《合集》11894、《宫凡将》92、《宫藏马》17。

《文捃》0286　　　《续》4.24.1　　　《合集》11894　　　《宫藏马》17

　　《文摀》0286摹本完整；《续》4.24.1上部、左侧有剪裁；《合集》11894选定《历拓》4344，左上部缺失不完整，"二"字不存，说明此版甲骨后来断裂；《宫藏马》17拼合后同《文摀》0286。

　　（二）《文摀》0322见于《续》2.14.5、《南师》2.181、《合集》26366、《合补》8089、《合补》8103、《宫凡将》16、《宫藏马》242。

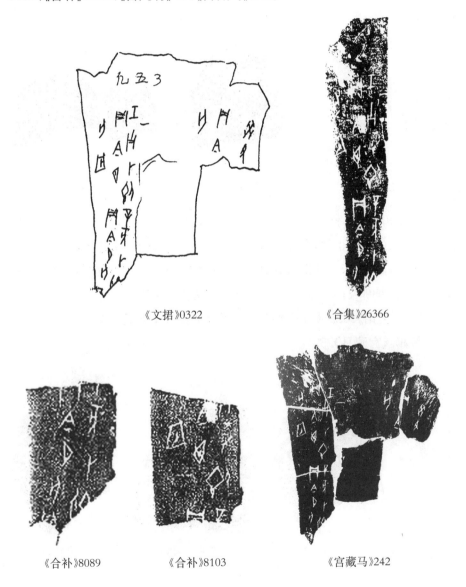

《文摀》0322　　　　　　　　《合集》26366

《合补》8089　　　　《合补》8103　　　　《宫藏马》242

111

《文捃》0322 完整，与《南师》2.181 相同；《续》2.14.5 上部及右半部分剪裁；《合集》26366 与《续》2.14.5 同，拓片右部不完整，"癸亥〔卜，〕〔即〕鼎（贞），今夕亡〔囚（忧）〕"缺失；《合补》8089 为其左下部，《合补》8103 为其左中部；《宫藏马》242 拼合后同《文捃》0322，拓本完整。

（三）《文捃》0327 见于《凡考》十六·二、《合补》4968、《宫凡将》55、《宫藏马》93。

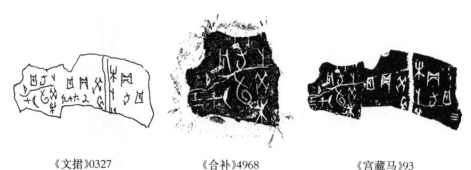

《文捃》0327　　　　　　《合补》4968　　　　　　《宫藏马》93

《文捃》0327 完整；《凡考》十六·二与《文捃》同；《合补》4968 选自《历拓》4386，仅存左部小片，右部大版不存。卜辞"癸丑〔卜，〕〔出〕鼎（贞）：〔旬〕亡〔囚（忧）〕；〔癸〕未卜，〔出〕鼎（贞）：旬〔亡〕囚（忧）"缺失。这种情况也说明此版甲骨后来断裂；《宫藏马》93 拼合后同《文捃》0327。

（四）《文捃》0329 见于《续》1.13.4、《南师》2.175、《通》43、《合集》23146、《宫凡将》6、《宫藏马》230。

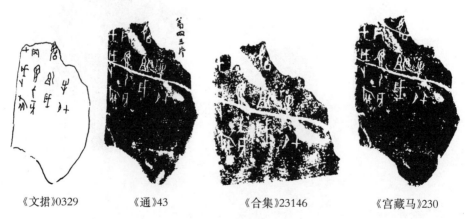

《文捃》0329　　　《通》43　　　　《合集》23146　　　　《宫藏马》230

《文捃》0329 摹本完整，与《南师》2.175 同；《通》43 拓本完整；《续》1.13.4 与《合集》23146 相同，下部空白裁去；《宫藏马》230 拓本完整且最清晰。

（五）《文捃》0331 见于《续》2.9.1、《合集》25343、《宫凡将》19、《宫藏马》225。

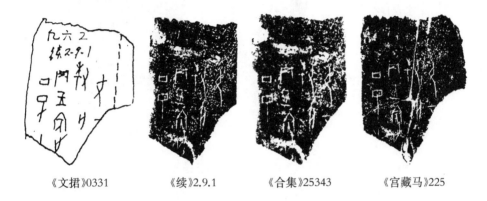

| 《文捃》0331 | 《续》2.9.1 | 《合集》25343 | 《宫藏马》225 |

《文捃》0331 摹本完整；《续》2.9.1 右部空白有剪裁；《合集》25343 选定《历拓》4313，右部有剪裁，与《续》2.9.1 同；《宫藏马》225 拼合后同《文捃》0331。

（六）《文捃》0332 见于《续》6.12.5、《合集》25909、《宫凡将》105、《宫藏马》198。

| 《文捃》0332 | 《续》6.12.5 | 《合集》25909 | 《宫藏马》198 |

《文捃》0332 摹本完整；《续》6.12.5 下部有剪裁；《合集》25909 选定《续》6.12.5，下部有剪裁；《宫藏马》198 拼合后同《文捃》0332。

（七）《文㧑》0339 见于《续》4.38.10、《合集》34782、《宫凡将》52、《宫藏马》272。

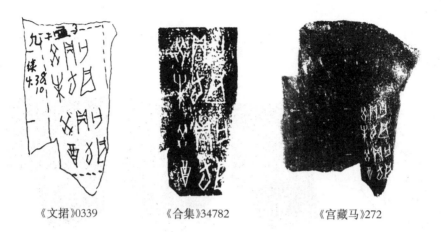

《文㧑》0339　　　　　《合集》34782　　　　　《宫藏马》272

《文㧑》0339 摹本完整；《续》4.38.10 四周空白有剪裁；《合集》34782 选定《续》4.38.10，拓本四周有剪裁；《宫藏马》272 多上、左部空白，拓本最为完整。

（八）《文㧑》0340 见于《续》4.38.5、《合集》35005、《宫凡将》56、《宫藏马》282。

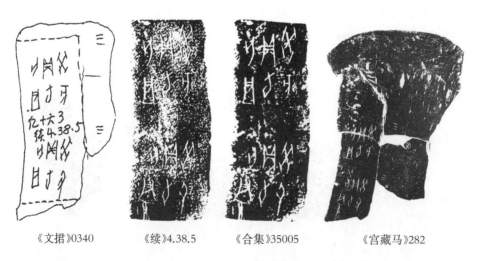

《文㧑》0340　　　《续》4.38.5　　　《合集》35005　　　《宫藏马》282

《文㧑》0340 摹本完整；《续》4.38.5 有剪裁；《合集》35005 选定《续》4.38.5，拓本上下及右部有剪裁，两个"三"字缺失；《宫藏马》282 拼合后最为完整，多上部空白。

（九）《文捃》0345 见于《续》6.10.5、《合集》28261、《宫凡将》78、《宫藏马》286。

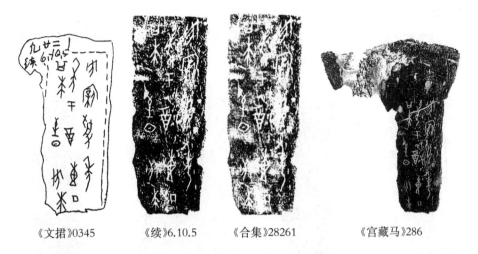

《文捃》0345　　　《续》6.10.5　　　《合集》28261　　　　《宫藏马》286

《文捃》0345 摹本完整；《续》6.10.5 有剪裁，与《合集》28261 同；《合集》28261 选定《历拓》4369，拓本上部、右部有剪裁；《宫藏马》286 拼合后最为完整，较《文捃》0345 多上部空白。

（十）《文捃》0346 见于《续》1.39.7、《凡考》六·一、《合集》34084、《合补》10446、《宫凡将》18、《宫藏马》251。

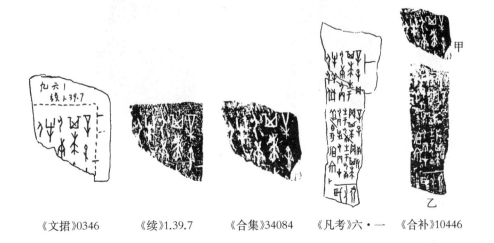

《文捃》0346　　　《续》1.39.7　　　《合集》34084　　《凡考》六·一　　《合补》10446

《文捃》0346 摹本完整；《续》1.39.7 左侧及上部有剪裁；《合集》34084 选定《历拓》4268，上部、右部有缺失，且右上部"辛"字残缺；《凡考》六·一为缀合后完整摹本；《合补》10446 为缀合后拓本，甲选定《合集》34084，残缺不全；《宫藏马》251 同《合集》34084。

（十一）《文捃》0351 见于《续》6.10.9、《合集》28181、《合集》28426、《合集》28431、《宫凡将》71、《宫藏马》302。

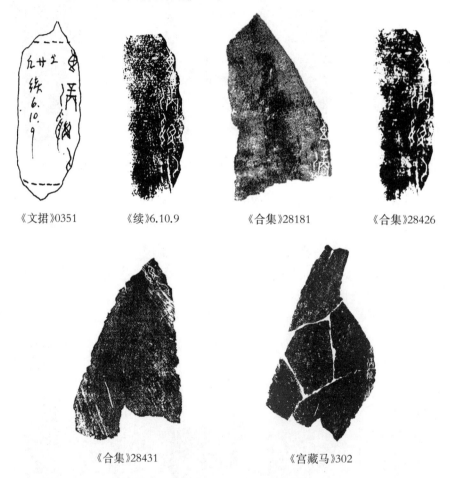

《文捃》0351　　　《续》6.10.9　　　《合集》28181　　　《合集》28426

《合集》28431　　　　　　《宫藏马》302

《文捃》0351 摹本完整；《续》6.10.9 上部有剪裁，左侧及下部有缺失；《合集》28426 选定《续》6.10.9，拓本不完整；《合集》28181 为右上部；《合集》28431 为右下部；《宫藏马》302 拼合后最完整。

三、《文捃》与《合集》互有缺失部分

(一)《文捃》0295 见于《续》2.17.1、《合集》888、《宫凡将》37、《宫藏马》69。

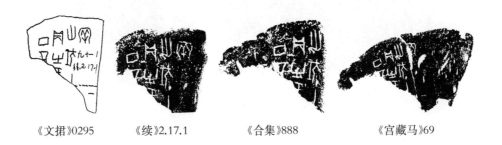

| 《文捃》0295 | 《续》2.17.1 | 《合集》888 | 《宫藏马》69 |

《文捃》0295 左部空白缺失;《续》2.17.1 左部空白缺失,下部有剪裁;《合集》888 选定《历拓》4156,左部完整,但右部残缺,"牢"字缺失。三种著录各不相同,互为补充。《宫藏马》69 拼合后拓片最为完整,但"牢"字残。

(二)《文捃》0296 见于《合集》1344、《宫凡将》49 正臼、《宫藏马》70 正臼。

《文捃》0296 左部空白缺失,缺臼;《合集》1344 正臼选自《历拓》4233,正左部空白完整,右下部空白有缺失。两种著录互为补充。《宫藏马》70 拼合后正臼最为完整。

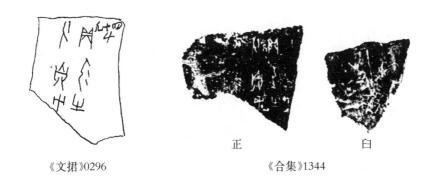

| 《文捃》0296 | 正 | 臼 |
| | 《合集》1344 | |

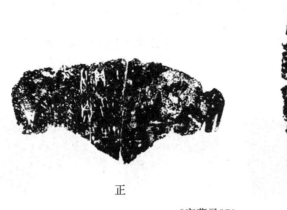

正　　　　　　　臼

《宫藏马》70

（三）《文捃》0306 见于《续》6.12.6（正）、《续》6.10.10（臼），《合集》17586 正臼、《合补》1080、《合补》1111、《宫凡将》26 正臼、《宫藏马》109正臼。

《文捃》0306 臼与《合集》17586 臼同，正左、右侧上部空白有缺失，下部完好；《续》6.12.6（正）左右及下部有剪裁，《续》6.10.10（臼）左侧有剪裁；《合集》17586 臼完好，正面拓本上部完好，下部有剪裁，"古贞"二字缺失。著录情况各不相同，但又能互相补充。《合补》1080 为左下部；《合补》1111 为右中部；《宫藏马》109 臼同《合集》17586 臼，拼合后正片最为完整。

《文捃》0306　　　　　《续》6.12.6　　　　《续》6.10.10

118

正　　　　臼

《合集》17586　　　　　　《合补》1080

《合补》1111　　　　　　《宫藏马》109

　　由上可知，《文捃》凡将斋部分曾见于《前》《续》《南师》《铁》《铁新》《通》《佚》《凡考》《合集》《合补》《文拓》《考精》《历拓》《宫凡将》《宫藏马》等多达15 种著录。同一版甲骨甚至出现在 9 种不同的著录当中，且著录情况多有不同，存在 6 种、5 种、4 种、3 种、2 种以及互补等情况。

　　出现 6 种不同著录情况的有 1 版，即《文捃》0306。

　　出现 5 种不同著录情况的有 2 版，即《文捃》0346、0351。

　　出现 4 种不同著录情况的有 6 版，分别为《文捃》0282、0284、0294、0295、0321、0322。

　　出现 3 种不同著录情况的有 12 版，即《文捃》0283、0286、0293、0296、0299、0300、0303、0335、0339、0340、0345、0348。此 12 版甲骨各存在 3 种不

同的摹本或是拓本。

出现2种不同著录情况的有8版，即《文捃》0289、0301、0318、0327、0329、0331、0332、0350。

出现互补的著录有3版，即《文捃》0295、0296、0306。所谓互补即同一版甲骨在不同著录中都不完整，各有缺失，但是把各种著录情况互相补充则可以形成完整的拓本。2022年年底出版的《宫藏马》拼合原骨之后的拓本更为完整。

与《宫藏马》相对照，《文捃》摹本空白有缺失的，即《文捃》0282（《宫藏马》92）、《文捃》0283（《宫藏马》39）、《文捃》0284（《宫藏马》183）、《文捃》0289（《宫藏马》91）、《文捃》0293（《宫藏马》173 正）、《文捃》0294（《宫藏马》64）、《文捃》0295（《宫藏马》69）、《文捃》0296（《宫藏马》70 正）、《文捃》0299（《宫藏马》40）、《文捃》0300（《宫藏马》21）、《文捃》0301（《宫藏马》106）、《文捃》0303（《宫藏马》104）、《文捃》0306（《宫藏马》109 正）、《文捃》0318（《宫藏马》235）、《文捃》0321（《宫藏马》247）、《文捃》0328（《宫藏马》100）、《文捃》0335（《宫藏马》285）、《文捃》0339（《宫藏马》272）、《文捃》0340（《宫藏马》282）、《文捃》0342（《宫藏马》254）、《文捃》0345（《宫藏马》286）、《文捃》0348（《宫藏马》287）、《文捃》0350（《宫藏马》267）、《文捃》0351（《宫藏马》302）、《文捃》0354（《宫藏马》19）、《文捃》0356（《宫藏马》10）。

《宫藏马》有关《文捃》凡将斋部分拼合后的拓本，在目前不同著录当中有8版最为完整，即《宫藏马》64（《文捃》0294）、《宫藏马》69（《文捃》0295）、《宫藏马》70 正（《文捃》0296）、《宫藏马》109 正（《文捃》0306）、《宫藏马》272（《文捃》0339）、《宫藏马》282（《文捃》0340）、《宫藏马》286（《文捃》0345）、《宫藏马》302（《文捃》0351）。《宫藏马》106（《文捃》0301）拼合后的著录情况同《合集》6313，也是目前不同著录当中最为完整的拓本。《宫藏马》17（《文捃》0286）、《宫藏马》93（《文捃》0327）、《宫藏马》198（《文捃》0332）、《宫藏马》225（《文捃》0331）、《宫藏马》242（《文捃》322）拼合后的著录情况同《文捃》，也是目前不同著录当中最为完整的拓本。

在以上所列中，由《续》我们可以看出，早期的拓本较之后世大多完整，但却多有剪裁，所以《合集》选定《续》的拓本大多不如《文摛》摹本完整，这种情况不利于后期甲骨拼合。而上文所提及的《合集》较《文摛》完整的拓本均来自于《历拓》，这也是多种著录中保留的最完整的拓本。但也有例外，比如《合集》26366 虽选自《历拓》，但不如《文摛》0286 摹本完整；《合补》4968 同样选自《历拓》，亦是不如《文摛》0327 完整，这也说明了这些拓本为甲骨断裂后所拓。同时，早期拓本有时候所拓并不完整，由以上《宫藏马》所拼合部分亦可看出，这种不完整的拓本对于甲骨拼合也是非常不利的。

　　一般而言，甲骨原骨所体现的价值最大，其次是拓本，摹本居后。但由于年代久远，甲骨在流传与存放过程中不免出现遗失以及骨面脱落与断裂等情况，所以早期的拓本就弥足珍贵。然而早期的拓本多有剪裁，而有些摹本则相对完整，更能体现甲骨原来的面貌，也利于以后的甲骨拼合，所以早期的摹本也足以彰显其价值。在上文所选取的《文摛》凡将斋部分摹本中，除去《文摛》0301、0329、0341 之外，同一版甲骨在《文摛》中的著录情况与其在其他著录书或拓本集中的情况均不相同，所以这部分摹本有其独特的价值，至少对于厘清该部分甲骨源流与传拓，以及甲骨拼合方面具有非常重要的意义。

引书简称对照表

《文摛》	《甲骨文摛》
《合集》	《甲骨文合集》
《合补》	《甲骨文合集补编》
《凡考》	《凡将斋所藏殷虚文字考释》
《合集来源表》	《甲骨文合集材料来源表》
《铁》	《铁云藏龟》
《铁新》	《铁云藏龟新编》
《佚》	《殷契佚存》
《前》	《殷虚书契前编》
《续》	《殷虚书契续编》
《南师》	《南北师友所见甲骨录》
《通》	《卜辞通纂》

《文拓》　　　　　《中国社会科学院古代史研究所藏甲骨文拓》
《历拓》　　　　　《中国社会科学院历史研究所藏拓本》
《考精》　　　　　《中国社会科学院考古研究所原精拓殷契文》
《宫藏马》　　　　《故宫博物院藏殷墟甲骨文·马衡卷》
《宫凡将》　　　　《故宫博物院藏殷墟甲骨文·马衡卷》附编《凡将斋甲骨刻辞
　　　　　　　　　拓本》

原载《殷都学刊》2021 年第 3 期，今据以收入。因新材料的公布，此次重刊作了较大修订。

殷墟甲骨文材料中整龟、整骨之统计[*]

曲正清[**]　　刘　源[***]

甲骨文发现至今已有一百二十余年，随着新材料的不断出土，甲骨学、殷周史等领域的研究日益深入。[①] 2019 年 11 月 1 日，习近平总书记在《致甲骨文发现和研究 120 周年的贺信》中指出："殷墟甲骨文的重大发现在中华文明乃至人类文明发展史上具有划时代的意义……希望广大研究人员坚定文化自信，发扬老一辈学人的家国情怀和优良学风，深入研究甲骨文的历史思想和文化价值，促进文明交流互鉴，为推动中华文明发展和人类社会进步作出新的更大的贡献。"因此，全面深入把握甲骨文材料至关重要。现存甲骨文材料的总量，前辈学者曾多次进行比较科学的统计。[②] 在此基础上，全面考察国内外公私机构现藏甲骨文材料中完整龟腹甲、龟背甲、牛肩胛骨的数量，有助于我们更好地认识和理解甲骨文材料及其分类情况，亦可为古文字学、甲骨学、殷周史的教学和研究，提供参考。

＊ 本文为"古文字与中华文明传承发展工程"规划项目"殷墟甲骨文史料解读"（G1603）阶段性成果。

＊＊北京大学出土文献与古代文明研究所。

＊＊＊中国社会科学院古代史研究所、中国社会科学院甲骨学殷商史研究中心。

① 关于甲骨文发现之渊源，可参见李学勤：《汐翁〈龟甲文〉与甲骨文的发现》，《殷都学刊》2007 年第 3 期。

② 参见胡厚宣：《五十年甲骨文发现的总结》，商务印书馆，1951 年；《八十五年来甲骨文材料之再统计》，《史学月刊》1984 年第 5 期。孙亚冰：《百年来甲骨文材料统计》，《故宫博物院院刊》2006 年第 1 期。葛亮：《一百二十年来甲骨文材料的初步统计》，《汉字汉语研究》2019 年第 4 期。

一、材料来源与本文统计之标准

自大龟四版、大龟七版发现以后，董作宾等前贤利用完整甲骨材料，发现"贞人"，提出甲骨分期理论，逐步构建了甲骨学体系。学界已充分认识到完整甲骨材料的重要学术价值，近年甲骨缀合工作的不断推进，亦是以复原整龟、整骨为目标。经过"中研院"历史语言研究所、中国社会科学院考古研究所科学发掘殷墟 127 坑、小屯南地、花园庄东地、小屯村中村南等多处重要甲骨坑位，许多完整的甲骨材料得以重见天日。甲骨出土后，因珍藏于国内公私单位，有些又流散到世界各地，所以大部分研究者仅能从相关著录中获取甲骨材料信息，进行学习和研究。1903 年第一部甲骨著录书《铁云藏龟》问世迄今，国内外公私机构整理出版的甲骨著录书籍多达两百余部。[1] 中华人民共和国成立后，中国社会科学院历史研究所（现改称"古代史研究所"）较早进行了甲骨文材料的全面搜集与整理工作，于 1978 年至 1982 年编纂《合集》，其中收录诸多国内外公私机构所藏甲骨。《合集》中的整龟、整骨多来自此前董作宾先生所著之《甲编》《乙编》及张秉权先生的《丙编》。《合集》《甲编》《乙编》《丙编》与后来出版的《屯南》《花东》《村中南》等著录皆为整龟、整骨材料整理的重要来源。本文即以《合集》为基础，坚持客观态度，对 2020 年以前国内外已公开出版的主要甲骨文著录（20 世纪出版的著录书以《合集》《屯南》《合补》《甲编》《乙编》《丙编》为主，21 世纪出版的著录书以《花东》《村中南》为主）及相关缀合著作中的整龟、整骨材料进行整理，其他著录中已被《合集》收录的完整材料，均按《合集》片号标注，并在括号内说明来源，本文所参考的甲骨著录书目请详见附录。

在这项整理工作中，我们确定的整龟、整骨材料，有一定标准。言其完整，主要从形态与文字内容两个方面加以综合考虑。甲骨形态研究始于董作宾先生 1929 年所作之《商代龟卜之推测》，其后秉志、张秉权、严一萍、叶

---

[1] 宋镇豪：《百年甲骨学论著目》，语文出版社，1999 年，第 36 页。

祥奎、刘一曼、宋雅萍诸位先生的研究均在此基础上有所推进。[①] 黄天树先生在《甲骨形态学》一文中指出：龟腹甲由9块骨板（首甲、前甲、后甲、尾甲各2块，中甲1块）以"齿缝"相连而成；外层角质由12块盾片（喉盾、肱盾、胸盾、腹盾、股盾、肛盾左右各2块）以"盾沟"相连而成；甲桥由若干片龟缝片（因修治导致不大于5片）组成；龟背甲由颈甲、脊甲、尻甲、肋甲、边甲共62块龟缝片构成，剖开后的背甲包括颈甲1块、脊甲8块、尻甲3块、肋甲8块、边甲11片；肩胛骨由骨臼、臼角、骨首、骨颈、骨扇、臼边、对边、底边、脊角、对角组成。[②] 甲骨所记载的文字内容则多为卜辞，兼有记事刻辞等；其中卜辞包括王卜辞和非王卜辞，记事刻辞的内容包括卜甲与卜骨之来源、纪念大事、数字卦，另外还有干支表、祀谱等。[③] 本文整理的对象即刻有文字的完整龟腹甲、龟背甲以及牛肩胛骨等。在前辈学者的相关研究基础上，结合甲骨文材料的客观实际情况（包括挖掘及保护导致甲骨缺损等），拟定完整龟腹甲、龟背甲及牛肩胛骨的标准如下：

（1）形态：基本条件为主要构成部分均应有所保留，各部分缺损不超过1/2。龟腹甲之首甲、中甲、左前甲、右前甲、左后甲、右后甲、左尾甲、右尾甲需较完整；甲桥部分，基本按照左右甲桥各缺损不超过一半为标准，若甲桥在整治过程中被刮削的部分较多，则以整治后的甲桥缺损不超过1/2为完整。龟背甲组成部位较多，剖开后，左（右）背甲中颈甲缺损需小于1/2，脊甲、肋甲、边甲缺损需小于1/4，尻甲缺损需小于1/3。牛肩胛骨之骨颈、骨扇、臼边、对边、底边应有基本轮廓，臼角整治后应较明显（未整治即使用的

---

① 关于甲骨形态学的相关研究，可参见董作宾：《商代龟卜之推测》，《安阳发掘报告》1929年第1期；《甲骨实物之整理》，《董作宾先生全集（甲编）》，艺文印书馆，第3册，1977年。秉志：《河南安阳之龟壳》，《安阳发掘报告》1931年第3期。张秉权：《殷墟卜龟之卜兆及其有关问题》，"中研院"院刊》第1辑，"中研院"，1954年。严一萍：《甲骨学》，艺文印书馆，1978年。叶祥奎：《陕西长安沣西西周墓地出土的龟甲》，《考古》1990年第6期。叶祥奎、刘一曼：《河南安阳殷墟花园庄东地出土的龟甲研究》，《考古》2001年第8期。宋雅萍：《殷墟YH127坑背甲刻辞研究》，台湾政治大学硕士学位论文，2008年等。

② 黄天树：《甲骨形态学》，黄天树主编：《甲骨拼合集》，学苑出版社，2010年，第514页。

③ 宋镇豪、刘源：《甲骨学殷商史研究》，福建人民出版社，2006年，第7页。

仍算完整），脊角、对角需较为明显。

（2）内容：甲骨卜辞、记事刻辞、干支等文字内容需完整，或可根据辞例、同文例等增补至完整。因刮削、磨损、钻凿等非缺片原因导致文字内容看不清或缺字的，亦划归完整范畴（《花东》多有此种情况）。

（3）齿缝、盾纹、卜兆等不作为判断完整与否的标准。

此外，龟背甲、牛肩胛骨有"一屯（纯）"即一对之说，满足本文所述完整标准的单片龟背甲、牛肩胛骨仍视为完整。[①]

二、各著录书所见整龟、整骨之数量

目前国内外已出版的所有甲骨著录书中，存在不少重复的材料。因本文以《合集》为基础，所以其他著录书与《合集》重复的材料算入《合集》中（缀合材料除外）。经过仔细审定和去重后，各著录中所见整龟、整骨之数量统计结果分述如下（整龟、整骨片号详见附录）：

《合集》所收之整龟、整骨材料，基本全部来自殷墟考古发掘，统计出整龟、整骨共 153 片，其中龟腹甲 129 片，龟背甲 11 片，牛肩胛骨 13 片。[②]

《屯南》之卜骨来自 1973 年社科院考古所安阳小屯村南地的考古发掘，有 4 片完整牛肩胛骨已录入《合集》，去重应为 14 片。

《合补》中的完整龟腹甲收录自《乙编》，共 3 片。

《甲编》《乙编》《丙编》中完整的龟腹甲与龟背甲基本已被《合集》《合补》收录，《甲编》中未录入《合集》的完整牛肩胛骨有 1 片，《丙编》中未录入《合集》的完整龟腹甲有 1 片。

《花东》甲骨亦为考古发掘，其中整龟材料颇多，但在龟腹甲中，有不少因刮削等原因出现单字或多字不可识读的情况。[③] 故将完整龟腹甲材料分

---

① 关于甲骨的"屯（纯）"相关研究，可参见方稚松：《殷墟甲骨文五种记事刻辞研究》，线装书局，2009 年，第 71 页。

② 以往部分已著录材料《合集》重新收入，参见胡厚宣主编：《甲骨文合集材料来源表》，中国社会科学出版社，1999 年。

③ 关于《花东》甲骨的刮削问题，可参见朱歧祥：《殷墟花园庄东地甲骨论稿》，里仁书局，2008 年。

成两类：A类即符合前文所列之基本标准，共 141 片；B类即形态符合标准，但文字内容模糊不清，约 80 片。完整的龟背甲共 4 片，故整龟合计 225 片。

《村中南》收录的甲骨是社科院考古所分别于 1986、1989、2002、2004 年在安阳小屯村进行考古发掘所得，完整牛肩胛骨共 4 片。

除上述几部大宗甲骨著录外，《河南运台古物·甲骨文专集》中收录 1 片完整牛肩胛骨，但仅有摹本无拓片。蔡哲茂先生所著之《缀汇》中收录曾毅公先生缀合的完整龟腹甲 1 片；张秉权先生缀合，林宏明、刘渊临先生加缀的龟背甲 1 片。林宏明先生的《醉古集》中收录张秉权、蔡哲茂、林宏明等先生缀合出的完整龟腹甲 3 片，《契合集》中收录郭若愚、林宏明先生缀合的完整龟腹甲 1 片。此外，先秦史研究室网站公布有林宏明先生缀合、蔡哲茂先生加缀之 1 片完整龟腹甲。① 本文吸收上述缀合成果，并整合到附录所列《合集》《合补》的完整材料数目之中。

三、整龟、整骨所含刻辞条数及分组分类概况

统计出各著录中整龟、整骨的数量后，我们整理了各片材料中的刻辞条数，除去数字、兆序、"小告"、"二告"等兆辞，以及受刮削影响导致整条卜辞内容模糊不全的情况，将卜辞、甲桥刻辞、干支习刻、单字等皆列入统计后，各著录中整龟（正反面）、整骨刻辞数量的统计结果如下（单位：条）：

《合集》中完整龟腹甲材料中的刻辞共 1 070 条，完整龟背甲材料中的刻辞共 26 条，整骨材料中的刻辞共 86 条，合计为 1 182 条。

《屯南》整骨材料中的刻辞共 102 条。

《合补》整龟材料中的刻辞共 17 条。

《甲编》除《合集》已收内容外，1 片整骨中有刻辞 2 条。

《丙编》除《合集》已收内容外，1 片整龟中有刻辞 4 条。

---

① 此片缀合为《合集》10171＋《合集》14293＋《乙补》6530，参见蔡哲茂：《〈殷墟文字丙编〉新缀第二则》，先秦史研究室网站，2007 年 5 月 17 日。

《花东》完整材料（包括前文所述 A、B 两类）中龟腹甲刻辞共 1 088 条，龟背甲刻辞共 9 条，合计为 1 097 条。

《村中南》整骨材料中的刻辞共 20 条。

《河南运台古物·甲骨文专集》有整骨刻辞 7 条。

《缀汇》有完整龟腹甲刻辞 31 条，龟背甲刻辞 16 条，合计 47 条。

《醉古集》有完整龟腹甲刻辞 34 条。

《契合集》有完整龟腹甲刻辞 9 条。

先秦史研究室网站公布的蔡哲茂先生加缀完整的 1 片龟腹甲有刻辞 14 条。

关于整龟、整骨材料中卜辞的分组分类情况，我们参照《殷墟甲骨分期研究》《殷墟王卜辞的分类与断代》《甲骨文合集分组分类总表》等分类意见进行了整理，[①]结果如下：

《合集》153 片完整材料中，属于小屯村北系的包括师组肥笔类 2 片，典宾类 88 片，宾一类 24 片，宾一或典宾类 5 片，何组 3 片，出类 1 片（其反面字体为师组），出组 2 片；属于小屯村中村南系的包括历组 2 片，无名类 2 片。非王卜辞包括午组 4 片，屯西类 2 片，无名类 2 片，劣体类 1 片，非王圆体和和劣体类 4 片，妇女类 11 片。

《屯南》除《合集》已收 4 片整骨外的 14 片材料中，历组一类 1 片，历组二类 4 片，无名组 4 片，无名组、黄组 2 片，历无名组 1 片，屯西类子卜辞 2 片。

《合补》中的 3 片完整材料分别为典宾、子组及非王妇女类子组。

《甲编》除已录入《合集》内容外，1 片完整材料为典宾类。

《丙编》除已录入《合集》内容外，1 片完整材料为典宾类。

《花东》225 片单属花东类非王卜辞。

《村中南》的 4 片完整材料中，师组 2 片，历组 1 片，另有 1 片不确定。

---

① 李学勤、彭裕商：《殷墟甲骨分期研究》，上海古籍出版社，1996 年；黄天树：《殷墟王卜辞的分类与断代》，科学出版社，2007 年；杨郁彦：《甲骨文合集分组分类总表》，艺文印书馆，2005 年。

《河南运台古物·甲骨文专集》中的 1 片完整材料为出组。

《缀汇》中的 2 片完整材料分别为圆体类、典宾类。

《醉古集》《契合集》中的完整材料均为典宾类。

先秦史研究室网站有蔡哲茂先生加缀完整的 1 片龟腹甲为宾一或典宾类。

结语

本文通过对一些主要甲骨著录中的材料进行整理,统计出现存 16 万片甲骨文材料中整龟、整骨共有 409 片,其中龟腹甲 360 片、龟背甲 16 片、牛肩胛骨 33 片;完整甲骨刻辞共 2 535 条,其中整龟刻辞 2 318 条,整骨刻辞 217 条。总体来看,整龟、整骨材料基本上涵盖了各个组类,尤以一期宾组中的典宾类与花东类居多,内容上多为祭祖、军事战争等。整理出现存甲骨文材料中整龟、整骨之数目,有助于我们进一步认识甲骨保存的现状,及其学术价值。本文的写作广泛吸收前人成果,统计出的整龟、整骨是甲骨学教学与研究的重要资料,其学术价值仍有待学界继续发掘。在整理过程中,难免有不当之处,统计之数字亦可能存在误差,请专家学者批评指正。

附录:

(一)各著录书中整龟、整骨之片号[①]

1.《合集》

龟腹甲:32(乙 1873,丙 22,醉 33)、116(乙 1052)、122(乙 5224)、203(乙 865)、438(乙 907 + 6747,丙 360)、466(丙 7)、575(乙 2572,丙 75)、671(乙 2048 + 2149,丙 366)、698(乙 751)、721(丙 47)、768(乙 6703)、787(乙 7750)、812(乙 7128)、822(乙 7797)、838(乙 6966)、880(乙 5395)、904(乙 806 + 7393)、952(乙 753)、1086(乙 7312)、1100(乙 4606,丙 354)、1107(乙 6307)、1822(乙 3476,丙 43)、1854(乙 3321)、1868(乙 3288)、2355(乙

---

① 每片后括号附来源,具体可参看胡厚宣主编:《甲骨文合集材料来源表》。

7144）、2415（乙 5406）、3238（乙 3394）、3333（乙 2641，丙 189）、3458（丙 104）、3945（续存 388）、3946（乙 6877，丙 28）、3947（乙 727，丙 30）、3979（乙 6668）、4264（续存 442）、4464（乙 2244）、4611（乙 6819）、4735（乙 3426）、4769（乙 6748）、5096（乙 7771）、5354（乙 7773）、5480（乙 3992 + 4954）、5611（乙 867）、5884（乙 7199，丙 566）、5995（乙 3299）、6476（乙 5340）、6484（乙 1907 + 6701）、6571（乙 2218 + 6693，丙 302）、6647（乙 7767）、6654（乙 3196，丙 69）、7023（乙 6735）、7226（乙 6384）、7351（乙 3445）、7851（乙 4625 + 4661，丙 191）、8310（乙 7336）、8796（乙 7360）、8987（乙 7385）、9002（乙 2603，丙 85）、9012（乙 6685）、9013（乙 2683）、9235（乙 7409）、9504（乙 3091 + 4058，丙 126）、9520（乙 3323，丙 34）、9658（乙 6881）、9671（乙 4604）、9735（乙 3287）、9742（乙 3409）、9775（乙 6422）、9950（乙 6725，丙 8）、10133（乙 7781）、10184（乙 2443，丙 370）、10345（乙 4372 + 4809，丙 88）、10515（乙 6396）、10613（乙 1976 + 3469，丙 98）、10936（乙 6273）、10937（乙 7490）、10964（乙 7288）、10989（乙 7746）、11177（乙 8461，丙 353）、11893（乙 3398）、12051（乙 2042 + 2043，丙 63）、12438（乙 7748）、12439（乙 3403）、12487（乙 1992 + 2692，丙 368）、12628（掇二 1）、12862（乙 5279）、12898（乙 2285）、12972（乙 3473）、13390（乙 6723）、13675（乙 4540）、13716（历拓 4680）、14138（乙 3090）、14201（乙 1947，丙 93）、14209（乙 7171，丙 71）、14210（乙 4534，丙 73）、14929（乙 3218 + 3392，丙 195）、14951（乙 7122）、15556（掇二 7，京 899）、17301（乙 3379）、17411（乙 3475）、17485（乙 4688）、17848（乙 4607）、18353（乙 4644，丙 402）、18911（乙 2571，丙 377）、21477（甲 3575）、21480（乙 8811）、21727（乙 4856，丙 612）、21744（乙 4577）、21805（乙 4507）、21885（乙 5268）、22047（乙 4521）、22065（乙 5394）、22069（乙 4064）、22092（乙 3478）、22139（乙 8723）、22211（乙 9030）、22215（乙 8815）、22238（乙 8808）、22246（乙 8896）、22258（乙 8816）、22283（乙 8728）、22293（乙 8807）、22294（乙 8810）、22323（乙 8893）、22324（乙 8898）、22384（历拓 1167）、22405（乙 8892）、27459（甲 3918）、30439（甲 3916）、31549（甲 3917），缀合材料有 16335 正 +《乙补》1770（即《醉

古集》53)、248 正 +《乙补》2089 +《乙补》5853(即《醉古集》326)、14293 正 +
10171 正 +《乙补》6530(即《醉古集》347)、930 + 15127 正 + 14019 正 +《乙》
4496(即《契合集》238)。

龟背甲：118(乙 4750)、1144(乙 4747)、3461(乙 4682)、8492(乙 6382)、
8591(乙 6684)、9733(乙 5241)、10615(乙 4679)、13759(乙 5301)、14488(乙
5271)、14707(乙 4683)、17493(乙 5281),缀合材料有 14129 正 +《乙补》
4950 +《合补》3399 正(即《缀汇》586)。

牛肩胛骨：390(甲 3333 正 + 3334 反 + 3331 臼)、11738(甲 2500)、
18942(屯附 6)、20576(甲 2902)、23664(甲 2906)、26308(录 42)、28272(甲
3587)、30286(甲 3588)、31993(安新 1)、32595(安新 4)、32729(安新 2)、
33747(宁 1.110,掇二 159)、34734(京人 2401)。

2.《屯南》

牛肩胛骨：1128、2263、2284、2293、2295、2298、2301、2343、2351、2366、
2542、2666、附 2、附 4。

3.《合补》

龟腹甲：287(怀 53)、6822(乙 4504)、6829(乙 8818),缀合材料有
6925 +《合集》22491 +《北图》5232(即《缀汇》394)。

4.《殷墟花园庄东地甲骨》

龟腹甲 A 类：2、4、14、23、32、46、48、49、51、58、59、61、63、65、67、93、
94、95、97、101、102、103、108、111、112、113、114、117、125、129、132、137、
143、147、154、159、161、164、170、172、174、175、177、179、182、194、196、208、
209、211、214、215、216、217、218、220、225、226、227、228、234、235、236、241、
251、252、255、260、261、264、265、267、280、285、286、291、296、299、300、303、
304、305、308、314、315、319、321、325、330、333、338、339、340、350、351、364、
367、376、377、378、379、380、381、384、390、392、403、412、417、423、426、437、
441、446、449、451、452、454、455、457、459、462、463、464、473、474、478、480、
481、485、487、490、491、492、493、494、495、496、498、500;

龟腹甲 B 类：1、19、24、29、39、45、52、53、54、64、77、92、99、120、134、

135、148、183、185、189、198、199、200、203、212、223、224、229、230、233、249、253、256、257、259、263、273、278、281、283、284、290、294、298、318、323、335、336、349、363、374、393、401、402、404、405、406、408、409、424、427、439、443、445、450、453、460、461、465、471、472、475、476、477、479、482、486、488、489、499、501；

龟背甲：87、262、297、332。

5.《村中南》：牛肩胛骨 343、446、449、451。

6.《甲编》：牛肩胛骨，贰零零。

7.《丙编》：龟腹甲 8。

8.《河南运台古物·甲骨文专集》：牛肩胛骨（无号，第 157 页）。

9. 先秦史研究室网站：龟腹甲（《合集》10171 +《合集》14293 +《乙补》6530）。

（二）本文所参考的甲骨著录、论文及相关缀合书目

1. 金祖同：《郼斋藏甲骨拓本》，上海中国书店石印本，1935 年。

2. 曾毅公：《甲骨叕存》，齐鲁大学国学研究所，1940 年。

3. 李孝定（蒋维崧释文）：《中央大学史学系所藏甲骨文字》，中央大学石印本，1940 年。

4. 胡厚宣：《厦门大学所藏甲骨文字》，《甲骨学商史论丛初集》第四册，成都齐鲁大学国学研究所专刊之一，1944 年。

5. 董作宾：《殷墟文字甲编》，商务印书馆，1948 年。

6. 董作宾：《殷墟文字乙编》，"中研院"历史语言研究所，1948—1953 年。

7. 张秉权：《殷墟文字丙编》，"中研院"历史语言研究所，1957—1972 年。

8. 容庚：《颂斋所藏甲骨文字》，1950 年。

9. 中国科学院考古研究所：《殷墟文字缀合》，科学出版社，1955 年。

10. 董作宾：《殷墟文字外编》，艺文印书馆，1956 年。

11. 饶宗颐：《巴黎所见甲骨录》，香港影印本，1956 年。

12. ［日］松丸道雄：《日本散见甲骨文字搜汇》，日本东京汲古书院甲骨学翻印合订本，1972 年。

13. 方法敛:《方法敛摹甲骨卜辞三种》,艺文印书馆,1966 年。

14. 饶宗颐:《栻斋甲骨展览》,联合书院图书馆,1966 年。

15. 周法高:《冬饮庐藏甲骨文字》,"中研院"历史语言研究所集刊第 37 本下册,1967 年。

16. 许进雄:《明义士收藏甲骨》,加拿大皇家安大略博物馆,1972 年。

17. 许进雄:《殷墟卜辞后编》,艺文印书馆,1972 年。

18. 严一萍:《美国纳尔森美术馆藏甲骨卜辞考释》,艺文印书馆,1973 年。

19. 严一萍:《甲骨缀合新编》,艺文印书馆,1975 年。

20. 严一萍:《甲骨缀合新编补》,艺文印书馆,1976 年。

21. 李孝定:《李光前文物馆所藏甲骨文字简释》,《文物汇刊》第 2 号,1976 年。

22. 许进雄:《怀特氏等收藏甲骨文集》,加拿大皇家安大略博物馆,1979 年。

23. [日] 松丸道雄:《谢氏瓠庐殷墟遗文》,汲古书院,1979 年。

24. [日] 东洋文库古代史研究委员会:《东洋文库所藏甲骨文字》,1979 年。

25. 严一萍:《殷虚第一次发掘所得甲骨考释》,艺文印书馆,1979 年。

26. 郭沫若主编、胡厚宣总编辑:《甲骨文合集》,中华书局,1979—1982 年。

27. 严一萍:《北京大学国学门藏殷虚文字考释》,艺文印书馆,1980 年。

28. 中国社会科学院考古研究所:《小屯南地甲骨》,中华书局,1980—1983 年。

29. [日] 松丸道雄:《东京大学东洋文化研究所藏甲骨文字》,日本东京大学东洋文化研究所纪要别册影印本,1983 年。

30. 李学勤、齐文心、[美] 艾兰:《英国所藏甲骨集》,中华书局,1985 年。

31. [法] 雷焕章、利氏学社:《法国所藏甲骨录》,光启出版社,1985 年。

32. [日] 天理大学天理教道友社:《天理大学附属天理参考馆甲骨文

字》，天理教道友社，1987年。

33. 胡厚宣：《苏德美日所见甲骨集》，四川辞书出版社，1988年。

34. 刘士莪：《西北大学所藏甲骨文字》，《考古与文物》1990年第4期。

35. 曹锦炎：《浙江省博物馆新藏甲骨文字》，《文物》1990年第5期。

36. ［美］夏含夷：《芝加哥大学所藏商代甲骨》，《中国图书文史论集——钱存训先生八十生日纪念》，正中书局，1991年。

37. 齐文心：《记美国辛格博士所藏甲骨》，《文物》1993年第5期。

38. 胡厚宣辑，王宏、胡振宇整理：《甲骨续存补编》，天津古籍出版社，1996年。

39. ［法］雷焕章、利氏学社：《德瑞荷比所藏一些甲骨录》，光启出版社，1997年。

40. 刘敬亭：《山东省博物馆珍藏甲骨墨拓集》，齐鲁书社，1998年。

41. 河北大学历史系：《河北大学文物室所藏甲骨》，《胡厚宣先生纪念文集》，北京科学出版社，1998年。

42. 彭邦炯、谢济、马季凡：《甲骨文合集补编》，语文出版社，1999年。

43. 李学勤、齐文心、［美］艾兰：《瑞典斯德哥尔摩远东古博物馆藏甲骨文字》，中华书局，1999年。

44. 蔡哲茂：《甲骨缀合集》，乐学书局，1999年。

45. 路东之：《路东之梦斋藏甲骨文》，文雅堂画廊，2000年。

46. 于镇洲：《河南省运台古物·甲骨文专集》，河南省运台古物监护委员会，2001年。

47. 曹玮：《周原甲骨文》，世界图书出版公司，2002年。

48. 中国社会科学院考古研究所：《殷墟花园庄东地甲骨》，云南人民出版社，2003年。

49. 郭若愚：《殷契拾缀》，上海古籍出版社，2005年。

50. 中国国家博物馆：《中国国家博物馆馆藏文物研究丛书·甲骨卷》，上海古籍出版社，2007年。

51. 郭青萍：《〈洹宝斋所藏甲骨〉解读》，北京艺术与科学电子出版社，

2007 年。

52. ［韩］李钟淑、葛英会：《北京大学珍藏甲骨文字》，上海古籍出版社，2009 年。

53. 段振美、焦智勤、党相魁：《殷墟甲骨辑佚·安阳民间藏甲骨》，文物出版社，2008 年。

54. 宋镇豪、朱德天：《云间朱孔阳藏戬寿堂殷墟文字旧拓》，线装书局，2009 年。

55. 宋镇豪主编：《张世放所藏殷墟甲骨集》，线装书局，2009 年。

56. "中研院"历史语言研究所：《史语所购藏甲骨集》，"中研院"历史语言研究所，2009 年。

57. 上海博物馆编，濮茅左编著：《上海博物馆藏甲骨文字》，上海辞书出版社，2009 年。

58. 黄天树主编：《甲骨拼合集》，学苑出版社，2010 年。

59. 林宏明：《醉古集：甲骨的缀合与研究》，万卷楼图书股份有限公司，2011 年。

60. 黄天树主编：《甲骨拼合续集》，学苑出版社，2011 年。

61. 陈子游主编：《奥缶斋·殷器别鉴》，文化艺术出版社，2011 年。

62. 蔡哲茂：《甲骨缀合汇编》，花木兰文化出版社，2011 年。

63. 宋镇豪、赵鹏、马季凡编著：《中国社会科学院历史研究所藏甲骨集》，上海古籍出版社，2011 年。

64. 中国社会科学院考古研究所：《殷墟小屯村中村南甲骨》，云南人民出版社，2012 年。

65. 黄天树主编：《甲骨拼合三集》，学苑出版社，2013 年。

66. 宋镇豪、［俄］玛丽娅主编，俄罗斯国立爱米塔什博物馆、中国社会科学院历史研究所编著：《俄罗斯国立爱米塔什博物馆藏殷墟甲骨》，上海古籍出版社，2013 年。

67. 林宏明：《契合集》，万卷楼图书股份有限公司，2013 年。

68. 中国社会科学院甲骨学殷商史研究中心、旅顺博物馆编著：《旅顺博物馆所藏甲骨》，上海古籍出版社，2014 年。

69. 宋镇豪、焦智勤、孙亚冰：《殷墟甲骨拾遗》，中国社会科学出版社，2015 年。

70.《中山大学古文字研究所藏甲骨文字》，2015 年。

71. 黄天树主编：《甲骨拼合四集》，学苑出版社，2016 年。

72. 萧春源：《珍秦斋藏甲骨文》，澳门基金会，2015 年。

73. 朱旗：《新乡市博物馆馆藏甲骨》，《华夏考古》2015 年第 3 期。

74. 周忠兵：《卡内基博物馆所藏甲骨研究》，上海人民出版社，2015 年。

75. 宋镇豪、黎小龙：《重庆三峡博物馆藏甲骨集》，上海古籍出版社，2016 年。

76. 宋镇豪主编，赵鹏编纂：《笏之甲骨拓本集》，2016 年。

77. 李宗焜：《典雅劲健——香港中文大学藏甲骨集》，中文大学出版社，2017 年。

78. 宋镇豪主编，马季凡编纂：《徐宗元尊六室甲骨拓片集》，上海古籍出版社，2018 年。

79. 郭妍利：《陕西师范大学博物馆藏甲骨文释读与研究》，《考古与文物》2018 年第 3 期。

80. 宋镇豪：《符凯栋所藏殷墟甲骨》，上海古籍出版社，2018 年。

81. 宋镇豪主编，马季凡编纂：《绘园所藏甲骨》，上海古籍出版社，2019 年。

82. 黄天树主编：《甲骨拼合五集》，学苑出版社，2019 年。

83. 宋镇豪主编，孙亚冰编纂：《中国社会科学院古代史研究所藏甲骨文拓》，上海古籍出版社，2020 年。

（三）正文、附录所引著录、现藏简称对照

1.《甲骨文合集》——《合集》

2.《殷墟文字甲编》——《甲编》

3.《殷墟文字乙编》——《乙编》

4.《殷墟文字丙编》——《丙编》

5.《小屯南地甲骨》——《屯南》

6.《甲骨文合集补编》——《合补》

7.《殷墟花园庄东地甲骨》——《花东》

8.《殷墟小屯村中村南甲骨》——《村中南》

9.《甲骨续存》——《续存》

10.《殷契拾掇二编》——《掇二》

11.《中国社会科学院历史研究所藏拓本》——《历拓》

12.《甲骨文录》——《录》

13.《安阳新出土的牛胛骨及其刻辞》——《安新》

14.《战后宁沪新获甲骨集》——《宁》

15.《京都大学人文科学研究所藏甲骨文字》——《京人》

16.《怀特氏等收藏甲骨文集》——《怀》

17.《殷墟文字乙编补遗》——《乙补》

18.《甲骨缀合汇编》——《缀汇》

19.《醉古集：甲骨的缀合与研究》——《醉古集》

20. 北京图书馆所藏甲骨——《北图》

21.《战后京津新获甲骨集》——《京》

原载《故宫博物院院刊》2021年第10期,葛亮先生曾指出附录材料出处的一个笔误,此次修订后据以收入。

另,《奥��斋·殷器别鉴》收录的2片形态完整的龟腹甲无字,故不划入完整材料范畴。

青铜器、金文与殷周史

研究殷周金文需注意的
青铜器分类问题[*]

刘　源^{**}

　　金文是殷周古文字的一种类型,因其载体是青铜器而得名,正如甲骨文也是殷周古文字的一种类型,因其载体主要是牛胛骨、龟腹甲和龟背甲而得名。我们学习与研究金文,需要熟悉殷周青铜器的类型、纹饰等相关知识,唯有如此,方能较准确地判断金文的时代,与其撰述之目的。而且,学者给金文(青铜器)所命之名,其中就包含有青铜器的器类,如毛公鼎、利簋、录卣、令彝、师永盂、裘卫盉、散氏盘等,不识或误认铜器类型,就不能很好地了解和利用金文。容庚《商周彝器通考》、[①]林巳奈夫《殷周青铜器综览》、[②]朱凤瀚《中国青铜器综论》[③]等专著,已系统论述殷周青铜器的类型、纹饰、功用、断代等相关专题;张懋镕主编《中国古代青铜器整理与研究》丛书还通过一系列专著,详细论述各个器类的发展演变。[④] 这些著作卷帙浩大,论述细致深入,是大家研究殷周青铜器分类时的必备参考书。2020 岁杪,李零发表《商周铜礼器分类的再认识》是此专题的新作,[⑤]进一步探讨"爵"的形制、功用等问题,说明这方面的研究在持续进展。笔者拜读前人成果,参以己见,

---

　* 本文为"古文字与中华文明传承发展工程"规划项目"西周金文史料解读"(G1603)阶段性成果。
** 中国社会科学院古代史研究所、中国社会科学院甲骨学殷商史研究中心。

① 容庚:《商周彝器通考》,《燕京学报》专号之 17,1941 年。
② 林巳奈夫著,广濑薰雄、近藤晴香译,郭永秉润文:《殷周青铜器综览:殷周时代青铜器的研究(第一卷)》,上海古籍出版社,2017 年。
③ 朱凤瀚:《中国青铜器综论》,上海古籍出版社,2009 年。
④ 张懋镕主编:《中国古代青铜器整理与研究》多卷本,科学出版社,2015—2022 年。目前已出斝、卣、罍、壶、敦、瓿、卮、簠、觥、簋、豆、盘等卷,均与器类有关。
⑤ 李零:《商周铜礼器分类的再认识》,《中国国家博物馆馆刊》2020 年第 11 期。

一附骥尾，撰此小文，扼要讨论殷周青铜器分类的一些关键问题，希望能促进金文断代工作，及相关礼制研究的进展。

开头需要说明：殷周青铜器，按其在礼仪和人类活动中的使用方式，大致可分为酒器、食器、水器、乐器、兵器等几大类。此外，还有车马器等杂类，因与金文关系不大，小文暂不详述。无论是殷王朝，还是周王朝的青铜器，都包含上述几大类型，但殷周王朝在其政治、礼仪等文化制度中，对不同器类各有侧重，如殷代酒器特别发达；而且各大类中的具体器物也有差别，如周代酒器的代表器物是壶。下文之论述，也着眼于殷周文化之特性，及其继承与演进。

一、殷式酒器和周式酒器

青铜酒器与殷文明有着密切关系。李学勤《青铜器入门》曾精炼总结说，殷代是中国青铜器发展的第一个高峰。[①] 殷王朝高超的青铜铸造工艺，也突出反映在酒器种类的丰富多彩方面。殷代青铜酒器的主要种类有：瓢、爵、角、斝、尊、卣、彝、觯、觥、壶，学习、利用金文必须对此有所了解，近年古文字与考古学者提出给个别器类改名，成为研究热点，其讨论也集中于酒器。

瓢、爵在殷人墓葬中往往成套发现，成为考古学者判断殷墓等级的一个重要标准：套数越多，墓主身份越高。[②] 瓢是一种侈口细腰铜器，有喇叭形口和圈足。殷代也有方瓢，其口与足是方形而非圆形的。殷周青铜器中其他种类，也基本兼有方、圆两种造型，如圆鼎与方鼎、圆壶与方壶，并不限于瓢。李济曾专门研究过殷墟出土的方形器与圆形器，认为方器模仿木器制作，圆器模仿陶器制作；方器制作难度大，纹饰繁多，比圆器等级要高，这些观点在学界影响很大。[③] 但随着材料积累与丰富，我们认识到，礼器中的圆、

① 李学勤：《青铜器入门》，商务印书馆，2013年，第32页。
② 岳洪彬指出，殷墟青铜礼器组合除以瓢、爵为核心外，还搭配有其他器类。岳洪彬：《殷墟青铜礼器研究》，中国社会科学出版社，2006年，第288页。
③ 李济：《殷代装饰艺术的诸种背景》，张光直、李光谟编：《李济考古学论文选集》，文物出版社，1990年，第940页。冯峰认为，商末周初成组合的方形酒器地位很高。冯峰：《论西周青铜器中的尊、方彝（尊、方彝、觥）组合：兼谈其与尊、卣组合的关系》，中国社会科学院考古研究所夏商周考古研究室编：《三代考古（八）》，科学出版社，2019年，第298页。

方之别并非在于纹饰、等级方面，需要结合具体材料，再作研究。学界对觥之功用，近年有了新的认识：王占奎、严志斌等学者指出，觥常与所谓"柄形器"一起使用，很可能是文献中记载的裸礼所用礼器。① 爵与觥一样，也是殷式酒器的代表器物，其特点是：拥有卵形圆底器身和三个较长的尖足；器身一侧有"鋬"，即半环形把手；爵的口沿向两边伸出，一边是"流"，即倒酒的开口，其截面为半圆形，另一边收尖，称为"尾"，在口沿上还有两个"戴帽"立柱，位置在流和尾之间。爵亦有少量方形器身和四足的，但其口沿和立柱结构与圆爵差不多。需要注意的是，一些爵有兽首形盖，如殷墟西区M1713 出土之寝鱼爵（见图 1），②其盖与觥盖类似，亦有助于认识觥之形制。但保存至今的爵，大多无盖。③

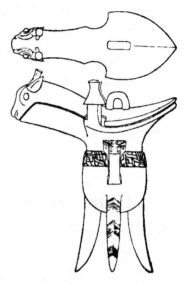

图 1　殷墟出土的寝鱼爵

　　与爵关系密切的酒器，是角和斝。角和爵的造型非常相似，唯一区别是：角的口沿两边都是尖尾，且没有立柱。角没有开口较大的流，其盖也不做成兽首形装饰，造型简单，带有一钮方便提起。斝的造型也与爵相近，但其口沿呈圆形，且体积比爵、角都大。斝和爵一样，口沿上也有两个立柱，斝没有大开口的流，故其盖基本为带钮的平盖，不作兽首形装饰。爵、斝口沿上的立柱，其功能不详，可能和固定其盖有关，李零即怀疑爵、斝双柱不仅起装饰作用，还与器盖配套使用。④ 斝与爵的区别，除其体形较大以外，还有一

① 王占奎：《读金随札——内史亳同》，《考古与文物》2010 年第 2 期；严志斌：《漆觥、圆陶片与柄形器》，《中国国家博物馆馆刊》2020 年第 1 期。
② 中国社会科学院考古研究所安阳工作队：《安阳殷墟西区一七一三号墓的发掘》，《考古》1986 年第 8 期，第 707 页。
③ 杜金鹏将有盖铜爵，称为异型爵。杜金鹏：《商周铜爵研究》，《考古学报》1994 年第 3 期，第 276 页。
④ 李零：《商周铜礼器分类的再认识》，《中国国家博物馆馆刊》2020 年第 11 期，第 26 页。

点比较重要，即有的斝是袋足，与鬲足相近，便于温酒。① 与爵一样，斝也有方形的，还较为常见，称为"方斝"，其口沿呈方形，并有四足。

尊也是殷式酒器的典型器类，器身呈筒形，有大侈口与圈足，像是加大加粗版的觚。尊和觚一样，无盖，无鋬，无流，需要用斗或勺挹取其中酒液，而不能像爵那样倒酒。尊也有器身、口、足都呈方形的，如大家都很熟悉的四羊方尊、亚醜方尊等，学者多沿用李济说，主张方形尊属于身份较高的贵族。卣是经常与尊一起使用的酒器，李学勤《中国青铜器概说》指出，尊卣或尊彝组合是尊贵的酒器。② 卣的最大特点，是器身上靠近口沿处有一个半环形提梁。卣一般是圆形器身，敛口有盖，带有圈足的；此外也有方形敛口的卣，其足则呈方形。卣还有少数是直筒形、壶形的，但其特征都是带有提梁。③ 瓿的器形与尊近似，其特点是器身直径更大，口沿则较收敛，显得"大腹便便"。瓿因口小，可以加盖，这也是与尊不同之处。彝，也称方彝，多呈方形，有斜屋顶形的盖，整体造型就像宫室，很有特色。个别彝也有提梁，如近出的义方彝，与义尊同出，就带提梁，严格上说也应称为义卣。④ 李零即指出，方彝加提梁，类似"提梁卣"。⑤ 殷代也有整体为鸟兽形的带盖酒器，学者一般也称为尊，如鸮尊、象尊、牺尊等，但其装饰性较强，与一般筒形尊是不同的。

觥是一种较奇特的酒器，兼具爵的大开口流、兽首形盖和器身一侧的鋬，与尊的器身，像是介于爵类器与尊类器之间的类型，体积适中，同时也兼具二者的功能，即像尊一样储酒量大，同时像爵一样有流有鋬，方

① 朱凤瀚：《中国青铜器综论》，第 171 页。

② 李学勤：《中国青铜器概说》，外文出版社，1995 年，第 32 页。冯峰还全面考察西周时代尊、方彝、觥的组合情况，可以参看冯峰：《论西周青铜器中的尊、方彝（尊、方彝、觥）组合：兼谈其与尊、卣组合的关系》，中国社会科学院考古研究所夏商周考古研究室编：《三代考古（八）》。

③ 李爱民指出，有的提梁壶自名为壶，值得注意。李爱民：《从近年新出金文看青铜觚、卣的定名》，陈伟武主编：《古文字论坛：陈炜湛教授八十庆寿专号》第 3 辑，中西书局，2018 年，第 283—287 页。

④ 刘源：《新见义器、韦卣及冘器铭文反映的周承殷制现象》，《青铜器与金文》第 6 辑，上海古籍出版社，2021 年，第 50 页。

⑤ 李零：《商周铜礼器分类的再认识》，《中国国家博物馆馆刊》2020 年第 11 期，第 32 页。

便倒酒。① 尊有方尊，觥亦有器身为方形的，方觥的足亦转变为方形，不作圈足之形。少数觥，有四尖足，类似方爵。也有个别觥，整体造型为兽形，如妇好墓出土的牺觥，其四足就作兽足之形。总之，觥的主要特点是：有开口流、半环形鋬、兽首形盖，器身主要呈圆形，少数为方形。

壶是殷周王朝一直使用的酒器。壶的特点是：口小有盖，颈部较细长，腹部较大，有圈足。与其他酒器相比，壶的造型易于储酒，酒液不易挥发。殷式壶一般无耳，西周、春秋青铜壶多装饰衔环兽首耳，或兽形耳，但其耳基本也是装饰作用。壶出现较早，在殷代并非主流酒器，西周中期以后基本废除殷式酒器，只保留了壶，从这个角度看，壶是西周晚期酒器的代表器种。壶易储藏酒液，而非用于经常饮酒之器，与西周禁酒制度可相适应。

殷王朝酒器种类丰富，成为殷文明的主要特征之一。西周王朝建立后，在其早期沿用殷代政治、礼仪制度，同时怀柔、任用臣服周王朝的殷遗贵族，全盘接受与继承殷文化，全套殷式酒器因此得以保留使用，无论是殷遗贵族，还是姬姓为核心的周人贵族，都继续铸造使用酒器。这就是所谓"周承殷制"。西周中期以后，特别是穆王以后，在礼制变革的大环境下，殷式酒器基本式微，包括上述的觚、爵、角、斝、尊、卣、觯、彝、觥等器，均废止不用，唯一保留的酒器就是可以长期储酒的壶，可见西周中晚期形成的礼乐文明，与殷文明有很大不同，即大大减少了燕飨祭祀等礼仪场合中，酒器的使用。西周早期继承殷制，与穆王之后的礼制变革，均说明殷式酒器流行与使用的年代下限，在西周穆王之世。我们明白了这一点，就掌握了一个判断金文时代的工具，即殷式酒器上的铭文，一般不会晚到西周穆王以后。

需要说明的是，殷代青铜器，其自名通称为"彝""尊彝"，是普遍现象，酒器亦莫能外，②其铭文中也基本不见专名，故上述觚、爵等器名，都是宋代以来，学者所命名，学界约定俗成而已。这些命名中，有些得到殷周古文字的印证，如爵字正象三足两柱有流之形，卣字正象圆腹有提梁之形。近年，有

---

① 张翀认为，觥是殷人为祭祀创造出来的礼器，故取象于动物，且没有祖型，是横空出世的。张翀、刘莹莹：《中国古代青铜器整理与研究·青铜觥卷》，科学出版社，2022 年，第 60—63 页。

② 刘源：《论殷金文的特征体系》，《故宫博物院院刊》2020 年第 11 期，第 52 页。

学者据西周晚期伯公父勺器铭"作金爵"一例材料，主张爵应是伯公父勺这类有柄圆口圈足之器，而三足两柱有流器要改称为觯，此说以少数晚期材料立论，忽视了殷代及西周早期酒器通称为彝的现象，尚待讨论。[1] 另外，也有学者据近出内史亳觚自名为"同"的一则材料，主张觚应称为同，也是未注意到殷式酒器通称为彝的事实，内史亳觚铭中的"同"，实为彝之义符，其他殷式酒器铭文中的"彝"字，就有从"同"之例（参图 2），[2]故觚之旧称，仍可沿用。殷周酒器中，唯一在自名中有专称的是壶。上面已谈到，西周中期废弃殷式酒器后，只保留了壶，改制后铜器自名不再用通称"彝"，而改为各器专称，这才是壶有其专称的根本原因。

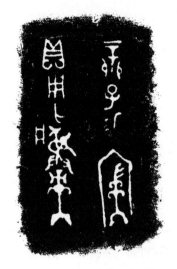

图 2　殷代铜卣铭文的"同彝"

二、食器自名由通称转向专称

殷周青铜食器主要有鼎、鬲、甗、簋、盨、簠，其中盨、簠在西周中期以后才出现。鼎是殷周青铜器中，广为人知的种类。鼎起源甚早，殷代已有圆鼎、方鼎。[3] 圆鼎三足两耳，方鼎则有四足，武丁时代所作的著名的司母戊鼎即为一大方鼎，是目前所知体积最大的殷周青铜器。殷墟西北冈 M1004 号大墓出土之牛鼎、鹿鼎，也均为大方鼎，当是烹煮牛、鹿所用器物。殷代圆鼎

---

[1] 严志斌对此已有辨析，认为三足爵称爵并无问题。严志斌：《瓒爵辨》，中国社会科学院考古研究所夏商周考古研究室编：《三代考古（七）》，科学出版社，2017 年。杜金鹏则认为，伯公父斗（按：即伯公父勺）铭中的"爵"的已不指铜爵。杜金鹏：《商周铜爵研究》，《考古学报》1994 年第 3 期，第 286 页。

[2] 见《殷周金文集成》第 5353 号，编者曾释为"凡彝"。中国社会科学院考古研究所编：《殷周金文集成（修订增补本）》，中华书局，2017 年，第 3339 页。

[3] 岳洪彬：《殷墟青铜礼器研究》，第 27 页。

之典型，可举殷墟后冈出土戍嗣子鼎。殷末与周初，方鼎形体则普遍较小，如近出坂方鼎、子方鼎（荣仲方鼎）都不大，①西周中期以后方鼎已很少，故在金文断代工作中，方鼎也是一个参考标准。西周时代形体较大是圆鼎，如大盂鼎、毛公鼎均是圆鼎。我们今天常说的三足鼎立，就是取自圆鼎形制。殷代之鼎自名也是通称为"彝"，极少有专称，仅后冈所出的戍嗣子鼎铭有之，自名却不是鼎，其字从匕从束从鼎从火，正象鼎下生火烹煮之形。西周中期改制以后，鼎之自名逐渐普遍，西周晚期还出现列鼎现象，如宝鸡眉县杨家村窖藏出土之逨鼎大小共 12 件。② 鬲也是烹煮器，但形制普遍较小，其足为中空的袋形，这是鬲与鼎区别的主要特征。袋足容易导热，有利于快速煮熟食物。鼎、鬲功能接近，其自名出现专称后，也有相互混淆的情况，即有的鬲自名为鼎，个别鼎自名为鬲，③前一种情况较多，而后者材料很少。一些鼎鬲有盖，基本是带钮的平盖。甗是蒸食物的器物，其下是鬲，其上是甑。甑是直腹敞口器物，下部有孔，可使水蒸气上升，做熟食物。甗在殷代就已出现，其自名也是通称的"彝"；直到西周早期，甗仍大多称"彝""尊彝"，只有极少数有专名"献"（即甗）；西周中期改制后，"献"之自名，逐渐普遍使用。

　　簋与鼎不同，是盛食器，也是殷周青铜器中常见器类。典型的殷式簋为圆形圈足，口沿稍微外侈，器壁较直，腹微鼓，有两耳，多不见器盖。此种形制对西周早期青铜簋影响很大。另一种殷式簋，腹较深，无耳，在西周已基本不见。西周早期有一种方座簋，如著名的利簋、天亡簋，其外观庄重，器身整体抬升，属于精心铸造的礼器。从殷周文化连续的角度看，方座簋也是继承了殷代形制，并非西周所创造。④ 天亡簋有四耳，其造型更为繁复。至西周中期，簋形制

---

① 李学勤：《试论新发现的坂方鼎和荣仲方鼎》，《文物》2005 年第 9 期。

② 陕西省考古研究所、宝鸡市考古工作队、眉县文化馆联合考古队：《陕西眉县杨家村西周青铜器窖藏》，《考古与文物》2003 年第 3 期。

③ 陈剑考察过鼎、鬲自名混用现象。陈剑：《青铜器自名代称、连称研究》，《中国文字研究》第 1 辑，广西教育出版社，1999 年，第 343 页。

④ 张懋镕认为方座簋起源于宝鸡，任雪莉进一步指出方座簋是混合文化因素的产物。张懋镕：《西周方座簋研究》，《考古》1999 年第 12 期；《三论西周方座簋》，《苏州文博论丛》第 1 辑，文物出版社，2010 年。任雪莉：《宝鸡戴家湾商周铜器群的整理与研究》，线装书局，2012 年，第 160 页。

有明显变化，即口沿内敛，腹部外鼓，大多有盖，没有方座，圈足下或有三短足。西周晚期簋，最知名的是厉王自作的㝬（胡）簋，器体很大，号称簋王，下有方座，两耳造型夸张，有复古倾向。殷代与西周早期，簋自名基本也是"彝""尊彝"，西周中期始基本自名为簋，其字从皀从殳。列簋制度，与列鼎一样，在西周早期继承殷制的大环境下，尚未形成，主要出现于西周晚期和春秋时期。①

盨是西周中期偏晚，从簋发展变化而来的器种，②流行于西周晚期，其特点是器身为椭方形，一般有盖。盨之自名，即其本字，从须从皿，或从金，或从米，其中须为音符，皿、金、米均为义符。因其来源于簋，有的盨也自名为簋。③簠为方形器，侧视为倒梯形，口沿为长方矩形，其盖与器身的形状相近，侧视为正梯形。簠流行于西周晚期与春秋时代，也是簋的一种变体，然有学者指出周初即已有簠。④簠之自名为匚（读音为方），其所从音符多为古，亦有故、㝬（胡），其所从义符有金，字形变化较多。盨、簠和簋一样，是盛食器，然其出现较晚，未经历铜器普遍自名为彝的时代，故自名皆为专称。

三、水器自名由通称转向专称

殷周水器主要有盉、盘、匜、盂。盉是殷代、西周时期常见水器，其特点是器身上有一长管状流，及一半环形鋬，可以倒水供盥洗之用。盉之主要形制有二：一是球形器身，或称罐状，下有三足，颈较长，有盖；另一类是鬲形器身，有三至四个足，足的根部均为袋状，也都有盖。还有少数盉器身为扁壶形，侧视为圆形，有鸟形盖。此外，殷代还有一种封顶盉，管状流置于拱起的顶盖上，其器身为鬲形，有三至四足，典型器如殷墟 M1001 大墓

---

① 任雪莉认为，西周中期宝鸡茹家庄 M1 的 5 鼎 4 簋，是鼎簋制度趋于成熟的标志。两周之际是列簋大发展时期。任雪莉：《中国古代青铜器整理与研究·青铜簋卷》，科学出版社，2016 年，第 185 页。

② 张懋镕认为，最早出现的盨，是共王时的应侯再盨。张懋镕：《两周青铜盨研究》，《古文字与青铜器论集（第二辑）》，科学出版社，2006 年，第 135 页。

③ 陈剑：《青铜器自名代称、连称研究》，《中国文字研究》第 1 辑，第 347 页。

④ 张懋镕、沙忠平认为宝鸡石鼓山 M4 出土的两件青铜簠，说明西周早期簠兴起于宝鸡。他也同时指出，此后簠一直长期不见，直至西周中晚期之际才出现。是故，此问题仍需进一步探讨。张懋镕、沙忠平：《青铜簠兴起于宝鸡说》，《文博》2015 年第 1 期。

出土的左、中、右盉。① 殷代与西周早期，盉的自名也基本为"彝""尊彝"，至西周中期则多用其专称"盉"，其字从声符禾，与义符皿。西周晚期，倒水器发生较大变化，管状流改为大开口流，器身也拉长，这样盉就转变为匜，并沿用至春秋时代。匜基本是四足，也有盖，但保存至今的匜多失盖。匜出现较晚，其自名就不用通称"彝"，而用其专称，都是用"它"字假借为匜的。

盘是与盉配套使用的水器，即承接水流的器物，其纹饰也多为龙、蛇、龟、鱼等水生动物。殷周之盘，其器基本较矮，腹浅，俯视为圆形，圈足无盖，有两耳。盘之自名，从殷代以来，即为"般"，此字从舟从攴，有搬动之义，亦常增加义符"皿"而作"盤"。考古发掘过程中，盘与盉、盘与匜经常一起出土，即盉、匜置于盘中。

盂是一种深腹形器，口沿微侈，壁较直，有圈足、两耳，个别器为三小足。盂一般被认为水器，然也有自称"饭盂"者。② 盂之自名，自殷代以降，皆为"盂"，其字从于声从皿，而不称"彝"。这是异于酒器、食器和盉的。近年，山西翼城大河口村霸伯墓地出土霸伯盂，铭文长达116字，详细记述了西周贵族社会的宾礼，是十分珍贵的历史文物。

四、乐器与兵器的铭辞特点

殷代青铜乐器，铙是典型器种。铙与钟形近，但其放置方式是甬部在下，开口向上，故其纵截面呈倒梯形。铙基本未见自名，铭文也很简短，只有族徽。西周青铜乐器的代表是钟，钟在西周中期即已流行，至西周晚期出现八件一套的编钟，如晋侯墓地所出的晋侯苏钟，贵族社会"钟鸣鼎食"之气象由是形成，③至春秋战国时代，编钟已成为贵族生活中不可或缺的重要部分。

---

① 杜金鹏对封顶盉有系统研究，认为封顶铜盉是据封顶陶盉制造。杜金鹏：《封顶盉研究》，《考古学报》1992年第1期。

② 可参考张闻捷对馈器的考察。张闻捷：《东周飤器组铜器研究：兼论周代铜器称名制度的变化》，《考古与文物》2017年第3期，第78页。

③ 张闻捷指出，西周早期借鉴商代编铙制度形成三件成组编铙悬列方式，穆王前后演变出四件成套的编钟制度，西周中期先后出现过五件、六件成编的乐钟制度，西周晚期八件成编的悬列制度逐渐形成，并延续至春秋初年。张闻捷：《周代葬钟制度与乐悬制度》，《考古学报》2017年第1期。

钟铭一般铸造或契刻在钟体的钲部上，会避开纹饰之篆、突起钟枚，此外也常见于钟口两侧的鼓部，少数见于甬部。学习和研究金文，须熟悉钟的各部位的名称，至少要知道甬、钲、鼓。钟的自名皆为"鐘"，即从金童声，其中的童部大多又是加注东这个声符。镈主要使用于春秋战国时代，其形制与钟相比，口齐平，横截面为椭圆形，不像钟口沿中部有向上收的弧度。镈之自名皆为"鎛"，即从金尃声。钟镈是周代礼乐文明的重要代表，其铭文往往铭记功勋，称颂祖先，祈求福禄，可寻求当时很多强宗大族的史迹。

戈是先秦时代兵器的典型种类，其使用上溯殷代，下迄战国，历史悠久，保存至今的文物数量甚多，约 1 500 件左右。戈前部为锋刃，后部为内，下刃后部向下延长的部分为胡，戈中部孔洞为穿，方便系绳将戈固定于秘部。殷代、西周的戈铭主要铸于内部，基本为族徽、人名之类的短铭。春秋时代戈铭铸于胡上者居多，内容也基本是记录作器者人名和身份。战国戈铭刻于内部者居多，内容则以"物勒工名"为主，记录监造者、工师、冶（工匠）三级人物之名。[①]

五、殷周青铜器的社会功用

以上概述殷周主要青铜器的种类、特点及其自名，希望能为金文学习与研究者提供一些便利。需要说明的是，学界长期以来将青铜器分为酒器、食器、水器、乐器、兵器等大类，只是出于学术整理与研究之目的，结合学者既有之认识，据其器物使用方式，提出的一种分类体系，严格说只是考古学或青铜器学的学科概念。我们如要说明殷周青铜器的社会功用，则要结合其铭文，与其自名，以古人之视角，来作客观之分析，现略述一二如下。

殷代之铜器，不分酒器、食器、水器，均自述为祖先制作"彝""尊彝"，且铭记祖先日名、家族氏名（族徽），故其社会功用，皆为祭祀祖、妣、父、母、兄等祖先。殷器之制作与铸铭，着眼礼器之整体，而非一器一物之个体，故通称为彝，基本不用其专称。西周早期，周王朝沿用殷制，作器铸铭，也是不论

---

① 主要见于三晋兵器题铭。李学勤：《战国题铭概述（中）》，《文物》1959 年第 8 期。

酒器、食器、水器，均称为祖先制作彝、尊彝，且与殷代相比，更频繁使用"宝尊彝"，故此一时期，铜器之社会功用也基本是祭祀祖先。当然，西周早期也有少数铜器，使用其专称之例，说明所谓周承殷制的现象，也非铁板一块，时移世易，礼制也出现微小变化，只是未撼动主流文化。

西周中期以降，特别是穆王以后，周王朝在礼制文化上有重大变革，摒弃殷制，树立所谓"礼乐文明"之周礼，其在政治制度上之巨变，即废殷以来之赐贝制度，而推行册命制度。关于殷代赐贝制度，及其在西周早期的沿用，笔者已另外撰文详论。西周改制，反映在祭祀等礼制上，最明显的变化，如上文所述，是不再使用殷式酒器，如觚、爵、角、斝、尊、觯、卣、彝、觥，仅保留能长期储酒的壶；与此相应，作器铸铭也不再使用祭器之通称"彝""尊彝""宝尊彝"，而改用其鼎、簋、盂、盘、壶等专称作为铜器自名，反映对器物个体的重视，器铭上"万年子孙永宝用""用祈溃眉"等嘏辞，也流露对家族绵延的现实关怀，这一点在西周晚期金文嘏辞中表现得尤为明显，即希望祖先能降以福禄、纯佑、永命（长命），期冀平安长寿，得到天子长期重用。一言以蔽之，西周中晚期器铭所记其社会功用，也基本是为祖先、宗庙制作祭器，少数提到用于燕飨僴友、同僚、宾客及出入王命的使人，说明在祖先崇拜氛围浓厚的西周时代，礼器现实燕飨的政治功能也是存在的。

西周晚期至春秋时代，周王朝内外服贵族，为加强其政治势力，扩大其生存空间，积极加强政治联姻，反映在礼器及器铭上，即媵器数量有较大幅度增加，在春秋之世成为时代潮流。陈昭容曾发表多篇论文，讨论两周媵器反映的婚姻关系；[1]另有刘丽最近出版《两周时期诸侯国婚姻关系研究》，[2]上述论著均深入研究春秋媵器及相关政治联姻问题，可以参看。概言之，春秋时代是殷周贵族宗法社会之尾声，贵族作器铸铭之目的，已不局限于传统的祀祖、敬宗、合族观念，也考虑到其现实的政治、生存需求，除祭祀以外，也用于燕飨、联姻。此外，在钟鸣鼎食的春秋时代，铜器已渐从礼器向用器转化，

---

[1] 陈昭容：《两周婚姻关系中的"媵"与"媵器"：青铜器铭文中的性别、身份与角色研究之二》，《"中研院"历史语言研究所集刊》第 77 本第 2 分，2006 年。

[2] 刘丽：《两周时期诸侯国婚姻关系研究》，上海古籍出版社，2019 年。

如铭文提到"用征用行"，就是用作行器，①而兵器则更明显是一种实用器了。

战国时代七雄并立，任用官僚，实行编户齐民的统治方式，青铜器从宗庙重器转为日常用器的趋势，日益显著，以鼎为例，器铭往往是标记其使用之处所（宫、府、库、厨），及其容积。兵器则刻其监造者、工师、冶（工匠）三级人名，属于物勒工名的性质。至此，西周礼乐文明也终于转向竞于气力的耕战时代。

原载《中国社会科学报》2021 年 7 月 30 日"绝学回响"版，此次修订对小标题和个别字词进行调整，并增加了注释。

---

① 杨华、陈英杰、严志斌曾指出部分行器是用于丧葬。严志斌：《遣器与遣策源起》，《故宫博物院院刊》2021 年第 10 期。

叶家山墓地与西周初期墓葬
铜礼器器用区位研究[*]

杨　博[**]

一、问题缘起

青铜器是商周贵族社会政治、伦理、宗教等一切礼仪制度的器用标志，同时也是贵族阶层身份地位和权力的象征。青铜器的使用遍见于贵族社会生活的方方面面，诸如政典官仪、册封赐命、庆赏宴飨、聘使盟会、婚丧嫁娶、车马出行等各种礼仪场合，无有例外。可以说，青铜器是商周时期贵族生活须臾难离的物质依托。不同等级身份的贵族在不同的礼仪场合所使用的青铜礼器，在种类、数量上是有差别的，有一整套青铜礼器的组合使用制度，是贵族身份地位等级的重要表征。"事死如事生"，青铜器不仅装扮贵族的现实世俗生活，也要为其死后所用，打造一个地下的礼仪世界。所以，青铜器就是商周贵族墓葬中最普遍和主要的随葬器物，成为考古学上判定墓葬等级和墓主身份地位的重要标准。[①]

器物在特定情境下具有特殊的意义，墓葬由于特殊的埋藏形式成为考古学遗存中很少保留下来的完整的未被破坏的特定场景。这些场景曾经解决过很多以单件器物研究而容易出现的问题，比如钺曾被看作是石斧或石铲，但以它在墓葬中相对人体的摆放方式可以知其为武器，可以成为某种社

---

[*]　本文为"古文字与中华文明传承发展工程"（G3441）阶段性成果，得到国家社科基金冷门绝学研究专项学术团队项目"近出两周封国青铜器与铭文的综合研究"（20VJXT019）的资助。
[**]　中国社会科学院古代史研究所、中国社会科学院甲骨学商史研究中心。
[①]　朱凤瀚：《〈中原地区两周随葬青铜礼乐器制度研究〉序》，杨文胜：《中原地区两周随葬青铜礼乐器制度研究》，大象出版社，2016年，第1页。

会权力的象征而非简单工具。^① 良渚墓葬常见的“冠状器”则是相反的例子，在墓葬中出于墓主头上部，这一位置表明它是梳状束发器的器柄，^②但从器物功能看本身似并无原先认为的权力象征意味。各种随葬器物组合及其意义可借由这些器物在墓葬中与墓主、葬具等的空间位置关系中一窥端倪，这种“情景”亦是其他非墓葬类遗迹中难得一见的。^③ 如学者将妇好墓中出土铜器分成七组，认为器物位置与落葬时祭祀者的身份次第有关，各组铜器在墓葬中的位置，与功能有一定关系，但更像是按其来源摆放，似反映出生者与献器者、死者与受器者之间的亲疏关系。^④ 由是，随葬品在墓葬中的方位及其位置关系，对于判断随葬品的性质与用途，了解其背后的社会意义和思想内涵，探求古人墓葬中的器用观念和方位观念都具有重要意义。

学界对墓葬中随葬品的摆放问题早有涉及，但专门的研究始于近年。^⑤ 目前关于随葬品置用区位问题的研究才刚刚起步，其成果仍然较少，仅涉及个别地区的少数墓葬，研究深度也远未到细致、深入的程度，在学界也尚未引起广泛的关注。墓葬随葬铜礼器器用区位的研究，笔者以为需要考虑以下几个方面的内容，其中既要分析青铜器在墓葬中的置放位置，又要考虑不同的因素如时代、等级、性别、族属、地域等所造成的差异，还要考虑青铜器之间的组合关系，因为即使是相同的器物，其组合的不同就可能代表了不同的因素。^⑥ 笔者拟以随州叶家山曾侯墓葬为代表，选取西周初期铜器墓葬展开讨论，冀以求教于方家。

① 傅宪国：《试论中国新石器时代的石钺》，《考古》1985 年第 9 期。

② 方向明：《良渚文化用玉种类的考古学认识》，《东方博物》2005 年第 2 期。

③ 张弛：《社会权力的起源——中国史前葬仪中的社会与观念》，《文物》2015 年第 7 期，第 6—7 页。

④ 汤毓赟、唐际根：《“组合”与“构成”：妇好墓出土青铜器背后的人物与社会关系》，中国社会科学院考古研究所、首都博物馆、河南博物院编：《王后·母亲·女将：纪念殷墟妇好墓考古发掘四十周年》，科学出版社，2016 年，第 41—50 页。

⑤ 霍蕾：《商墓随葬品的摆放位置研究》，郑州大学硕士学位论文，2012 年；祁冰：《陕西地区西周墓葬随葬品摆放位置研究——以丰镐、周原、梁带村周代墓地为例》，山西大学硕士学位论文，2013 年；毕经纬、杨欢：《随葬品摆放规则初步研究——以海岱地区东周墓葬为例》，《华夏考古》2016 年第 2 期。

⑥ 杨博：《青铜礼器的器用内涵与学术价值》，《中国社会科学报》2018 年 6 月 4 日第 5 版。

二、随州叶家山西周初期墓葬铜礼器的器用区位

随州叶家山曾国早期墓地的发掘,为研究西周早期的分封制度、墓葬制度提供了丰富的、其他封国墓地无可比拟的材料。叶家山诸座曾侯墓葬的年代,学者基本认同在西周早期,[①]最早为武王、成王时期,最晚不晚于昭王,而以成王、康王时期为主。[②] 三座曾侯墓葬 M65、M28、M111 由北向南纵向排列,占据叶家山岗地的至高位置,构成墓地的核心。如图 1 所示,M65 与 M2、M28 与 M27、M111 可能组成三组夫妇异穴合葬墓。

三座曾侯墓葬,M28、M111 的年代,可能相对北边的 M65 要晚些,晚到康王时期,下限可能到康昭之际。M111 的墓葬年代甚至已进入昭王时期。[③] 朱凤瀚先生曾经按王世分西周青铜器年代为五期,第一期武王至康王前期,第二期康王后期至昭王,第三期穆王至共王,第四期懿王至夷王,第五期厉王至幽王。其中第一、二期武王至昭王传统上认为是西周早期,按此标准叶家山曾侯墓葬的年代应分属第一、二期。

从叶家山墓地所出青铜器的形制特征看,亦应大致在成王至昭王早期时。如 M65、M28 均没有出现明显有垂腹特征之器物,而西周青铜器在昭王时,已多有垂腹明显之器物。[④] M28 出土有 M28:178 曾侯谏作媿壶,[⑤]此形壶在关中王畿地区出现较晚,约在康昭之际,如 1972 年扶风刘家村丰姬墓出土有带提梁之此形壶。[⑥] 然而房山琉璃河 M253 燕国墓及昌平白浮 M3 亦出土有此形壶,这两座墓均可早到成康之际,[⑦]所以橄榄形壶大致可以认为

① 李学勤等:《湖北随州叶家山西周墓地笔谈》,《文物》2011 年第 11 期;张昌平:《叶家山墓地研究》,湖北省博物馆、湖北省文物考古研究所、随州市博物馆:《随州叶家山:西周早期曾国墓地》,文物出版社,2013 年,第 270—284 页。
② 李伯谦:《西周早期考古的重大发现》,《随州叶家山:西周早期曾国墓地》,第 285 页。
③ 李伯谦等:《随州叶家山西周墓地第二次发掘笔谈》,《江汉考古》2013 年第 4 期。
④ 朱凤瀚:《中国青铜器综论》,上海古籍出版社,2009 年,第 1268、1328 页。
⑤ 湖北省文物考古研究所、随州市博物馆:《湖北随州叶家山 M28 发掘报告》,《江汉考古》2013 年第 4 期。
⑥ 朱凤瀚:《中国青铜器综论》,第 1269 页。
⑦ 北京市文物研究所:《琉璃河西周燕国墓地(1973—1977)》,文物出版社,1995 年,(转下页)

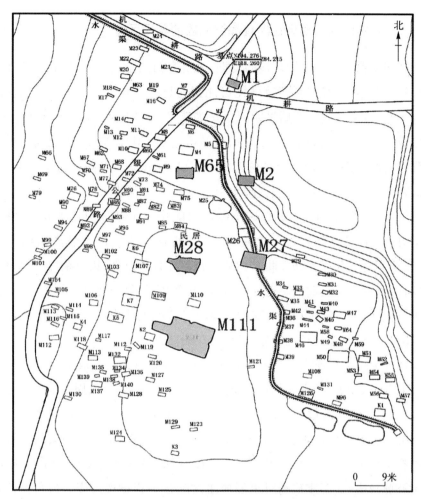

图 1　叶家山墓地曾侯及夫人墓的排列顺序[①]

出现于成康之际,故 M65 曾侯谏墓下限亦应当在成康之际。本文所言的西周初期对应于上举朱先生所列分期的第一期,所以这里选取叶家山 M65、M2 为样本展开讨论。

（接上页）第 36、197 页;北京市文物管理处:《北京地区的又一重要考古收获——昌平白浮西周木椁墓的新启示》,《考古》1976 年第 4 期。

① 湖北省文物考古研究所、随州市博物馆:《湖北随州叶家山 M28 发掘报告》,《江汉考古》2013 年第 4 期,第 6 页。

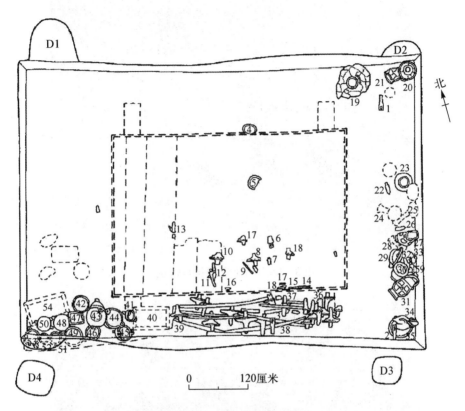

图2　M65 随葬器物示意图①

　　1. 铜车曹　2. 铜车曹　3. 铜车曹　4. 铜锡　5. 铜锡　6. 铜戈　7. 铜锛　8. 铜戟　9. 龙形铜钺　10. 铜戟　11. 铜戈　12. 铜戈　13. 铜戈　14. 铜戟　15. 铜戈　16. 铜戈　17. 铜戈　18. 铜戈　19. 原始瓷瓮　20. 原始瓷带盖壶　21. 陶鬲　22. 玉戈　23. 原始瓷三系罐　24. 漆木豆　25. 漆木豆　26. 玉圭　27. 漆壶铜套扣　28. 漆木豆　29. 作障彝卣　30. 作障彝尊　31. 曾侯作田壶　32. 铜弦纹爵　33. 铜弦纹爵　34. 侯用彝盉　35. 铜盘　36. 铜銮铃　37. 铜戈（20件）　38. 漆木弓　39. 骨长方形饰　40. 漆方盘　41. 作宝鼎圆鼎　42. 铜涡龙纹鼎　43. 铜连体甂　44. 曾侯谏圆鼎　45. 铜涡龙纹鼎　46. 铜兽纹鼎　47. 曾侯谏方鼎　48. 铜兽纹簋　49. 曾侯谏簋（附匕）　50. 作障彝簋　51. 束父己鼎　52. 铜象首纹甗　53. 亚离父癸簋　54. 漆方盘　159. 铜觯　160. 瓷豆　D1～D4. 柱洞

① 湖北省文物考古研究所、随州市博物馆：《湖北随州叶家山 M65 发掘简报》，《江汉考古》2011 年第 3 期，第 6 页。

图 3　M65 出土食器组合情况①

图 4　M65 出土青铜礼器组合情况②

---

① 湖北省博物馆、湖北省文物考古研究所、随州市博物馆：《随州叶家山：西周早期曾国墓地》，第 19 页。

② 湖北省文物考古研究所、随州市博物馆：《湖北随州叶家山 M65 发掘简报》，《江汉考古》2011 年第 3 期，第 8 页。

由图 2、图 3、图 4，叶家山 M65 随葬铜礼器位置可列为表 1。

表 1　叶家山 M65 随葬青铜礼器组合

铜器类别		出土位置	数量	名称(编号)	相 邻 器 物	族氏铭文
食器	方鼎	西南角二层台上	1	47 曾侯谏方鼎	42 涡龙纹圆鼎、43 甒、49 曾侯谏簋、48 兽纹簋	无
	圆鼎	西南角二层台上	1	44 曾侯谏圆鼎	41 作宝鼎圆鼎、45 涡龙纹圆鼎、43 甒	无
	圆鼎	西南角二层台上	1	41 作宝鼎圆鼎	44 曾侯谏圆鼎、45 涡龙纹圆鼎	无
	圆鼎	西南角二层台上	2	42、45 涡龙纹圆鼎	(42) 47 方鼎、43 甒；(45) 44 曾侯谏圆鼎	无
	圆鼎	西南角二层台上	1	46 兽纹圆鼎	43 甒、49 曾侯谏簋	无
	分裆鼎	西南角二层台靠外边缘	1	51 束父己鼎	49 曾侯谏簋、48 兽纹簋、52 象首纹鬲	有
	簋	西南角二层台上	1	49 曾侯谏簋	46 兽纹圆鼎、47 方鼎、48 兽纹簋、51 束父己鼎	无
	簋	西南角二层台上	1	50 作尊彝簋	51 束父己鼎、48 兽纹簋、53 亚离父癸簋、52 象首纹鬲	无
	簋	西南角二层台上	1	48 兽纹簋	47 方鼎、51 束父己鼎、49 曾侯谏簋、50 作尊彝簋	无
	簋	西南角二层台靠外边缘	1	53 亚离父癸簋	50 作尊彝簋、52 象首纹鬲	有
	甒	西南角二层台上	1	43 连体甒	47 方鼎、45 涡龙纹圆鼎、44 曾侯谏圆鼎、46 兽纹圆鼎	无
	鬲	西南角二层台靠外边缘	1	52 象首纹鬲	51 束父己鼎、50 作尊彝簋、53 亚离父癸簋	无

（续表）

铜器类别		出土位置	数量	名称（编号）	相 邻 器 物	族氏铭文
酒器	爵	墓主人头端的东部二层台上	2	32、33 弦纹爵	（32、33）159 觯、30 尊、29 卣、27 漆壶铜扣	无
	觯	墓主人头端的东部二层台上	1	159 云雷纹觯	32、33 爵、30 尊、27 漆壶铜扣	无
	尊	墓主人头端的东部二层台上	1	30 作尊彝尊	29 卣、32 爵、27 漆壶铜扣	无
	卣	墓主人头端的东部二层台上	1	29 作尊彝卣	30 尊、32 爵	无
	壶	墓主人头端的东部二层台上	1	31 曾侯作田壶	32 爵、30 尊	无
	漆壶铜扣	墓主人头端的东部二层台上	1	27 漆壶铜扣	32、33 爵、29 卣	无
水器	盉	东南角二层台上	1	34 侯用彝盉	35 盘	无
	盘	东南角二层台上	1	35 凸弦纹盘	34 盉	无

　　M2 随葬铜礼器位置与 M65 相同，均放置在二层台上，发掘前曾遭盗掘，盗洞顺东壁而下，直至二层台上，盗洞处的器物已被盗走，发掘时随葬铜礼器放置在东端二层台上。由图5、图6，列为表2。

图5　M2 出土铜礼器组合情况①

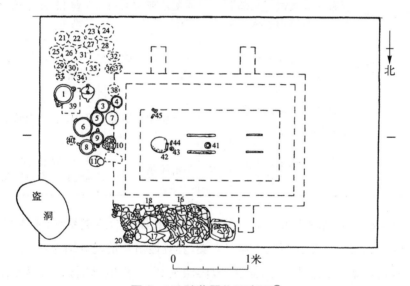

图6　M2 随葬器物示意图②

1.曾侯谏作媿连体甗　2. 子分裆鼎　3、5.曾侯谏分裆鼎　4.父乙亚宣共分裆鼎
6.曾侯谏圆鼎　7.雷纹鬲　8、9.曾侯谏作媿簋　10.陶鬲　11.瓷罍　12.瓷尊　13.瓷
双系罐　14.陶壶　15、16、18、19.陶罍　17.陶簋　20.瓷四系罐　21～40.漆器痕迹
41.玉环　42.龙形玉璜　43.玉璧　44.玉璜　45.铜辖

① 湖北省文物考古研究所、随州市博物馆:《湖北随州叶家山西周墓地发掘简报》,《文物》
2011 年第 11 期,第 9 页。

② 湖北省文物考古研究所、随州市博物馆:《湖北随州叶家山西周墓地发掘简报》,《文物》
2011 年第 11 期,第 7 页。

表2　叶家山 M2 随葬青铜礼器组合

铜器类别		出土位置	数量	名称（编号）	相邻器物
食器	圆鼎	墓主人头端的东部二层台上	1	6 曾侯谏圆鼎	5 曾侯谏分裆鼎、8、9 曾侯谏作媿簋
	分裆鼎	墓主人头端的东部二层台上	2	3、5 曾侯谏分裆鼎	(3、5)6 圆鼎、4 父乙分裆鼎、7 鬲
	分裆鼎	墓主人头端的东部二层台上	1	2 𠦎子分裆鼎	1 曾侯谏作媿甗
	分裆鼎	墓主人头端的东部二层台靠内边缘	1	4 父乙亚宣共分裆鼎	3 曾侯谏分裆鼎、7 鬲
	簋	墓主人头端的东部二层台上	2	8、9 曾侯谏作媿簋	(8、9)6 曾侯谏圆鼎
	甗	墓主人头端的东部二层台上	1	1 曾侯谏作媿甗	2 𠦎子分裆鼎
	鬲	墓主人头端的东部二层台靠内边缘	1	7 雷纹鬲	3、5 曾侯谏分裆鼎、4 父乙分裆鼎

　　下面根据上列图表来分析 M65、M2 青铜礼器组合之关系，首先 M65 的礼器组合涵盖了食器、酒器、水器三大类，其具体组合情况分别为：

　　食器：曾侯谏方鼎一、圆鼎五（曾侯谏圆鼎一、作宝鼎圆鼎一、涡龙纹圆鼎二、兽纹圆鼎一）、束父己分裆鼎一、簋四（兽纹簋、曾侯谏簋、作尊彝簋、亚离父癸簋各一）、甗一、象首纹鬲一；

　　酒器：爵二、觯一、作尊彝尊一、作尊彝卣一、壶二；

　　水器：盉一、盘一。

　　M2 仅见食器组合：鼎五（曾侯谏圆鼎一、曾侯谏分裆鼎二、𠦎子分裆鼎一、父乙分裆鼎一）、曾侯谏作媿簋二、曾侯谏作媿甗一、鬲一。由于 M2 曾被盗洞侵扰，不排除其酒、水器被盗的可能，但就其食器组合与 M65 保持一致,均为鼎、簋、甗、鬲组合而言,即体现出周人重视食器的特性。

首先,就器用区位而言,M65中相对于位于西南角的食器来说,酒器与水器的位置比较接近,都位于墓主人头端的东部,只是水器盉、盘更靠东南,而且水器与酒器之间还是可以看出间隔的。这种摆放次序是否说明当时已存在有意识的区分两种层次的器物,一是多盛放固体物的食器与多盛放流质物的酒、水器之别,另一个是流质物的酒、水器的差别,相对于后者,前两者的区别似更大些。

其次,食器、酒器与水器内部之器类组合,由铜器相邻位置也表现得比较明显,特别是M65水器中盉、盘互相组合,位于二层台东南角。再从金相实验的角度看,M65:44"曾侯谏"圆鼎和M65:49"曾侯谏"簋合金成分含量接近,金相组织相同。M65:30"作尊彝"尊和M65:29"作尊彝"卣两件器物风格、纹饰、铭文内容相同,其合金成分和金相组织亦较为一致。[①]上述鼎、簋与尊、卣组合亦分别相邻的放置在一起。

再次,从器物相邻情况看,水器盘、盉相邻放置之外,M65中食器与酒器中分别凸显了鼎与爵的中心作用。在西南角二层台上,除去孤悬在外的扁足圆鼎(M65:41 作宝鼎圆鼎)外,其余四件圆鼎分别与方鼎、簋、甗相邻,M65:51 束父己分裆鼎则与鬲相邻,整体似呈现出以圆鼎为中心的食器摆放形式。爵在酒器类的中心地位则更加明显,在墓主头端的东面二层台上,以两件铜爵为中心,觯、尊、卣、壶依次排开。另外需要注意的是,鼎、爵均出现有两件大小、形制、纹饰相近同的情况,即 M65 两件涡龙纹圆鼎与两件弦纹爵各自成组摆放在一起。M2 中食器亦体现出以鼎为中心的摆放方式,且同形的两件分裆鼎,两件簋亦成组合摆放在一起。

最后,M65食器中的鬲与两件分别带有族氏铭文的鼎、簋一起处于食器组合的边缘位置;酒器中的两件壶,其中 M65:27 漆壶铜套扣,亦处在酒器组合的边缘位置,说明鬲、壶在此时并非作为各自器类中的核心器物出现。

----

① 郁永彬等:《随州叶家山西周墓地 M65 出土铜器的金相实验研究》,《江汉考古》2014 年第 5 期。

M2 中带有族氏铭文的分裆鼎，其形制、纹饰均与 M2∶3、M2∶5 两件曾侯谏分裆鼎相似，但亦被放置在铜器群的南部边缘。

综合考察上述情况，可以总结 M65、M2 所体现的礼器摆放情况如下：M65 食、酒、水器分别按大类分开放置，且组合器物如鼎簋、尊卣、盘盉等相邻放置，体现出大类分放、组合器靠近的特征。带族氏铭文的器物，虽然分别置于各自铜器群的边缘位置，但是并未独立成群放置，特别是 M2 中两件分裆鼎与两件曾侯谏分裆鼎置于一处，体现出外来器不单置的特征。

三、叶家山与王畿、诸侯及其他地方性宗族地区典型礼器墓葬摆放情况比较

叶家山 M65、M2 组墓葬的器用情况前文已做总结，此处不再赘述。将之与王畿等地区比较，首先就器用区位而言：

其一，M65 的三大器类按大类分放、组合器相邻的特点摆放，与叶家山 M65 摆放特点一致的，如图 7 所示竹园沟 BZM4 男性墓主的随葬铜礼器置于墓主右侧二层台上，爵觯尊卣等酒器置于漆禁之上，其北侧为水器一盘一壶，盘置于壶内，鼎簋甗等食器位于水器北侧。类似的情形尚见于竹园沟 BZM8、BZM13 男性墓主等。[①] 北京琉璃河 M251 的摆放方式如图 8 所示是铜礼器集中摆放在北面二层台上，水器一盘一盉在最西侧，酒器二爵三觯、一尊一卣在中间，食器六鼎四簋二鬲一甗在最东侧。M253 的摆放方式亦是酒器在北侧二层台西侧，水器在中间，食器在最东侧按大类分置的方式。[②]

其二，王畿地区的典型墓葬中，2003 年庄李村 M9 与灵台白草坡 M2 的器物摆放方式是食器分置酒水器两端，酒器聚置的方式：如图 9 所示，庄李村 M9 的食器铜鼎三、铜鬲一与铜甗一在北部二层台上，铜甗与酒、水器罍

---

① 张天宇：《文化与族群：商周时期的宝鸡市区》，北京大学硕士学位论文，第 66—68 页。
② 北京市文物研究所：《琉璃河西周燕国墓地（1973—1977）》，第 34、37 页。

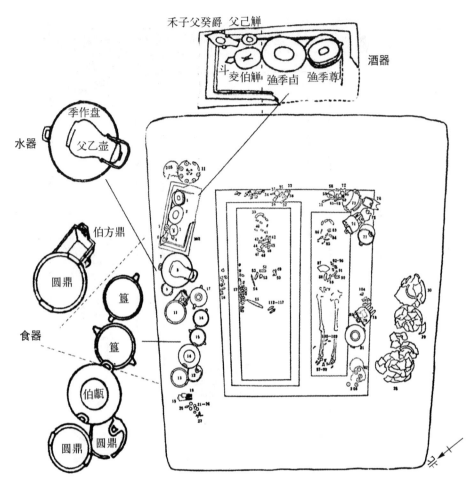

图7 竹园沟 BZM4 男性墓主礼器摆放①

一、尊一、爵二、卣一、盉一、罍一相邻，上述器物自北向南依次摆放在二层台东北部，食器簋二与罍相邻。② 如图 10 所示，白草坡 M2 随葬铜礼器亦置放在北部二层台上，第一排由东至西依次是食器方鼎一、甗一，酒、水器尊一、爵一、觯一、盉一、卣二，食器方鼎一；食器方鼎、甗下为食器簋二。③

① 张天宇：《文化与族群：商周时期的宝鸡市区》，第 67 页。
② 周原考古队：《陕西周原遗址发现西周墓葬与铸铜遗址》，《考古》2004 年第 1 期。
③ 甘肃省博物馆文物队：《甘肃灵台白草坡西周墓》，《考古学报》1977 年第 2 期。

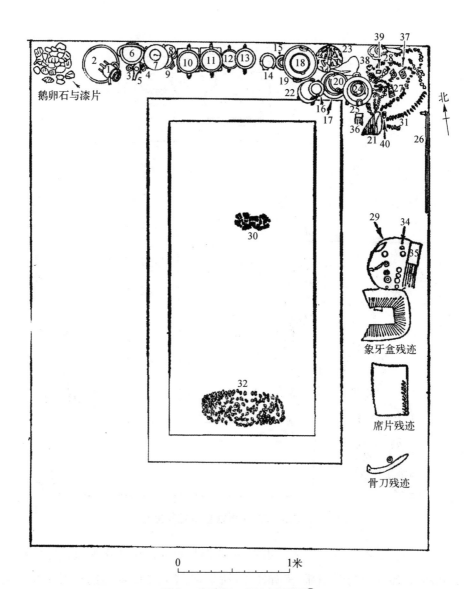

图 8　琉璃河 M251 平面图①

　　1. 铜盉　2. 铜盘　3、8、9. 铜觯　4、5. 铜爵　6. 铜卣　7. 铜尊　10—13. 铜簋　14. 陶鬲
15. 陶罐　16、23. 铜鬲　17—20、22、24. 铜鼎　21. 龟甲　25. 铜甗　26. 铜戈　27. 铜镳
28. 铜饰件（9 件）　29. 残漆器　30. 玛瑙、绿松石、玉串饰　31、32. 贝　33. 陶豆（压于 15 号
下）　34. 蚌饰　35、36. 象牙梳　37. 铜节约　38. 圆形铜泡　39. 镞形铜泡　40. 石板

---

①　北京市文物研究所：《琉璃河西周燕国墓地（1973—1977）》，第 34 页。

图 9　庄李村 M9 礼器组合①

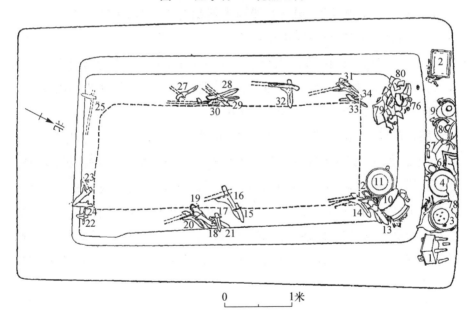

图 10　白草坡 M2 礼器组合②

1、2. 铜鼎　3. 甗　4. 尊　5. 爵　6. 觯　7. 盂　8、9. 卣　10、11. 簋　57. 铜管状器 2 件
76. 蚌泡 39 枚　78. 贝器　79. 瓷罍　80. 瓷豆　12—25、27—34. 铜戈

① 周原考古队：《陕西扶风县周原遗址李西周墓发掘简报》，《考古》2008 年第 12 期，图版壹·1。
② 甘肃省博物馆文物队：《甘肃灵台白草坡西周墓》，《考古学报》1977 年第 2 期，第 103 页。

高家堡 M1 因遭侵扰，M4 的摆放情况酒器罍、食器甗、水器盘均存在倾斜现象，酒器瓿倒伏，其余器物皆正放口朝上。若将倾斜器物其按器底所在位置摆正，则食器圆鼎一、方鼎一、甗一在椁室北端的西南部，甗与酒器罍一、爵二、斝一相邻，在椁室北端的东南部。斝与瓿一、尊一、卣二大致处于最东部一排。罍与瓿二、觯二、盂一在中部一排。器群西北角则为鼎一、簋一、盘一，食器鼎与盂相邻。这种置放方式，似亦是以食器甗与酒器相邻，酒器聚置，另一端接以食器的方式。

此外，高家堡 M4 等组合器相邻摆放的特点比较鲜明，如 M4：13 尊与M4：17 卣相邻放置、M4：19 鼎与 M4：20 簋相邻放置等。[①] 这与灵石旌介商墓所体现的摆放特点相同，如灵石旌介 M1 食器鼎、簋组合与酒器尊、卣、罍组合置于北部，酒器瓿、爵、卣、斝与食器鼎置于南端，未见明确按大类分放，但是组合器鼎簋、尊卣等相互靠近。[②]

其三，宝鸡石鼓山 M3 的五个壁龛中，K1、K2 和 K4 为食器组合，K3 和K6 为酒器加水器的组合，[③]似显示出其礼器组合亦存在按功能和用途分类的趋向，即食器组合与酒、水器组合分开。

滕州前掌大本期墓葬 M11、M18 的器物摆放方式亦与此类似，如M11 食器鼎、簋、甗等大致在北部头厢西侧，水器盘、盂与酒器爵、觯、瓿、罍、尊、卣、斝、壶等在东侧。[④] 鹿邑太清宫长子口墓，其随葬器物亦是北椁室以食器为主，西椁室以酒器为多。[⑤] 其与叶家山 M65 相比，可看出食器与酒、水器的分别已较显明，但盛放流质物的酒、水器的差别还不是那么明显，M65 亦是食器在西，酒水器在东端二层台，相较于食器，酒、水器之间的界限要小些。

---

① 陕西省考古研究所：《高家堡戈国墓》，三秦出版社，1995 年，第 68 页。

② 山西省考古研究所：《灵石旌介商墓》，科学出版社，2006 年，第 14 页。

③ 石鼓山考古队：《陕西宝鸡石鼓山西周墓葬发掘简报》，《文物》2013 年第 2 期。

④ 中国社会科学院考古研究所：《滕州前掌大墓地》，文物出版社，2005 年，第 78—79 页。

⑤ 河南省文物考古研究所、周口市文化局：《鹿邑太清宫长子口墓》，中州古籍出版社，2000 年，第 13 页。

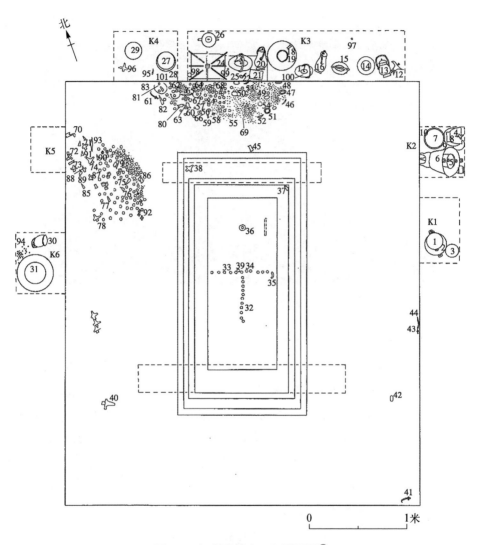

图 11　宝鸡石鼓山 M3 平面图[①]

　　1、2、5、11、28、81.铜鼎　3、7～10、27.铜簋　4、38、40、43、67、68、70～79、85、87～91、96.铜戟
6.铜甗　12.铜爵　13、15、17、20、23、30.铜卣　14.铜尊　16.铜壶　18、45.铜斧　19.铜罍
21、25.铜禁　22、100.铜斗　24.铜彝　26.铜盂　29.陶鬲　31.铜盘　32、33、42、46～52、54、56、
84.铜泡　34、39.铜饰　35、36.玉璧　37.铜铃　41、44、61、62、82、86.铜戈　53.铜凿　55、69、
94.贝　57.铜扣　58、59、83、92.铜节约　60、63、64、80.铜当卢　65.铜弓形器　66.铜马镳
93.铜矛　95、101.铜锛　97、99.蚌泡　98.铜觯

――――――――――――

①　石鼓山考古队：《陕西宝鸡石鼓山西周墓葬发掘简报》,《文物》2013 年第 2 期,第 6 页。

图 12　宝鸡石鼓山 M3 器物分置情况①

续就器物组合情况而言：

其一，叶家山 M65、M2 的食器组合器类包括有鼎、簋、甗、鬲四种器类。王畿地区同样出有包含食、酒、水三大器类的墓葬，如 2003 年扶风法门寺庄李村 M9，其食器基本器类亦是鼎、簋、甗、鬲四种。其他的如泾阳高家堡 M1、M4，灵台白草坡 M2 等墓葬中，随葬食器组合为鼎、簋、甗而不见鬲。

在出有食器、酒器而不见水器组合的二十四座典型墓葬中，出土鬲的只有高家堡 M2 与 2002 年洛阳唐城花园 C3M417。② 琉璃河西周燕国墓地 M251、M253 的食器组合中分别有鬲二、鬲四，而前掌大属本期的五座墓葬中，惟 M120 出土鬲一件。由是似可判断，食器鬲在西周铜器一期并未作为食器组合的核心器类出现，这与叶家山 M65 中出土鬲置于器群边缘所体现的非核心器类的特征也是相吻合的。食器甗，一般出在鼎数量较多的墓葬中，且均为单甗制。鼎的数量尚无固定，鼎、簋组合关系在本期尚未形成礼

---

① 石鼓山考古队：《陕西宝鸡石鼓山西周墓葬发掘简报》，《文物》2013 年第 2 期，第 8 页，上北。
② 朱凤瀚：《中国青铜器综论》，第 1230—1231 页。

书中所谓的固定搭配关系。

其二，王畿地区酒器组合的基本器类，上述四座三大器类均出的典型墓葬中，只有高家堡 M4 出有瓿二，惟皆不见瓿，而多见爵、觯、尊、卣。琉璃河 M251、M253 的情况亦是酒器器类为爵、觯、尊、卣，这些与 M65 的情况是相吻合的。尊卣的数量搭配，以一尊一卣与一尊二卣为主。

其三，王畿地区四座墓葬中，高家堡 M1、M4 水器组合为盘、盉，2003 年扶风法门寺庄李村 M9 与灵台白草坡 M2 单出盉。北京琉璃河 M251、M253 则为盘、盉的组合，似说明水器盘在此时期并未普遍使用，与盉的固定搭配亦正在演变之中。

综合上述情况，似可知西周初期墓葬铜礼器器用区位因等级、地域、族属不同而存在着差异。大致说来，器物基本组合为：

食器：鼎、簋、甗；

酒器：爵、觯、尊、卣；

水器：盉、（盘）。

器用位置上，组合器邻近的原则较普遍地被遵循，但按照食、酒、水大类分置的现象并不明朗，诸侯墓地叶家山、琉璃河与陕西地方宗族性墓地竹园沟等地，按大类分置、组合器相邻原则摆放的情形比较普遍，这是第一种情形。

第二种情形是器用区位按酒水器聚置，食器分置于酒、水器两端的方式，其特点为水器盉在酒器之中，食器甗多与大型承酒器罍或尊相邻。这种置器方式似意在突出酒器，盉或亦作为酒器在此种组合中。上举典型墓葬中多出有罍、瓿、罍等大型酒器，特别是罍、瓿主要流行于殷代，与商人关系密切。

第三种情形介乎前两种情形之间，即石鼓山 M3 所显示的食器、酒水器分别放置于不同的位置（壁龛），但盉仍与酒器放置在一起。

从器用组合来看，无论王畿、诸侯还是地方性宗族墓葬，其器用基本组合是一致的，而器用区位确存在三种不同的情形，上述三种情形似昭示出周初复杂社会面貌之一斑。

值得留意的是，叶家山所见首种按大类分置礼器的器用区位特征，在西周中晚期之后的郭家庙曹门湾 2014ZGCM22、[①]苏家垅 M79、M88，[②]乃至晋侯墓地 M93、[③]南阳夏饷铺 M16 等周人诸侯墓地中被普遍遵循。[④]《左传》桓公六年尚记有“季梁止随侯追楚师”事：

公曰：“吾牲牷肥腯，粢盛丰备。何则不信？”对曰：“夫民，神之主也。是以圣王先成民，而后致力于神。故奉牲以告曰：‘博硕肥腯。’谓民力之普存也，谓其畜之硕大蕃滋也，谓其不疾瘯蠡也，谓其备腯咸有也。奉盛以告曰：‘絜粢丰盛。’谓其三时不害，而民和年丰也。奉酒醴以告曰：‘嘉栗旨酒。’谓其上下皆有嘉德，而无违心也。所谓馨香，无谗慝也。故务其三时，修其五教，亲其九族，以致其禋祀，于是乎民和而神降之福，故动则有成。今民各有心，而鬼神乏主，君虽独丰，其何福之有？君姑修政而亲兄弟之国，庶免于难。”随侯惧而修政。楚不敢伐。[⑤]

这里“奉牲以告曰：‘博硕肥腯。’”“奉盛以告曰：‘絜粢丰盛。’”“奉酒醴以告曰：‘嘉栗旨酒。’”即提供了礼器器物组合、器用两方面之例证。将其与今天考古学科背景下出土器物分类合观，则：

盛牲牢之器：鼎、俎等；

盛黍稷之器：簋、甗、鬲、簠、豆、敦等；

---

① 湖北省文物考古研究所、湖北荆州文物保护中心、襄阳市文物考古研究所、枣阳市博物馆考古队：《湖北枣阳郭家庙墓地曹门湾墓区（2014）M10、M13、M22 发掘简报》，《江汉考古》2016 年第 5 期。

② 方勤、胡长春、席奇峰、李晓杨、王玉杰：《湖北京山苏家垄遗址考古收获》，《江汉考古》2017 年第 6 期。

③ 北京大学考古学系、山西省考古研究所：《天马—曲村遗址北赵晋侯墓地第五次发掘》，《文物》1995 年第 7 期。

④ 河南省文物局南水北调办公室、南阳市文物考古研究所：《河南南阳夏饷铺鄂国墓地 M7、M16 发掘简报》，《江汉考古》2019 年第 4 期。

⑤《春秋左传正义》卷六，阮元校刻：《十三经注疏（清嘉庆刊本）》，中华书局，2009 年，第 3799—3800 页。

奉酒醴之器：尊、卣、爵、觚、觯、角、罍、斝、壶、觥、彝等。

牲牢、黍稷为食器，酒醴即酒器。其与《仪礼》等礼书中习见之盥器，如盘、匜等相合，[①]则可构成一个将祭礼、飨燕用器合而为一的礼器器用结构体系。《左传》"季梁止随侯"所记随国事，与上述由叶家山西周早期墓葬至苏家垅春秋早期所见曾侯—曾国一以贯之的器用区位相联系的可能似应更大些。据现有材料，似可初步判断曾国墓葬所见随葬青铜礼器按大类分置的特色，抑或为周人原有之器用特征。

若进一步去探究上论三种器用区位差异存在之原因，本文讨论的诸侯墓葬多出自姬姓诸侯，宝鸡竹园沟等地方性宗族，亦处于周人核心地区。石鼓山 M3 等，更多地与叶家山、竹园沟相似表示出食、酒器分置的特征，这与将食器分置酒器两端的方式是有较大区别的，而采取这种方式的庄李村 M9、白草坡 M2、高家堡 M4 等，虽出自王畿地区，但其族属却似与殷遗民存在密切关系。

四、小结

随葬礼器反映着商周贵族生活的一个侧面，其在墓中的器用区位对于判断随葬品的性质与用途，探求墓葬器用观念等都具有重要意义。近出的叶家山、石鼓山等墓地分别揭示出西周初期诸侯与王畿随葬青铜礼器组合的特点，验之于过去发现的同时期王畿、诸侯及地区性宗族墓葬，可以发现，早在西周初期，即不晚于成康之际，周人已建立起一套较完备的以食器为中心的器用组合关系，即：

食器：鼎（方鼎、圆鼎、分裆鼎）、簋、甗；

酒器：爵、觯、尊、卣；

水器：盉、（盘）。

但就其器用区位而言，存在着按大类分置，食、酒水器分置及酒、水器聚置，食器分置于酒、水器两端等三种情形，前两种情形似体现出周人重食的文化

---

① 《仪礼注疏》卷四七，阮元校刻：《十三经注疏（清嘉庆刊本）》，第 2596 页。

特征，后一种强调酒器的置器方式或与周初迁至西方的殷遗民有关。[1] 在器物基本组合上，周人的文化特性被普遍遵循，而在置器位置等器用方式上看，似乎殷遗的文化方式仍存在自身的生命力。

　　原载《江汉考古》2020 年第 2 期，今据以收入，此次重刊个别文字略有改动。

---

[1] 有关周初对殷遗民的迁徙处置问题，可参见拙作《清华简〈系年〉所涉周初处置殷遗史事疏证》，《简帛研究 二〇一六（春夏卷）》，广西师范大学出版社，2016 年，第 36—50 页。

西周早中期青铜器上的收翼龙纹研究

苏　辉[*]

扶风庄白窖藏所出的析尊（图 1）上装饰一种折体龙纹，在同一器主的其他两件器，如析觥（图 2）、析方彝（图 3）上均可见（三器器形分别见图 18、19、20）。合观这几件析器上的龙纹，给人留下深刻印象的有三点：

（1）全身鬣、甲毕现，造型华丽；

（2）头部花冠是一俯视的直体卷尾龙纹；

（3）肩部有别于普通龙纹的耸突。

图 1　析尊圈足

图 2　析觥圈足

图 3　析方彝盖

图 4　蝉纹

图 5　见尊腹部

图 6　匽侯盂腹部

图 7　乍宝用簋腹部

图 8　陆尊腹部

＊ 中国社会科学院古代史研究所。

关于折体龙纹肩部的耸突，笔者认为应该是表现龙背上的翼，只不过没有张开，而是收拢的形态。文献中将有翼的龙称为应龙，《广雅·释鱼》："有鳞曰蛟龙，有翼曰应龙，有角曰螭龙，无角曰虬龙。"铜器纹饰中，为了表现昆虫的翼和飞禽的翅收拢，均在肩或背部凸起（图4）。折体龙纹肩部的凸起也是同样的道理，如乍宝用簋纹饰拓片，表现的是这类龙纹背部双翼的俯视图，翼尖也从躯体弯折处伸出，较之他器更加形象，与张翼的龙纹，如甘肃灵台百草坡西周墓所出漂伯卣颈部的龙纹相比，差别更是明显。

析器以外，收翼龙纹还见于不少铜器，如英国学者罗森夫人提到《美集录》A420 的见尊[1]（腹部纹饰见图 5，器形见图 14）和《商周彝器通考》654 的见卣[2]（图 17）。李学勤和艾兰两位先生发现了藏于英国伦敦埃斯肯纳齐行的鲜簋（图 23）装饰有这种龙纹，[3]并在讨论鲜簋时提到，类似的还有麦方尊（图 9）和辽宁省喀左县马厂沟窖藏所出的匽侯盂（图 21），鲜簋的龙形花冠已经和夔头部分开，是晚出的形态，故论定在穆王三十四年，[4]析器大约是在昭穆之间。[5] 随后，彭裕商先生列出了岐山贺家村 M112 所出的乍宝用簋[6]（图 22）。新近的发现则是 1999 年郑州洼刘 ZGW99M1 所出的陆卣（图 15、16）和陆尊（图 13）。[7]

① 中国社会科学院考古研究所：《美帝国主义劫掠我国青铜器图录》，科学出版社，1962 年，第 696 页。本文简称"《美集录》"。按，此书原稿为陈梦家先生编著，后经订补，重新出版，参看陈梦家编著，中国社会科学院考古研究所编辑：《美国所藏中国铜器集录（订补本）》，中华书局，2019 年，"订补后记"。此器又著录在容庚先生《商周彝器通考》（上海人民出版社，2008 年。本文简称"《通考》"）第 537 器。

② Jessica Rawson, *Western Zhou Ritual Bronzes from the Arthur M. Sackler Collections*（《赛克勒所藏西周青铜礼器》）（Washington, D.C.：Arthur M. Sackler Foundation, 1990），pp.462 - 463.

③ 李学勤、艾兰编：《欧洲所藏中国青铜器遗珠》彩版 9，文物出版社，1995 年。本文简称"《遗珠》"。

④ 李学勤、艾兰：《鲜簋的初步研究》，《中国文物报》1990 年 2 月 22 日；收入《遗珠》。

⑤ 李学勤：《西周中期青铜器的重要标尺》，《中国历史博物馆刊》1979 年第 1 期。

⑥ 彭裕商：《麦四器与周初的邢国》，《徐中舒先生百年诞辰纪念文集》，巴蜀书社，1998 年，第 147—150 页。彭文据《陕西出土商周青铜器》三.一所录，此器彩照及纹饰拓片后来发表于《周原出土青铜器》第 1492—1495 页。又，彭先生认为荣子方尊的圈足也是这种收翼夔纹，似不确，如下文图 24，荣子方尊圈足是顾首垂冠折体下卷尾夔纹，但冠饰并非小龙，肩部也没有收翼形成的耸突。

⑦ 郑州博物馆编：《郑州青铜器》，香港国际出版社，2001 年，第 20、24 页，第 34 陆卣、第 38 陆尊。书中分别称两器为"陆"铭凤纹提梁卣、"陆"铭龙纹铜尊，所谓的凤纹和龙纹均指收翼夔纹，前后矛盾。发掘简报见张松林等：《郑州市洼刘村西周早期墓葬（ZGW99M1）发（转下页）

《西清古鉴》8.48 伯龢尊、9.30 即月尊(图 11)、10.36 夔龙尊(图 12)也是在腹部和圈足饰有收翼龙纹,但都是伪器。[①]《通考》555 又有伯龢方尊(图10),容庚先生云:"《铜器集》(图五)著录,云铭有王元年伯龢父等三十五字。案此器形制花纹与邢侯尊(《古鉴》八:卅三)略同,乃西周前期器,不当有西周后期伯龢父铭文。疑铭文伪刻,或此器乃仿造之精者。"[②]此说有理,所以本文对这几件器不作讨论。

图 9　麦方尊　　　　图 10　伯龢尊　　　　图 11　即月尊

图 12　夔龙尊　　　　图 13　陆尊　　　　图 14　见尊

(接上页)掘简报》,《文物》2001 年第 6 期。

① 容庚:《〈西清〉金文真伪存佚表》,《燕京学报》1929 年第 5 期。

②《通考》,第 305 页。

图 15　小陟卣　　　　　　图 16　大陟卣　　　　　　图 17　见卣

图 18　析尊　　　　　　图 19　析方彝　　　　　　图 20　析觥

图 21　匽侯盂　　　　图 22　乍宝用簋　　　　图 23　鲜簋

麦尊在《西清古鉴》一书中器形及纹饰都绘得比较逼真,同人做的器物有麦鼎、麦盉及麦方彝。《西清古鉴》13.10 为麦方彝,肩部和圈足饰折体蛇纹,盖和腹为饕餮纹,风格与令方彝相近,但腹部未显鼓出,[1]时代可能比令方彝略早。麦盉见于《通考》478,半环钮捉手,盖器之间有提链,腹全素微鼓,浅裆部略分,四柱足较细,器形与梁山七器中的伯宪盉、洛阳马坡出的父癸臣辰先盉几近一致,时间上应相距不远。学界公认臣辰盉在昭王前后,朱凤瀚先生定伯宪盉为西周早期晚段器,[2]因此,将麦盉定在康昭时期是合适的。麦尊是方体圆口,四角都有钩状的扉棱,盖沿颈部饰双夔相对的蕉叶纹,肩部是尾部垂下两羽的小鸟纹,腹部、圈足均为小龙花冠的收翼龙纹。器形相似的可举出荣子方尊(图 24)、令方尊和叔逸方尊,都是方体圆口,尤以前者的风格更近,略有差别的是肩部小鸟纹尾除了下垂的两立羽外,其上还有一横羽;圈足也是顾首折体下卷尾龙纹,只是没有耸突的翼根部和小龙花冠。王世民先生等的《西周青铜器分期断代研究》将荣子方尊列在口圆下方的Ⅰ型 2 式,定在西周早期偏晚,同样的型式还有令方尊、盉方尊,都是昭王

图 24　日本白鹤美术馆藏荣子方尊

以后的器物了。[3] 另外,器物组合含有尊和方彝的如令器和析器都是在昭王时,同样饰有收翼龙纹的析器已经到了昭王末年。[4] 所以,麦方尊最好也定在西周早期偏晚,不会太早,鉴于学界大多将麦器的尊、盉、方彝置于康王世,[5]现

① 不排除《西清古鉴》描绘有失真的可能。
② 朱凤瀚:《房山琉璃河出土之克器与西周早期的召公家族》,《远望集——陕西省考古研究所华诞四十周年纪念文集》,陕西人民美术出版社,1998 年。
③ 王世民、陈公柔、张长寿:《西周青铜器分期断代研究》,文物出版社,1999 年。
④ 李学勤:《西周中期青铜器的重要标尺》,《中国历史博物馆馆刊》1979 年第 1 期。
⑤ 也有学者持昭王晚期说,不过已经被认为不可信。详见张桂光《周金文所见"井侯"考》(《黄盛璋先生八秩华诞纪念文集》,中国教育文化出版社,2005 年)、庞小霞《西周邢国二次迁封说辨析》(《文物春秋》2008 年第 2 期)。

从类型以及组合来综合考虑，笔者认为定在康王晚年较为妥当，当然，它们之间也有先后，不过时间差距很短。至于麦鼎，足部做出兽足形状，非常少见，康昭时期的強季尊、卣足部略可比拟，与麦器在时代上也能衔接。

乍宝用簋是 1976 年出自陕西岐山县贺家村西北的 M112，墓已被盗掘，铜器只余下这件簋。其收翼龙纹的龙形花冠也已脱离脑部，并且无论从器形纹饰都和鲜簋一样，如扉棱、耳的兽首浮雕等，就连龙纹上唇脱落的牙形状也一致，时代肯定与之相差不远，且有理由推测鲜簋也有一个和乍宝用簋一样的盖。原发掘者在简报中根据打破关系并参照《沣西发掘报告》，将 M112 正确地定在西周中期，认为是相当或稍晚于穆王。① 《周原出土青铜器》一书将乍宝用簋定在西周早期，现在可知不足据。

洼刘 ZGW99M1 属抢救性发掘，随葬品非考古专业人员取出，又无地层上的叠压关系，只能以器物类型和组合来推断。出土的礼器有鼎 3 件，簋、甗、罍、瓿、尊、盉各 1 件，卣 3 件，其中两件扁体卣纹饰全同，一大一小，另一件为圆体卣，发掘者已经指出，其中一些铜器有商的遗风。② 这是很对的，如鼎、簋、甗、罍、盉均是商末周初的风格。陆尊和两件扁体陆卣铭文类同，属于同一组，应是墓主自作器。同出的其他礼器铭文则相对较为驳杂，与尊铭等并不相谐，可能是通过其他途径获得。下面重点讨论都饰有收翼龙纹的陆尊和两件扁体陆卣。

陆尊颈沿为对夔的蕉叶纹，肩部是垂首披冠直体上弯尾龙纹，龙纹的尾部斜下方附交叉的横羽和立羽饰件；腹部和圈足都是垂有小龙花冠的顾首收翼龙纹，通体有四道钩棱。陆卣盖面和器腹部饰垂有小龙花冠的顾首收翼龙纹；颈部为垂首带齿的直体上弯尾龙纹，夔身遍布立羽，夔形系用粗阳线勾勒；③圈足饰同样的龙纹，只是夔身较细；颈部为一身双首同向的龙纹。可供对比的是《美集录》A420 见尊和收在《通考》654 的见卣，据陈梦家先生的注解，见尊又录于《菁华》14，铭文为"见乍宝尊彝"，"日本住友氏所藏一卣

---

① 陕西省周原考古队：《陕西岐山贺家村西周墓发掘报告》，《文物资料丛刊》第 8 期，文物出版社，1983 年。

② 郑州市文物考古研究所：《郑州洼刘西周贵族墓出土青铜器》，《中原文物》2001 年第 2 期。

③ 同样的夔纹又见于《赛克勒所藏西周青铜器》70 卣盖沿，即《美集录》第 132 器。

（《菁华》75、《形态学》39.2下）与此同铭，《善斋》51 甗亦见所作"。[1] 最令人称奇的是，见尊、见卣分别和洼刘的尊及扁体卣一模一样，装饰风格如出一辙，连器物大小都相差无几，以尊为例，洼刘的尊高 30.2 cm，口径 22.2 cm；见尊高 29.1 cm，口径 21.6 cm。另外，器表勾棱的形状和数目也相同，两套尊卣时间上必定非常接近。一尊一卣、一尊二卣的组合符合西周早期铜器群的典型特征，因此，定在西周早期非常合适。

陆尊和见尊肩部的龙纹尾部（图 25、27）带有分离的饰件，与一般夔身所附的浅浮雕棱脊有别，并不常见，流行的时间也比较短，其他可以举出的例子有琉璃河 M251 出的伯矩鬲颈部（图 26）和宝鸡竹园沟 M20：5 圆盒颈部（图 28），相同之处如，均是垂首披冠带卷耳，双唇均上翻，但两件尊的龙纹身体较短，鬲、盒的夔身较长，竹园沟龙纹足部后还有横羽，故尾部所附的横羽和两件尊的一样短，不如伯矩鬲的长。总的来说大致类似。M251 是在成康之际，[2]竹园沟 M20 在成康时期，[3]两尊的时代与它们相距应不太远。

图 25　陆尊肩部

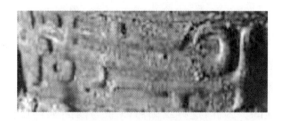

图 26　伯矩鬲颈部龙纹

图 27　见尊肩部

图 28　竹园沟 M20：5 圆盒

---

① 《美集录》，第 86 页。

② 北京市文物研究所：《琉璃河西周燕国墓地（1973—1977）》，文物出版社，1995 年，第 244 页。

③ 卢连成、胡智生：《宝鸡强国墓地》，文物出版社，1988 年，第 268 页。

　　据器形来看，两套尊卣显出的是西周早期后段的特点，见卣、陚卣和庄白的商卣相似，见尊、陚尊和析尊、商尊等也非常接近。庄白的这几件器都在昭王时，析器更在昭王的末年。再从收翼龙纹的演变来看，乍宝用簋龙纹的后足已经不见，颈后的鬣毛也大大缩短，析器的龙纹颈后鬣毛还有一定的长度，但也没法和陚器、见器及匽侯盂相比。由此可以推断，析器在时间上正好排在乍宝用簋（包括鲜簋）和陚器（包括见器和匽侯盂）之间，陚器的一尊二卣最好定在康昭之际。一个墓的年代必须由最晚的器物来定，因此，洼刘 ZGW99M1 的上限应是康王时期，不能早到周初成王时。

　　麦方尊与匽侯盂就学界通行的看法也都是西周早期的器物，匽侯盂近于附耳簋，只是腹部较深，附耳有横梁与器相接，但圈足已不外鼓，而是向内凹折。以收翼龙纹的序列推断，也应在康昭时期，下限约在昭王前段。

　　综上所述，就目前的资料看，收翼龙纹在商代的铜器上还未出现，施用时间大体在康王后期到穆王这一段，即西周早中期之际，以乍宝用簋和鲜簋来看，下限应就在穆王后期，因为恭王之后已经没有乍宝用簋那样的铭文格式了。[①] 彭裕商先生认为，这种纹饰起于康王之世，盛行在昭、穆时期，[②]是合理的。因此，这种纹饰可以作为西周早期后段至中期早段青铜器的一个判断标准。就收翼龙纹本身而言，在这期间的形态也是略有变化的，除了小龙垂冠的脱离之外，最明显是在上唇的牙与足部。

　　如以上唇的牙形作为依据，从细部的特征来考察，收翼龙纹还可分为两组。匽侯盂龙纹的牙长度与乍宝用簋和鲜簋的龙纹牙相当，[③]个体较大，作

[①] 李学勤：《异形兽面纹卣论析》，《保利藏金》，岭南美术出版社，1999 年；收入《重写学术史》，河北教育出版社，2002 年。

[②] 彭裕商：《麦四器与周初的邢国》，《徐中舒先生百年诞辰纪念文集》，巴蜀书社，1998 年，第147—150 页。

[③] 匽侯盂的器形见中国青铜器全集编辑委员会编《中国青铜器全集》（文物出版社，1997 年）6.16—17，纹饰拓片见上海博物馆青铜器研究组编《商周青铜器文饰》（文物出版社，1984 年）第 313 号。

立羽形,有倒钩,但未与唇脱落,就和作为花冠的小龙相连是对应的,也属较早的形态,两件簋的收翼龙纹应当承袭自盂的形态。这三件是一组。其他几件铜器龙纹的牙相对较短,列在另一组。再看两组的器类会发现,匽侯盂铭文"匽侯乍饎(饭)盂",表明匽侯盂和两件簋一样,均为食器,^①可称为食器组。另一组中析器的尊、觥、方彝,陡尊、陡卣和见尊、见卣都是成套的酒器,可称为酒器组。纹饰与器类及用途的对应关系由此可见一斑,即便是同一种纹饰,也会在细部显出差别以起到指示作用。不仅如此,笔者还讨论过两种纹饰区别食器、酒器的例子,^②据《礼记·郊特牲》"凡饮,养阳气也。凡食,养阴气也",有了阴阳的内蕴,不同类别器物上的纹饰便显出了各自的特点,其中的礼制含义不言而喻,"器以藏礼"的原则在纹饰上同样得到了表现。

在收翼龙纹的演变中,酒器组明显早于食器组。西周早期酒器仍然具有一定的规模,但到了穆王中后期的礼器组合中,酒器已经逐渐式微,觥、方彝、卣均已成为明日黄花,食器的地位远远超过了酒器,收翼龙纹也就主要装饰在簋上了。^③ 收翼龙纹应该是带有标志性的纹饰,它的使用含有多重的意味。不过,至今还未在鼎上发现收翼龙纹,这也是一个耐人寻味的现象。

最后,可以将饰有收翼龙纹的铜器按时间先后排列如下:

康王后期	麦方尊、匽侯盂
康昭之际	陡尊、陡卣,见尊、见卣
昭穆之际	析尊、方彝、觥
穆王后期	鲜簋、乍宝用簋

---

① 也有盂自名为"簋"者,如陈梦家先生旧藏中乍宝簋,见《西周铜器断代》,中华书局,2004年,上册,第49页。又参见陈芳妹:《簋与盂——簋与其他粢盛器关系研究之一》,《故宫学术季刊》第1卷第2期,1983年。

② 苏辉:《青铜器夔纹与器形的对应性研究》,《形象史学研究(2012)》,人民出版社,2012年。

③ 出乍宝用簋的墓被盗掘,铜器只剩下这件簋;鲜簋也是非发掘品,故无法知道同组其他器物的纹饰。就目前所见,也没有发现其他食器上饰收翼夔纹。

于是就显出一个有趣的现象，即今辽宁、河北的北方地区→河南郑州→陕西周原这样一条路线与各器的时间先后正好有对应关系，恰好在提示收翼龙纹的传播路径，这个结论以后应该会有更多的实例来验证。

2009 年初稿

2014 年二稿

原载《形象史学研究（2014）》，人民出版社，2015 年，今据以收入。

守宫"觥"献疑*

张　翀**

　　觥形铜器,既无自铭,也无相近陶器祖型,盖多由铜器匠作自行创制。而觥的得名,虽《诗经》《左传》等文献有载,但将某形铜器按之觥名,当由王国维而来。其后,亦有不少学者进行纠偏,进行讨论,鉴于不宜产生更大规模的命名混乱,虽仍以觥名称之,但陈梦家、朱凤瀚等学者也建立相关标准。我们也重申所谓觥器的三条标准,兹不再论,其中有两点乃造器核心之处:(1)兽首铸于觥盖上;(2)具流,且承担实际功能。亦陈梦家谓,"皆有盖作牛首形"。[①] 如果不符合这两点制器精髓,即便外形与之酷似,也不宜称之为觥。守宫"觥"就是这样的例子。

　　守宫"觥"为拉斐尔·柴德(Ralph M.Chait)旧藏。拉斐尔是英国剑桥大学菲茨威廉姆博物馆(The Fitzwilliam Museum)东方艺术馆馆长,后来该器也就被该馆收藏。守宫"觥"传为1929年出土于河南马坡,最早公布在《伯灵顿杂志》———一份关于古代艺术的学术期刊上,[②]亦在1935—1936年的中国艺术国际展览会上亮相。[③] 后来,容庚注意到《伯灵顿杂志》,并在《商周彝器通考》收入(图1),为觥类第16器,描述较为简略。[④] 陈梦家亦收录在觥器类,但注意到器物的最大特征,"是唯一的腹由中分的两部分组成的例

＊ 本文为"古文字与中华文明传承发展工程"规划项目"殷周青铜觥铭文整理与研究"
　 (G3935)阶段性成果。
＊＊ 中国社会科学院古代史研究所、中国社会科学院甲骨学殷商史研究中心。
① 陈梦家:《中国铜器概述》,《陈梦家学术论集》,中华书局,2016年,第354页。
② *The Burlington Magazine*,June,1934. pp.253–254.因笔者暂未查阅该杂志,推测容庚《商周
　 彝器通考》中的守宫"觥"诸图亦是取自该杂志。
③ Royal Academy of Arts,*International Exhibition of Chinese Art*(《中国展览——中国艺术国
　 际展览会纪念图册》)(London,1935),p.253。
④ 容庚:《商周彝器通考》,上海人民出版社,2008年,第325页。

图 1　守宫"觥"①

子"。② 林巳奈夫将之归入匜类，③不过按照书中的分类标准，此器与所谓的觥器当为一类器物。其余诸家均将此器认为"觥"属，各观点实际上与林巳奈夫大同小异，即守宫"觥"不是其他器类，或者相生之器。

我们可能制造了不是问题的问题，但如果沿着陈梦家先生的视角再深入探讨，显然会发现一些细节。所谓器腹中分两部分，其实就造成两个迥异的形制：（1）兽首不在器盖前端，改制为与器身相连；（2）流为假流，只有流的形状，但不承担实际功能。此两项特征有相当的连接关系，多出于方便铸造的考量。尤其是第一点，兽首改为器身，可能会降低制作工艺的难度。此仅为笔者的猜测，未经模拟实验证实，不过从苏荣誉先生公布的藤田羊觥 X 光片来看，④因盖出于平面与立体之间，加之有一定的曲面，再浑铸兽首，合范当费些周章。退一步讲，守宫"觥"这一变化是有违于陈梦家所列的觥之 7 条标准，因其是假流，也就未呈现出"渠状流"的器形特点。守宫"觥"的盖也没有作牛首状，而改为从兽首耳根后而截，仅作一段曲面，与器相扣合（图 2）。总之，都是为了降低制作难度。

图 2　守宫"觥"盖⑤

---

① 容庚：《商周彝器通考》，第 761 页，图六八五甲。
② 陈梦家著，王睿、曹菁菁、田天、孙莹莹译：《中国铜器综述》，中华书局，2019 年，第 219 页。
③ 林巳奈夫：《殷周青铜器综览——殷周时代青铜器之研究》，吉川弘文馆，1984 年；林巳奈夫著，广濑薰雄、近藤晴香译，郭永秉润文：《殷周青铜器综览：殷周时代青铜器的研究（第一卷）》，上海古籍出版社，2017 年，第 205—206 页，图 50(3)。
④ 苏荣誉：《藤田美术馆藏四件商代青铜器研究》，《中国青铜技术与艺术：丁酉集》，上海古籍出版社，2019 年，第 190 页，图 113.1、113.2。
⑤ 容庚：《商周彝器通考》，第 761 页，图六八五乙。

另外,盖上还特意做一穿系,这也是一般觥器不常见的,显然是为了方便盖的取合之用。也就是器中所贮酒液,不是靠流来倾注的,而是揭取身上的盖后,挹取体腔之酒的。

守宫"觥"的功用由倾倒改为挹取,除产生器盖的变化外,还有两个变化:(1)盖后端有缺,可以方便放斗,斗柄可以从一缺口处向外伸出。这一设计要优于上海博物馆所藏的冉引觥。后者很可能启发了守宫"觥"。(2)器内腹有一横置隔板,将体腔分为前后两格(图3)。② 这两个特征都是觥器所未见到的。器内腹有隔板的也只见盉方彝、师遽方彝两器。③ 因为设置了隔板,守宫"觥"的斗柄就为两曲,利用其中的一曲,恰好可以搁置在隔板上。而盖后之缺,可以露出带有圭

图3 守宫"觥"盖侧面及勺①

状的尾。因为斗在觥器内的状态为柄部一曲可以架在隔板上,前腔也恰能容纳圜底罐状的斗首。冉引觥的斗虽然形制与之相近,但因觥器不设置方便容纳斗柄的设计,只得与器分列,最多是置斗于体腔中,觥盖却盖不严密。

我们分析了守宫"觥"的器形细节,林巳奈夫对此"这两个格子中应该装两种不同的液体,用斜把一种液体放入另一种液体中进行勾兑,然后从流倒出"④的说法,就值得商榷了。严格单论斗的用法,更多是挹取。据文献以及考古所见的斗及器物组合,⑤似乎是从此器向彼器挹取液体。之前,王帅在

---

① 容庚:《商周彝器通考》,第762页,图六八五。

② 容庚:《商周彝器通考》,图六八五丁。

③ 参见冯峰:《论西周青铜器中的尊、方彝(尊、方彝、觥)组合——兼谈其与尊、卣组合的关系》,中国社会科学院考古研究所夏商周考古研究室编:《三代考古(八)》,科学出版社,2019年,第281—307页。

④ 林巳奈夫:《殷周青铜器综览——殷周时代青铜器之研究》,第139页。

⑤ 参见吴正英:《商周青铜斗初步研究》,陕西师范大学硕士学位论文,2019年,第23—32页,第二章"青铜斗的功用"。

其中分出斗形器，认为是为祖先、上帝献酒之器，①究其元素功能，仍然是有挹取色彩的。亦基于此点，我们不禁要进一步考虑，较为厚重的斗器在简单隔梁两边作业是否便利。这一点显然受制于较小的左右空腔，以及相对大的斗首，是故林氏的勾兑说，很难成立。

在守宫"觥"的正面有一椭方形的开口，可能如林氏所言"从流倒出"，但从觥的渠状流到如此小的孔，反差未免太大了些。如果倾倒的话，是否顺畅，腹内的斗又置于何处？我们没有进行模拟实验，难以遽断，但从常识而言，此形制大致是改变了觥器倾倒灌注的最初功用。苏荣誉考察羊觥时亦有论，虽有流出的设计意图，但并未真正实现，②守宫"觥"是否亦如此呢？那么，守宫"觥"的具体用法，很可能是合盖陈祭，盖设缺口也是为了更稳妥地安置斗。陈祭仪式后再揭开盖，用斗挹取酒液进行祼祭。

种种迹象表明，守宫"觥"已非是纯粹的觥器，若结合其形仍存模拟动物的意图来考量，我们认为它是觥与尊的共生之器。所谓共生，是遵循张懋镕师所提出的理论，"在形制上的模仿与借鉴，也足以使二者相互靠近"。③ 守宫"觥"主要体形虽保持觥形的大概，然其细节，甚至用法，都已悄然向鸟兽尊变化，近乎鸟兽尊"凿顶及背，以出内酒"④的功用。这样的话，守宫"觥"的尊彝系统色彩就更为浓重。朱凤瀚用此器来佐证水野清一持彝为盛酒的容器之说，⑤亦师出有名。守宫器组中，有守宫鸟尊、守宫卣等器，然未见有传统的尊器，可见守宫"觥"通过假流的设置，悄然承担了传统尊器的功用。亦因此，守宫"觥"与守宫鸟尊的关系要更为微妙，共生器物具有两类器形的特征，也在功用上达成兼用的目的。守宫"觥"的改制，反映出觥、尊以及鸟兽尊交错影响，共生出尊形觥这一新的器类。正是这种共生形式的制器，使得

① 王帅：《略论考古发现中的青铜斗形器——兼说伯公父爵与"用献用酌"之礼》，《古代文明》2008 年第 4 期，第 40—46 页。
② 苏荣誉：《藤田美术馆藏四件商代青铜器研究》，《中国青铜技术与艺术：丁酉集》，第 186 页。
③ 张懋镕：《试论中国古代青铜器器类之间的关系》，《古文字与青铜器论集（第二辑）》，科学出版社，2006 年，第 135 页。
④ 容庚：《商周彝器通考》，第 326 页，"鸟兽尊"。
⑤ 朱凤瀚：《古代中国青铜器》，南开大学出版社，1995 年，第 103 页。

组合中的相关器类可以减少,甚至是说在不妨碍原有使用的前提下,可以减少酒器数量。这是尊形觥出现的深层目的,同时也因为是对常规组合(如彝尊觥组合)的简省,故而发展不昌,甚至说是昙花一现。关于器物组合问题,本文将在下面守宫器组详论。我们初步认为,守宫"觥"是相生出的新器种,仅以觥形尊而视之,并主张将其清理出觥属。而晚期的烟墩山鸟兽尊,我们也不应当作觥器,也是将其放在觥形尊的范畴。我们对守宫"觥"的献疑,或许在不是问题的问题上,强以为解。不过,我们是以深入研究为初衷的,对器物个案探究的线索正是源自守宫"觥"的斗。貴引觥亦带有斗,但并无守宫"觥"诸多器形细节上的变化。山东陈庄 18 号墓的觥,出土时与斗紧邻,[①]似乎也存在觥、斗的组合关系,但觥身上却没有凿背置盖的迹象。故此,我们大胆推论,守宫"觥"在器形上有了关键性的变革,已然是新的器物品种。

在商代末期至西周中期之前,流行过两种铜酒器组合,一种是尊彝觥组合,还有一种尊彝组合。其中,尊彝组合,包含了一尊二彝的形式。[②] 尚无证据表明,尊彝觥组合的简省形式就是尊彝组合,而且这两种组合流行时间大致处于同期,为西周早期晚段至西周中期,只不过尊彝觥可能要略早一些。两种组合更大程度呈现地域因素导致的差别。冯峰收集了 6 组尊彝组合,其中令组(令尊、令彝)、觥组(觥尊、觥彝)、荣子组(荣子尊、荣子大方彝、荣子小方彝)3 组都与洛阳地区有关。当时洛邑是襟控东方的要地,鉴于这种微妙的关系,在尊彝觥组合上推行尊彝,很难讲不是周人刻意的举措。换句话说,是在尊彝觥较完备的组合上进行有意的简省。在这个时代背景下,才造就了守宫器的另类组合。

守宫器组为守宫鸟尊 1 件、守宫卣 2 件、守宫"觥"1 件、守宫爵 2 件,[③]共 6 件器。吴镇烽认为守宫是官职名,器主为担任此官职的某人。其中一件

---

① 山东省文物考古研究所:《山东高青县陈庄西周遗存发掘简报》,《考古》2011 年第 2 期,第 3—21 页,图六。

② 冯峰:《论西周青铜器中的尊、方彝(尊、方彝、觥)组合——兼谈其与尊、卣组合的关系》,中国社会科学院考古研究所夏商周考古研究室编:《三代考古(八)》,第 281—307 页。

③ 吴镇烽编撰:《金文人名汇编(修订本)》,中华书局,2006 年,第 128 页。

图4 守宫卣①

卣、②一件爵③现在无存器影，给我们进一步研究造成一些困扰。冯峰将守宫"觥"与另外一件有器影的卣④（美国哈佛大学福格美术馆藏，图4）排为组合。粗看纹饰，可能是这样的，两器腹部都有内卷角兽面纹。但仔细辨识，守宫"觥"的兽面纹要较为内敛，兽面眉、角结构性块面显得细瘦。守宫卣的兽面却有几分外放，结构性的块面也较粗壮。铭文上（图5）的细节，两器也有不同。守宫"觥"与守宫卣的相近又相异，亦如张懋镕师所指出，形制、纹饰、铭文"诸种因素在一件铜器是统一而融合的"⑤。

5359·1

5359·2

图5 守宫卣铭⑥

---

① 中国科学院考古研究所：《美帝国主义劫掠的我国殷周铜器集录》，科学出版社，1962年，第865页，A612.1。
② 《集成》5170、《铭图》13051。
③ 《集成》9108、《铭图》8492。
④ 《集成》5359、《铭图》13252、《美国所藏中国铜器集录》A612、R325。
⑤ 张懋镕：《试论西周青铜器演变的非均衡性问题》，《考古学报》2008年第3期，第337—352页；收入氏著《古文字与青铜器论集（第三辑）》，科学出版社，2010年，第107—120页。
⑥ 《集成》5359。

我们再细读守宫"觥"的铭文(图6),其器、盖同铭,皆为两行十字,书风内撅,①盖铭因相较器更易铸造一些,也就略舒展一些。守宫卣也是器、盖同铭,亦两行十字,书风外拓,盖、器两铭要更接近一些。守宫"觥"、卣铭文的差异恰与器物纹饰的区别相映衬。王帅认为金文书体分类标准有三方面考虑:(1)笔道粗细、曲直、波磔等特征;(2)单字形体大小、轮廓体势及偏旁架构;(3)字排的纵横间距。② 可以说,他的标准具备三重维度的考虑。除此之外,还应考虑到单字内部空间。所谓内部空间,也是近年来书学新涌现的一个概念,值得借鉴。字的内部空间与偏旁架构的关系比较紧密,但又能更入微到笔画,并延及行距。根据这些标准,我们认为,守宫"觥"反而与另一件卣要更接近些,更可能为一套组合。不过,那件卣未见器影,无法印证,只是我们的推想。但若着眼于铭文的字体书风,守宫器可能可以分为两组。③ A组:鸟尊(图7)、卣(福格美术馆藏),字体开阔,字内空间舒朗。B组:"觥"、另一件卣(图8)、两件爵(图9),字体收敛,字内空间紧致。铭文不同书风所形成的组合能够成立的话,守宫"觥"是觥、尊的共生器的推想也可得以佐证。我们亦可于此基础上,进一步猜想,在B组中,"觥"取代尊,与卣构成组合。其理由皆因守宫"觥"内有起到分隔作用的隔板,类似设置仅见有盉方彝、师遽方彝。也就是说,守宫"觥"的隔板之设来源于方彝。这件隔板不仅是觥、彝渊源的物质,也使得这件"觥"不期然成了大小二彝的化身,此形式是借用了卣之大小相配的用法。彝的内部隔板的变身亦可谓是对尊、卣组合的解构。尽管当时的作器者未必能够有如此复杂的考虑,很大程度上是我们基于所获铜器的现在眼光。但值得注意的是,铜尊在西周中期之后也极为少见,④在器种消亡史上也需要加入一点点现在的猜想。

---

① 借用书学中的内撅、外拓两种概念,见于《书学纂要》,"右军用笔,内撅而收敛,故森严而有法度;大令用笔,外拓而开廓,故散朗而多姿"。两器铭文,也有微妙的变化。

② 王帅:《中国古代青铜器整理与研究·西周金文字体卷》,科学出版社,2018年,第99页。

③ 整个守宫器组大致是在同时,只是从铭文风格上有两组的可能,抑或是不同书手所为。

④ 张小丽:《出土商周青铜尊研究》,西北大学硕士学位论文,2004年,第25—26页。

图 6　守宫"觥"铭①

图 7　守宫鸟尊铭②

图 8　守宫卣铭③

---

① 《集成》9298。
② 《集成》5959。
③ 《集成》5170。

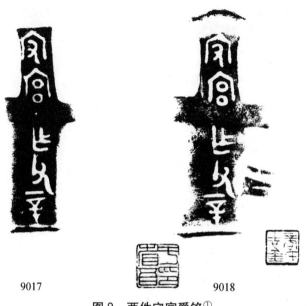

9017   9018

图 9　两件守宫爵铭①

　　青铜器整理,大体是在做"加法",尽量收集到所有可能的材料;而在研究的层面,则更需要注重"减法",②层层剥笋,才能更加认清器类的本质。本文主要通过对守宫"觚"的献疑,将大家都沿袭"觚"器的这件器物清理出去,提出觥形尊的说法。我们这些主张,虽然属于个案研究,但也或许能够增进器物的演进理论,因为该器与觚器貌合神离,在器形上有着较本质的差别。从器类之间的关系看,守宫"觚"可视为是觥、尊共生而来的特殊器形。本文也希望能够促进以器见史的研究方法,虽然有些只是推论,但不妨看作是将器物进行史料化的一种实验。

① 《集成》9017、9018。
② 关于加法、减法等说法,参看徐坚:《新郑李家楼:从盗宝私藏到学术公器》,朱渊清主编:《器物学与艺术史》,中西书局,2019 年,第 32—69 页。

引书简称对照表

《集成》　　《殷周金文集成》

《铭图》　　《商周青铜器铭文暨图像集成》

　　　　原载《中国古代青铜器整理与研究·青铜觥卷》第五、七章，科学出版社，2022 年，今据以收入，本次收入时作了修订。

疏公簋研读[*]

王泽文[**]

一、著录与收藏

疏公簋为盗掘流散品,后收归中国文物信息咨询中心,2014 年调拨中国国家博物馆收藏。著录经过参见《考古》2007 年第 3 期图版 3.5,《新出金文与西周历史》图版三至四,《百年》56 页 23,《甲金粹》111—113 页,《铭图》[①]04954,《近藏集萃》69 页。相关著录文献全称详见"六、主要参考文献"部分。疏公簋铭文第一个字" ",诸家有不同的考释,具体的讨论详见第三部分。这里从李学勤先生的意见,读作"疏"。

二、形制纹饰

疏公簋(图 1)是双耳圈足簋,口微外侈,有折沿,腹呈盆形,圈足较高,稍显直壁,双耳下附珥。纹饰方面,颈部饰相间的涡纹与屈身夔纹,上下以凸弦纹为界,前后正中各有一个兽首,两侧各有一个呈立刀状的简化竖立的躯干;腹部为直棱纹;圈足一周饰相对的直身上卷尾的夔纹,上下以凸弦纹为界,前后正中各有一个凸棱,似兽面额部的抽象化;双耳上部饰兽首。颈部纹饰中部兽首两侧的简化竖立躯干,是与中间的兽首相配的。具有类似纹饰设计的,见于滕州前掌大墓地西周早期早段 M11 所出有族氏铭文"史"壶

* 本文为古文字与中华文明传承发展工程"先秦历史文物探研与中国古代文明研究"(G3948)阶段性成果。
** 中国社会科学院古代史研究所、中国社会科学院甲骨学殷商史研究中心。
① 吴镇烽:《商周青铜器铭文暨图像集成》,上海古籍出版社,2012 年。本文简称"《铭图》"。

图 1　疏公簋器形①及铭文拓片②

形提梁卣（M11：96）以及西周早期晚段 M120 所出提梁卣（M120：18，图 2），这两件器的颈部纹饰中央的兽首两侧有类似的简化纹饰。③ 此类纹饰也相当于王世民等先生《西周青铜器分期断代研究》中"兽面纹"中的Ⅳ4 式，殷墟晚期和西周早期常见。④ 圈足部位的直身上卷尾夔纹，大致流行于殷墟中期至西周早期。⑤

　　疏公簋的材料公布后，学者或曾有所疑虑。如林沄先生曾对这件器物的器形纹饰提出质疑，表示："我对觊公簋的真伪产生怀疑，主要不是铭文的内容和字体。因为从字体上看，和西周早期的金文字体差异不大。从字形上来说，疑问是不大的。我认为它主要的问题在于器形。"林先生通过与现藏美国华盛顿赛克勒美术馆的緐簋（《集成》04144）的比较，提出他的怀疑，

① 朱凤瀚：《觊公簋与唐伯侯于晋》，《考古》2007 年第 3 期。

② 《铭图》04954。

③ 中国社会科学院考古研究所编著：《滕州前掌大墓地》，文物出版社，2005 年，第 275 页，图一九七：4，第 281 页，图二〇二。墓葬分期参见该书附表一二"前掌大墓地南Ⅰ区墓葬登记表"。

④ 王世民、陈公柔、张长寿：《西周青铜器分期断代研究》，文物出版社，1999 年，第 238—239 页，第 234 页图六，第 242—243 页图七。还可以参看上海博物馆青铜研究组编：《商周青铜器文饰》，文物出版社，1984 年，第 16—17、46—47、68—69 页。

⑤ 可参看上海博物馆青铜研究组编：《商周青铜器文饰》，第 192—194 页。该书归于"弯角鸟纹"。

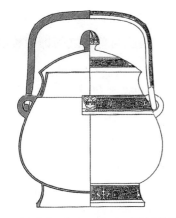

滕州前掌大南区墓地 M120：18 提梁卣纹饰①　　　　疏公簋口沿下纹饰细部②

图 2　前掌大 M120：18 提梁卣颈部纹饰与疏公簋口沿下纹饰对照

如"叔公簋两边簋耳垂下的珥，不是对称，而是朝一个方向的"，"颈部的纹样……虽然它也有一个一个圆球形的火纹，也有龙纹，但它的兽头旁边多了一种纹样"。林先生举出大量例子说明："这种纹样是西周早期比较流行的纹饰成分，是从分解的兽面纹的一部分。兽面纹分解出来的的确有标准的立刀形，那是从兽面纹鼻子的两瓣分出来的。但我们所讨论的这个纹样不是鼻子分出来的。……这种纹饰的母题，应该是分解的兽面纹的一部分。所以这样一个组成部分应该有根据，但叔公簋不是兽面纹，而是一个立体的小兽头。把刚才我们讨论的这种纹样安排在小兽头的两面，不能说没有根据。但是商代到西周中期，所有小兽头旁边，没有发现一例是装饰这个纹样。"③

直接对林沄先生的质疑提出商榷的，是王恩田先生。王先生认为林沄先生"指出叔公簋器形、器耳和纹饰方面的种种错误，可能是对的，但据此认为叔公簋是伪作，有必要再斟酌"。④ 他判断此器不伪，不过并未作具体的论证。

① 中国社会科学院考古研究所编著：《滕州前掌大墓地》，第 284—285 页，图二〇二。

② 朱凤瀚：《简论与西周年代学有关的几件铜器》，朱凤瀚主编：《新出金文与西周历史》，上海古籍出版社，2011 年。

③ 林沄：《叔公簋质疑》，复旦大学出土文献与古文字研究中心网，2008 年 1 月 29 日。

④ 王恩田：《叔公簋不伪》，复旦大学出土文献与古文字研究中心网，2015 年 3 月 7 日；收入《商周铜器与金文辑考》，文物出版社，2017 年，第 94 页。

关于疏公簋颈部前后正中的兽首两侧的呈立刀状的简化竖立的躯干，朱凤瀚先生在最初公布这件器的文章中描述为"涡纹与兽首之间饰对称的'立刀形'纹（实际上是龙纹肢体变形）"。[①]

笔者当初试着讨论这件器物的时候，得到李学勤先生和朱凤瀚先生的赐教，告知山东滕州前掌大西周早期墓葬中出土的器物中有与疏公簋颈部纹饰组合相类似的现象，所以在那篇习作中做了介绍。[②] 后来看到在林沄先生文章下面的跟帖评论中，网友"贫寒之士"在 2008 年 2 月 3 日也已经指出这一点。

李学勤先生在将《论觉公簋年代及有关问题》收入集子时，对簋的口沿下的纹饰做了补充描述："觉公簋口沿下中间小兽首两侧有附加的立羽纹，

图 3 史簋[④]

形如倒置的 F。与此相同的纹饰结构曾见于山东滕州前掌大 M120∶18 卣。"[③]

疏公簋两珥不是相对称而是同方向的现象，笔者当初认为可能是铸造或修复时失误所致。后来李学勤先生指出，两珥同向的现象，又见于现藏于法国 Museum Cernuschi 的史簋（《通考》250、《集成》02958、《欧遗》16，图 3）。但笔者还没有找到李先生在正式发表讨论疏公簋的文章里是否提到过。

李先生在《海外访古记》描述史簋的形制纹饰特征："腹饰方格乳钉

---

① 朱凤瀚：《𪊔公簋与唐伯侯于晋》，《考古》2007 年第 3 期，第 64 页。
② 朱先生的意见承刘源先生转告。
③ 李学勤：《论觉公簋年代及有关问题》"附记"，《通向文明之路》，商务印书馆，2010 年，第 116 页。
④ 《集成》02958。图片采自 Jessica Rawson, *Western Zhou Ritual Bronzes from the Arthur M. Sackler collections*, vol 2, The Arthur M. Sackler Foundation, Washington D.C., and the Arthur M. Sackler Museum, Harvard University, Cambridge, Massachusetts, 1990, p.394.

纹,高圈足饰饕餮纹,有很小的方形镂孔。特点是有三耳,耳上有牛首,下有小钩形珥。奇怪的是小珥两个向外钩,一个向内钩,可能是制范时的错误。"①

朱凤瀚先生后来在《简论与西周年代学有关的几件铜器》中也指出:"有一边器耳下的小珥之钩形纹饰向内,结果使两侧小珥上的钩形纹饰同向了,此点已有学者指出。细致观察原器,似非器物有损坏修复后接倒造成的,而应是铸造时作范发生的错误。此种情况在已著录的青铜器中很罕见,但亦偶可见,如巴黎赛尔努什博物馆(Musée Cernuchi,文按,排印有误,应作Musée Cernuschi)所藏史簋。"②

据笔者目验,疏公簋内底的铭文与两耳相连的直线不是垂直的,而是有一定的倾斜角度,但与纹饰中心合(图4左),这一点,从朱凤瀚先生提供的俯视照片上也可以观察到(图4右)。由此看来,林沄先生关于"觊公簋铸造很粗糙"的推断,以及朱凤瀚先生关于该器可能是在制范时出现错误的现象的分析,是有道理的。关于疏公簋下垂的珥的朝向问题,虽然有史簋可以作为旁证,但由于不清楚疏公簋是否经过修复③,而且三珥和两珥的布局还是有一定的差异,也不能作更多的讨论。

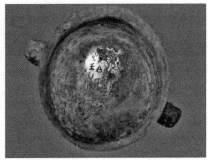

左:笔者拍摄;右:俯视④

图4 疏公簋铭文方向与纹饰及双耳方向的关系

---

① 李学勤:《海外访古记》,《四海寻珍》,清华大学出版社,1998年,第60页。
② 朱凤瀚:《简论与西周年代学有关的几件铜器》,朱凤瀚主编:《新出金文与西周历史》,第33页。
③ 观察《铭图》04954所载器形照片,一侧腹近底部和圈足有残缺,表明器物曾经过修复。
④ 朱凤瀚:《简论与西周年代学有关的几件铜器》,朱凤瀚主编:《新出金文与西周历史》。

对于任何一件属于非科学发掘的文物，由于缺失相关的出土信息，对其持有怀疑态度是必要的。合理的质疑，体现了科学的求真精神，也促使研究者更加细致思考和分析。

谢尧亭、陈晓宇先生《疏公簠续说》收集整理了流散和科学发掘（包括尚未发表的）的具有"⋈"族氏徽号的青铜器，提出：

> 在绛县横水墓地发现了 3 件"五"族铭青铜器，M2001：3 簋，内底铸铭文"五"，与疏公簠形制纹饰几乎相同，而 M2022：196 觯和 M3250：37 觯的盖内和器内底均各铸一族氏铭文"五"……山西绛县横水墓地是目前已知出土"五"族青铜容器最多的西周墓地。横水墓地是 2004 年被盗发现的，发掘工作持续到 2007 年 11 月底，而朱凤瀚先生 2007 年发表的在香港文物市场上见到的这件疏公簠，其发现年代与横水墓地的被盗时间也可以吻合，由此我们推测疏公簠也有可能出自横水墓地。①

三、释文重点字词分析

先抄录释文如下，对于不需要讨论的字，直接隶定为通行字：

▨公作▨▨

簠，遘于王令（命）

唐伯侯于晋，

隹（唯）王廿又八祀。⋈。

下面介绍学界对铭文中第一行的第一个字"▨"和第四个字"▨"的考释。

（一）▨

铭文起首的这个字，朱凤瀚先生《觊公簠与唐伯侯于晋》分析：

---

① 谢尧亭、陈晓宇：《疏公簠续说》，《北方文物》2020 年第 2 期，第 79 页。

此字应是从见,昃声的字,或即从夋声。"夋"声母为匣母,从"尧"得声的字如"晓"、"娆"皆为晓母,匣、晓均为喉音(文按:匣、晓或归在牙音[舌根]音),极相近(文按:旁纽),而"夋"、"尧"韵部又皆属宵部(文按:叠韵),所以夋与尧音近同。又《类篇》"觉"字古文作"覐"、"覐",显然是从"夋"、"交"得声的两个形声字。惟"觉"字上古音为见母、觉部韵,"夋"为匣母、宵部韵,声母相近,而觉、宵二韵有别(文按:见母和匣母都是牙音,也是旁纽;宵部和觉部字可以看成旁对转)。但《说文解字》谓"觉"从"学"省声,而"教"的篆文又作"学",先秦典籍中"教"、"学"二字亦常通用,"教"则从"夋"得声,这说明"觉"、"学"、"夋"、"教"诸字上古音读可能皆近同,故《类篇》"觉"字古文从"夋"得声。据上述资料颇疑"覞"即"觉"字,依音或可读为"尧"字,如是则"覞公"即"尧公",是属地在尧或以尧为氏的贵族。但铭文之末有族氏名号▷◁,此名号见于商晚期金文,所以不能排除此覞氏属于商遗民。[①]

李学勤先生《释"疏"》是这样讨论的:

被隶写为"覞"的这个字,左边偏下从"夋",是很清楚的。上面的"口"形不能与"夋"结合,而应同右边的"見"作为一体看待,这是释读该字的关键。"口"其实是"日"省去中间一点,商末周初金文屡见(文按:见图5);"見"则与"頁"相通,如成王时何尊"顺"字,康王时大盂鼎"显"字,都从"見"作。把"日"和"頁"合在一道,就是"暊(文按:见《玉篇·日部》)"即"夏"字。

从"夋"从"夏"是什么字呢?

《说文》有"迓"字(文按:疋部),云"从'夋'从'疋','疋'亦声。"其字与'疋'一样,古音皆为心母鱼部(文按:心母为齿头音)。"疋"字,《说文》说:"古文以为《诗·大疋》字",句中"疋"《广韵》引作"雅"。"雅"是疑母鱼部字(文按:疑母为牙[舌根]音)。

---

① 朱凤瀚:《覞公簋与唐伯侯于晋》,《考古》2007年第3期,第64—65页。

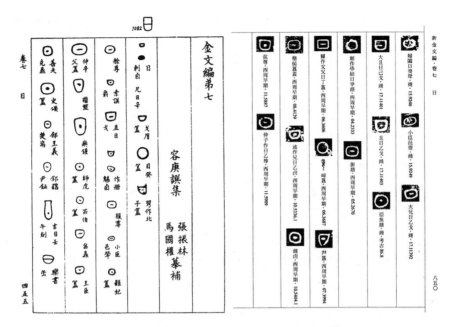

图5 《金文编》卷七第455页；《新金文编》卷七第850页

熟悉金文的都知道，《大雅》、《小雅》的"雅"又可通作"夏"，如丹徒北山顶所出遱、邘镈、钟（《近出》①94—96，文按：《铭图》15520—15521、15794、15796），铭文"以夏以南"便是《诗·鼓钟》的"以雅以南"。"夏"是匣母鱼部字，自能通假（文按：疑母、匣母是旁纽）。

因此，以"疋"为声的"延"字，也可以"夏"为声，所以簋铭的"覣"即"嫛"，同"延"是一个字。

"延"字，《系传》徐锴云："《礼记》曰'疏通特达'是也。"段玉裁《说文解字注》："此与去部（文按：音 tu，倒"子"）'疏'音义皆同。《玉篇》引《月令》'其器延以达'，今《月令》作'疏'。诸书'枝疏'字，《太玄》作'枝延'。"由此可知，我们将这里讨论的簋称作疏公簋就可以了。②

---

① 刘雨、卢岩：《近出殷周金文集录》，中华书局，2002年。本文简称"《近出》"。

② 李学勤：《释"疏"》，《考古》2009年第9期；收入《三代文明研究》，商务印书馆，2011年，第75—76页。

李学勤先生后来在《论芮姞簋与疏公簋》中对此又有进一步的分析：

> 疏公应该是食邑于疏的晋国贵族，我的想法是疏就是胥，两字均为心母鱼部。晋有胥氏，具体说有见于《左传》僖公二十三年的司空季子，杨伯峻先生注云："司空是其官，季子是其字；胥，其氏；臣，其名；食邑于白，故亦谓之胥臣，亦谓之白季。"这个胥氏到春秋晚期已亡……当然，西周早期的胥氏能否与春秋时的胥氏是一家，其间有无绝封更封之事，还是需要考虑的。①

""字，又见于近年新出现的两件同铭的公伯鼎，一件是浅腹鸟形扁足鼎，腹部饰垂冠顾首长尾鸟纹，已收录到《铭图》01591（图 6 上）；另一件也是浅腹鸟形扁足鼎，口沿下饰一道弦纹，收录到《铭图三编》②0161（图 6 下）。铭文自左向右可读作：

公伯作姒。。

李先生的上述论证，有一个关键，就是这个字左上是"日"还是"口"。从公伯鼎的这个字形看，省掉一横的"日"是有可能的。

关于第一件公伯鼎（《铭图》01591）的时代，李学勤先生《论芮姞簋与疏公簋》认为属于西周早期，没有具体讨论其形制纹饰，可能是因为属于流散器物，当时不便过多介绍。吴镇烽先生《铭图》认为属于西周早期前段。朱凤瀚先生《中国国家博物馆近年来征集的西周有铭青铜器续考》认为纹饰似略晚，归于西周早期中叶。③ 文按，据《铭图》01591 器形照片看，第一件公伯

---

① 李学勤：《论芮姞簋与疏公簋》，《陕西韩城出土芮国文物暨周代封国考古学研究国际学术研讨会文稿（一）》，上海博物馆，2012 年；收入《夏商周文明研究》，商务印书馆，2015 年，第 151—152 页。
② 吴镇烽：《商周青铜器铭文暨图像集成三编》，上海古籍出版社，2020 年。本文简称《铭图三编》。
③ 朱凤瀚：《中国国家博物馆近年来征集的西周有铭青铜器续考》，吕章申主编：《近藏集萃：中国国家博物馆新入藏文物》，北京时代华文书局，2016 年，第 6—7 页。

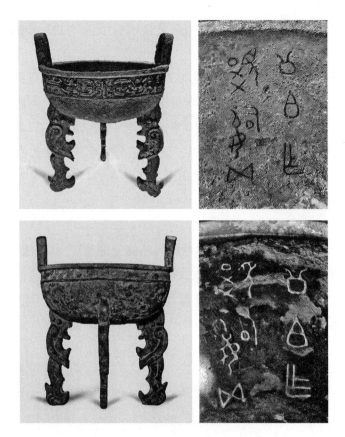

图 6　上：公伯鼎①；下：公伯鼎②

鼎的鸟纹的尾羽已经与身体明显断离，不早于西周早期晚段。关于疏公簋中的疏公和公伯鼎里的公伯的关系，下文"四、史料解读"部分还会涉及。

（二）⬛

朱凤瀚先生《𫎆公簋与唐伯侯于晋》谓：

> 𡜪，从妻，㫃声，即妻字。
>
> ……姚是古姓，《说文解字》云："虞舜居姚虚，因以为姓。"段玉裁注

---

① 《铭图》01591。
② 《铭图三编》0161。

曰：“《帝王世纪》云：‘舜母名握登，生舜于姚虚，因姓姚氏也。’《世本》：‘舜姓姚氏’。”

"妻姚"，即姚姓之妻，为覞公之配偶。"覞公作妻姚簋"，说明是覞公为其夫人作礼器，或可能是祭器。商周铜器铭文中多见男性家族长为其夫人作祭器之例（多用以祭其母，即其妻之婆婆）。当然，也不排除可能是生活用食器。[①]

李学勤先生《论觉公簋年代及有关问题》联系西周早期芮姞簋（《新收》[②]1665、《铭图》04330，图7）铭文"内（芮）姞作/旅簋。⋈"分析：

> 如张懋镕教授所论，芮是姬姓国，已发现的许多芮器未见有⋈这一族氏徽号，⋈应系芮姞母氏。这便说明，⋈是姞姓的，推知觉公簋的器主也是姞姓，他娶了姚姓之女，簋铭的"夒"字确当读为"妻"，尽管青铜器铭文中类似的文例是罕见的。[③]

图7 芮姞簋

① 朱凤瀚：《覞公簋与唐伯侯于晋》，《考古》2007年第3期，第65页。
② 锺柏生等编著：《新收殷周青铜器铭文暨器影汇编》，艺文印书馆，2006年。本文简称"《新收》"。
③ 李学勤：《论觉公簋年代及有关问题》，《庆祝何炳棣先生九十华诞论文集》，三秦出版社，2008年；收入《通向文明之路》，商务印书馆，2010年，第115—117页。

　　在西周早期的青铜器铭文中，"妻"字的用法还可举出如下几例。

　　天马—曲村西周早期一男性墓葬 M6243 出有王妻簋（M6243：4,《新收》957、《铭图》04073,图 8 上），铭文作"王妻作宝簋"。[①] 该墓同出有一鼎 M6243：5,铭文作"作宝鼎"（《铭图》01020,图 8 下），字体风格相近。两件器物都不早于西周早期后段。

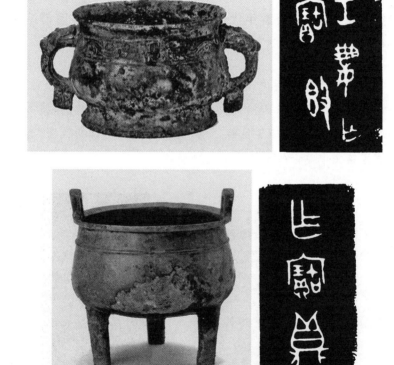

图 8　上：王妻簋；下：作宝鼎

---

① 邹衡主编，北京大学考古学系商周组、山西省考古研究所编著：《天马—曲村（1980—1989）》，科学出版社,2000 年，第二册第 491 页，图六八八：2（器形）、图六八九：2（铭文），第四册图版捌捌：1（器形）。

关于王妻簋,陈昭容等先生有研究。① 笔者认为,这里的王有两种可能性:一种可能,是指周天子;另一种可能不一定是指周天子。② 朱凤瀚先生或读作"黄"。③ 不论如何,这里的"妻"都是自称。

晋侯簋(西周中期前段,现藏国博,《铭图续编》④0361,图9)铭文:"晋侯作田奠馐簋。"⑤

图 9　晋侯簋

其他还可以参看如农卣(西周中期前段,《集成》05424)、淮伯鼎(西周中期,《铭图》02316)等。

---

① 陈昭容:《从青铜器铭文看两周王室婚姻关系》,《古文字与古代史》第 1 辑,"中研院"历史语言研究所,2007 年,第 263—264、284 页。

② 这方面的讨论,可以参看王国维:《古诸侯称王说》,《观堂集林》别集卷一,中华书局,1959 年,第 1152—1153 页;王世民:《西周春秋金文中的诸侯爵称》,《商周铜器与考古学史论集》,艺文印书馆,2008 年,第 115—120、136 页。

③ 朱凤瀚:《对与晋侯有关的两件西周铜簋的探讨》,《古文字研究》第 29 辑,中华书局,2012 年,第 326 页。

④ 吴镇烽:《商周青铜器铭文暨图像集成续编》,上海古籍出版社,2016 年。本文简称"《铭图续编》"。

⑤ 朱凤瀚:《对与晋侯有关的两件西周铜簋的探讨》,《古文字研究》第 29 辑,第 325—329 页。

妻指配偶，甲骨卜辞中常见。甲骨文中所见"妻"字，文辞较完整者如：

丁丑卜，宾贞，子雍其钔王于丁妻二妣己，皿羊三，用(?)羌十……

《合集》331［宾组］，图 10)①

钔方于河妻……　　　　　　　　　（《合集》686［宾组］，图 11)

贞，出于示壬妻妣庚宰，重……　　（《合集》938 正［宾组］，图 12)

……卜，㲋贞，蚨妻……　　　　　　（《合集》4547［宾组］，图 13)

贞，弗作王妻　　　　　　　　　　（《合集》5450［宾组］，图 14)

……王固曰，出祟，其有来婎。迄至九日辛卯，允有来婎自北。蚨
妻笭告曰，土方侵我田十人。　　　（《合集》6057 反［宾组］，图 15)

丙子卜，㲋贞，王梦妻不惟［囚］。　（《合集》17382［宾组］，图 16)

戊午卜，至妻钔束父戊，良有𢼊（瘥）。戊午卜，贞，妻有𢼊（瘥），
今夕。　　　　　　　　　　　　　（《合集》22049［午组］，图 17)

图 10　《合集》331

图 11　《合集》686

---

① 胡厚宣主编《甲骨文合集释文》（中国社会科学出版社，1999 年)，曹锦炎、沈建华《甲骨文校释
总集》（上海辞书出版社，2007 年)均漏"宾"字。姚孝遂主编《殷墟甲骨刻辞类纂》（中华书局，
1989 年，上册第 175 页)"用"字未释。岛邦男《殷墟卜辞综类》（汲古书院，1977 年，第 137
页)"用"字作"𡇚"。

图 12 《合集》938 正

图 13 《合集》4547

图 14 《合集》5450

图 15　《合集》6057 反

图 16　《合集》17382

图 17　《合集》22049

据上述例子,甲骨文中的"妻"既可以指称活着的人,也可以指称逝去的人。赵诚先生认为,妻在卜辞中或用作配偶之义,妻到后代有妻子之义,当从配偶义引申转化而来。①

也有学者不把"霎"字读作"妻"。

谢尧亭和陈晓宇先生认为:"妻即古国族郚,姚姓,郚姚是疏公之妻。"②田率先生也将"霎"读为"郚",认为是国名:

> 郚国据《说文》云为新郚,在汝南县。王筠《句读》云:"故七国魏邑也。"《史记·魏世家》:"秦拔我郚丘。"张守节《正义》引《地理志》云"汝南郡新郚县"。古郚国地在今安徽省界首市东北茨河南岸,从郚姚的称谓可知,郚国为姚姓,舜帝之后。③

赵庆淼先生也不把疏公盨铭文中的"霎"读作"妻"。他认为,从文例看,"霎"可以读为"齊"或"齋",在这里作祭祀动词,意即作了一件祭祀姚姓女子的铜器;青铜器铭文中有"作宝齊"或"齊鼎",属于动词化和形容词化的用法。④

四、史料解读

疏公盨的史料价值是多方面的。朱凤瀚先生曾经概括疏公盨铭文的学术价值有三点:(1)证实了《史记·晋世家》所言,唐叔虞封唐并未称晋侯,自其子燮父始称晋侯。这有助于了解西周时期封君的名号制度及与之相关的宗法制度。(2)明确了燮父由唐迁至晋地始有晋国的名号,晋地与唐并非一地(但应该不远),则位于曲沃与翼城交界处的天马—曲村晋国遗址以及北赵晋侯墓地并非唐地,从而将从考古学上寻找唐叔所封之唐地重新提上

---

① 赵诚:《甲骨文简明词典:卜辞分类读本》,中华书局,1988年,第56页。
② 谢尧亭、陈晓宇:《疏公盨续说》,《北方文物》2020年第2期,第78页。
③ 参看中国国家博物馆编:《中国国家博物馆馆藏文物研究丛书·青铜器卷·西周》,上海古籍出版社,2020年,第192—194页,第69号。
④ 2021年7月承赵庆淼先生赐告,似未正式成文发表。

日程。（3）燮父始封晋的年代"惟王廿又八祀"无论是指成王还是康王之年，均与《夏商周断代工程 1996—2000 年阶段成果报告：简本》所附"夏商周年表"中西周此二王的年代不合，对深入探讨西周诸王年代及西周王朝始建年代有重要推动作用。① 这无疑是十分正确的。这里仅就铭文涉及的早期姓氏和晋国早期国君称号等问题稍加介绍。

（一）早期姓氏制度的宝贵材料

朱凤瀚先生《觊公簋与唐伯侯于晋》谓：

> ……姚是古姓，《说文解字》云："虞舜居姚虚，因以为姓。"段玉裁注曰："《帝王世纪》云：'舜母名握登，生舜于姚虚，因姓姚氏也。'《世本》：'舜姓姚氏'。"②

李学勤先生在《论觉公簋年代及有关问题》中，举出西周晚期旟叔樊鼎铭文（《集成》02679，图 18 左）分析姚姓：

> 《殷周金文集成》2679 鼎铭云：旟叔樊作昜（唐）姚宝鼎……，乃西周晚期器，……这件鼎传出于山西潞安府，即今长治。鼎铭中的唐姚显然是器主之妻，表明唐是姚姓的。觉公簋器主之妻，应该也是唐人之女。
> 　　唐人为帝尧陶唐氏之后，《帝王世纪》说尧祁姓，以《左传》及西周青铜器铭文有杜祁（文按：应该是指🔲公铺，《集成》04684，西周晚期，图 18 中；又，新著录的《铭图》06147 叔颂父铺，西周晚期，有"杜孟祁"，图 18 右），而杜是陶唐氏之后印证，是有道理的。至于姚姓，我认为当是帝舜之后在唐者，《左传》隐公八年《正义》引《世本》云："帝舜，姚姓。"舜受尧禅，《国语·晋语八》韦昭注和《左传》襄公二十四年杜预注都说舜时不改尧号。

---

① 朱凤瀚：《觊公簋与唐伯侯于晋》，《考古》2007 年第 3 期，第 64—69 页。
② 朱凤瀚：《觊公簋与唐伯侯于晋》，《考古》2007 年第 3 期，第 65 页。

　　唐人曾服事夏商,周初唐国被灭,封给唐叔虞,唐人除被迁走者外,还有的留在当地。嫁给觉公的,就是唐人姚姓馀民的女儿。当时正值作为其君主的燮父徙居于晋,是一件大事,觉公便在簋铭中记录下来。我揣想觉公本人也是原来唐国的馀民,一个部族的领袖,属于燮父的治下。①

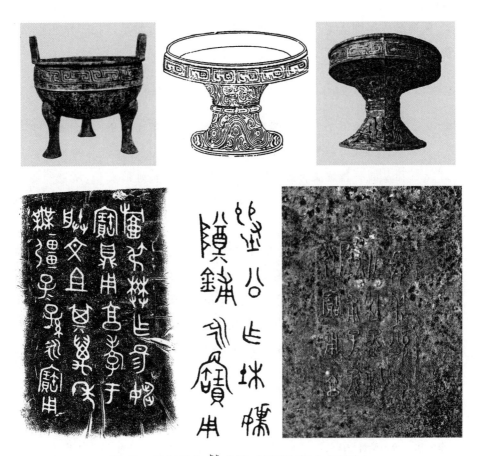

图 18　旟叔樊鼎、🐾公铺、叔颂父铺(由左至右)

---

① 李学勤:《论觉公簋年代及有关问题》,《庆祝何炳棣先生九十华诞论文集》;收入《通向文明之路》,第115—117页。

青铜器铭文中，涉及早期姓的材料，已经不少了。和疏公簋时代比较接近的，还有前面引述的西周早期芮姞簋（《新收》1665、《铭图》04330）。

李学勤先生《论芮姞簋与疏公簋》认为，公伯鼎（《铭图》01591）"铭文云系'公白（伯）'为'疏姒'所作，铭尾也标有'◁（五）'。疏姒应该是嫁于疏的姒姓女子。如果我们猜想公伯与疏公簋的疏公为同一人，疏姒很可能是他的母亲"。①

朱凤瀚先生则认为："'公伯'即当是觊公之长子，如是，则其'作觊姒'之'觊姒'很可能是其妻。"②

田率先生赞成朱先生的意见，他认为：

> 通常情况下子为母作祭器，要有"母"这一亲属称谓，甚至还要有各种尊称、敬称，而觊姒前未缀有这些词语，她是公伯的母亲的可能性不大。而从觊公簋铭文得知，觊公的夫人是一位姚姓的女子，所以觊姒应为公伯的配偶，她作为觊氏家族的宗妇，担负着祭祀夫家祖先的职责。③

他接受赵庆森先生（《芮姞簋与古芮国探微》，《故宫博物院院刊》2016 年第 2 期）的观点，认为芮姞簋中的芮姞不是嫁入姬姓芮国的姞姓女子，而是来自姞姓的古芮国。结合姒簋"姒作父乙宝尊彝。◁"也同样有族氏徽号"◁"的材料（《铭图》04412，图 19），进而认为"公伯鼎、姒簋与觊公簋时代相近，人物关系密切，可一并讨论。姒簋的作器者就是公伯鼎中的觊姒，……觊姒祭祀的父乙应该就是觊公，其去世后庙号为乙"。④

---

① 李学勤：《论芮姞簋与疏公簋》，《夏商周文明研究》，商务印书馆，2015 年，第 150 页。

② 朱凤瀚：《中国国家博物馆近年来征集的西周有铭青铜器续考》，《近藏集萃：中国国家博物馆新入藏文物》，第 6—7 页。

③ 参看中国国家博物馆编：《中国国家博物馆馆藏文物研究丛书·青铜器卷·西周》，第 192—194 页。

④ 参看中国国家博物馆编：《中国国家博物馆馆藏文物研究丛书·青铜器卷·西周》，第 192—194 页。

图 19　姒簋

田率先生这样的释读的前提是：一、姒簋铭文中的"姒"即公伯鼎中的"覞姒"（李学勤先生考释作疏姒）；二、儿媳称自己的丈夫的已经死去的父亲为父；三、其时公伯已不在世。关于第二点，春秋初年的晋姜鼎（《集成》02826）称其已故丈夫的谥号"文侯"，称其丈夫死去的母亲为"先姑"。战国早期的陈肪簋盖铭（《集成》04190）有"用追孝于我皇餟（舅）"语，作器者为"鳌叔和子"，可能是女子名，可见其称不在世的丈夫的父亲为"舅"，不称"父"。

现将上述对几件器物的人物关系的不同意见整理如下（表1）：

表 1　关于疏公簋、公伯鼎、姒簋诸器中的人物关系的不同意见

李学勤	朱凤瀚	田　率
疏姒 | 疏公（公伯）+ 妻姚	覞公 + 妻姚 公伯 + 覞姒	覞公（父乙）+ 妻姚 公伯 + 覞姒（姒）

上述意见的分歧，暂时没有定论，因为关于几件器物的时代的看法有分歧。

关于所谓的"公伯鼎"的铭文的读序，笔者曾有一个想法，"疏公伯姒作。

$\bowtie$"铭文可以这样释读：疏公与伯姒是夫妻，共同作这组器。可供参考的，是春秋时期的秦公镈（《集成》00267—00268），铭文显示秦公及夫人王姬共用一个谦称，"公及王姬曰：余小子，余夙夕虔敬朕祀，以受多福……"。伯姒可能比妻姚早，也可能比妻姚晚。当然，这个仅是猜测。还有一点，笔者认为，从器形纹饰看，公伯鼎不会太晚，应该与疏公簋是基本同时期的。

（二）关于"唐伯"的称号及有关问题

铭文有"王命唐伯侯于晋"，朱凤瀚先生以为燮父在侯于晋前称唐伯，王命唐伯为侯于晋，燮父封侯于晋。

李学勤先生谓燮父继位称唐伯，徙为晋侯则在康王末年。李先生在讨论中又有伯不一定是爵称而可能是伯、仲、叔、季长幼排行之义的看法。[①]

而李伯谦先生则认为其为爵称的可能性很大。[②]

王世民先生提出，铭文中的唐伯，是指称叔虞还是燮父，需要再研究。[③] 白光琦先生认为："觊公簋的'易伯'，就是文献的唐叔。唐叔名矢，文献作虞……因是成王之弟，在周王面前称名，故称叔矢。食采于易，则称易伯。"[④]

笔者认为，铭文中的"唐伯"是燮父在唐叔虞卒后继位到其迁晋之前的称号，[⑤]与其排行有关，不是指公侯伯子男的"伯"，不宜理解为爵称。传世文献及出土文献材料中的涉及周子弟受封诸侯的一些伯、仲、叔、季的称谓，与各人的排行有关，是周封建其子弟所用的一套称号（主要在西周早中期）。限于篇幅，这里仅结合《史记》等传世文献记载对这一现象稍加说明。

吴。先是吴太伯，继立者为其弟，为吴仲雍。仲雍卒，子季简立。之后是叔达、周章、熊遂、柯相。以上参见《吴太伯世家》。又，《国语·吴语》载晋董褐语，谓吴初封，"夫命圭有命，固曰吴伯"。[⑥]

---

① 参见李伯谦：《觊公簋与晋国早期历史若干问题的再认识》，《中原文物》2009 年第 1 期，第 49 页。
② 李伯谦：《觊公簋与晋国早期历史若干问题的再认识》，《中原文物》2009 年第 1 期，第 49 页。
③ 参见王泽文整理：《觊公簋研讨会纪要》，《"夏商周断代工程"》简报第 164 期，第 1—4 页。
④ 白光琦：《觊公簋与晋之始封》，《先秦年代续探》，首都师范大学出版社，2016 年，第 65—67 页。
⑤ 《世本八种》，商务印书馆，1957 年，张澍稡集补注本，第 122 页，卷五"王侯大夫谱·晋谱"引《史记索隐》和《路史》谓"唐叔燮子曼期为武侯"，以燮为唐叔。笔者暂未查到此说的出处。
⑥ 韦昭注，上海师范学院古籍整理组校点：《国语》，上海古籍出版社，1978 年，第 613 页。

虞。据《吴太伯世家》,"乃封周章弟虞仲于周之北故夏墟,是为虞仲,列为诸侯"。

蔡。初封蔡叔度,蔡叔子胡在成王时得复封,是为蔡仲。蔡仲卒,子蔡伯荒立。蔡伯荒卒,子宫侯立。以上参见《管蔡世家》。《管蔡世家》云蔡仲之封,是为了"以奉蔡叔之祀"。结合《陈杞世家》陈胡公满之封为"以奉帝舜祀"、杞东楼公之封为"以奉夏后氏祀"等,也表明蔡叔为称号或君称。

曹。初封曹叔振铎,其后相继为太伯脾、仲君平、宫伯侯、孝伯云等。至惠伯兕卒,其弟杀惠伯子而代立,为缪公。以上参见《管蔡世家》。又,《左传》定公四年有"陶叔",或以为即曹叔振铎。[1]

滕。周文王子错叔绣。参见《陈杞世家》索隐。

卫。卫康叔封,[2]康叔卒,子康伯代立。至顷侯时,厚赂周夷王,夷王命卫为侯。以上参见《卫康叔世家》。康伯,即《左传》之王孙牟,《索隐》谓谯周《古史考》无康伯,而云子牟伯立。孙诒让考康伯当作"庸伯"。[3] 据《管蔡世家》,"封康叔为卫君,是为卫康叔"。据《卫康叔世家》,"(卫)武公即位,修康叔之政",可知康叔为君称。清华简《系年》的记载是:"周成王、周公既迁殷民于洛邑……乃先建卫叔封于庚丘,以侯殷之余民。卫人自庚丘迁于淇卫。"李学勤先生指出:"'庚'、'康'系通假字。原来'康丘'就在殷,是'邶鄘卫'的一部分,所以康叔封也可称'卫叔封',不久卫人迁都'淇卫',即在淇水流域的朝歌,那里便专称'卫'了。"并据以分析《左传》定公四年及青铜器沬司徒送簋铭文(《集成》04059)涉及的卫初封的记载。[4]

① 参见杨伯峻:《春秋左传注(修订本)》,中华书局,1990年,第1538页。

② 《索隐》引孔传曰:"康,畿内国名,地阙。"《索隐》引宋忠曰:"康叔从康徙封卫,卫即殷墟定昌之地。畿内之康,不知所在。"又看看杨筠如:《尚书覈诂》,陕西人民出版社,2005年,第253页;屈万里:《尚书集释》,联经出版事业股份有限公司,1983年,第143—144页。

③ 孙诒让:《周书斠补》卷二,艺文印书馆,1971年,第80—85页。又,黄怀信、张懋镕、田旭东撰,黄怀信修订:《逸周书汇校集注(修订本)》,上海古籍出版社,2007年,上册,第520—524页。

④ 李学勤:《清华简〈系年〉及有关古史问题》,《三代文明研究》,商务印书馆,2011年,第200—201页;《由清华简〈系年〉释读沬司徒疑簋》,《夏商周文明研究》,商务印书馆,2015年,第177—180页。

又据《管蔡世家》，还有管叔鲜、成叔武、①霍叔处、②冄季载。

其他，还有文王弟虢仲、虢叔，见《左传》僖公五年，等等。

鲁。周公旦辅翼武王有功，武王克商之后，封周公旦于少昊之虚曲阜，是为鲁公。周公不就封，留佐武王。成王继位，周公相成王，而使其子伯禽代就封于鲁。周公卒，子伯禽固已前受封，是为鲁公。鲁公伯禽卒，子考公酋立。成王命鲁得郊祭文王。鲁有天子礼乐者，以褒周公之德也。以上参见《鲁周公世家》。鲁有特殊的尊贵地位，与其他有别。

《左传》昭公十五年，周景王对晋籍谈所讲一段话，称周先王成王，而称晋先君唐叔、文公。《左传》定公四年，子鱼叙周初武王、成王时分封，以鲁公（伯禽）与康叔、聃季、陶叔（即曹叔）、唐叔、管叔、蔡叔、蔡仲（名胡）并称。《左传》哀公二年，卫大子蒯聩在战前祷辞称其先祖"皇祖文王、烈祖康叔、文祖襄公"。

上述材料表明，伯仲叔季者，虽然是排行，但也是周初封建周子弟的特定的称号。对于这一现象，顾颉刚先生曾以卫康叔为例，以为其"在周为叔"，体现了古代宗法之义。③

《尚书·康诰》，孔传："命康叔之诰。康，圻内国名；叔，封字。"④可知古人便是这样认识的。

清华简《耆夜》记载戡黎后举行的饮至典礼上，有毕公高、召公保奭、周公叔旦、辛公詯甲、作策逸、吕尚父。整理者注释："保是官名。"⑤关于"叔"，整理者注释："叔是排行。"⑥在简文里，其他人物出现，都没有交代排行，而只

---

① 《正义》引《括地志》作"郕伯"。成，也作郕、盛，参见《世本八种》，商务印书馆，1957年，秦嘉谟辑补本之卷七，第196页。

② 《正义》引《括地志》云："郑玄注《周礼》云霍山在彘，本春秋时霍伯国地。"

③ 顾颉刚：《浪口村随笔》卷二，辽宁教育出版社，1998年，第70页。

④ 阮元校刻：《十三经注疏》，中华书局，1980年影印本，第202页。

⑤ 清华大学出土文献研究与保护中心编，李学勤主编：《清华大学藏战国竹简（壹）》，中西书局，2010年，第151页，注释[四]。

⑥ 清华大学出土文献研究与保护中心编，李学勤主编：《清华大学藏战国竹简（壹）》，第151页，注释[五]。

有周公称叔。有一种可能,也是如拙文《觌公簋试读》中所言,"虽然是排行,但也是周初封建周子弟的特定的称号"。另一种可能是,简文是为了表明,在戡黎后举行的饮至典礼上,重要的出场人物中,只有周公才是武王的(本支)兄弟。

李峰先生曾注意到,在青铜器铭文中,与东方诸侯不同,西周王畿地区的贵族宗族之长常常被称为"伯",有时是"仲""叔""季",他认为:"这些称谓表明了他们在家族中的长幼顺序。青铜器铭文语言中这种严格的区别说明,在周人的政治理念中,东部封国与西部宗族群体间存在着重要的差别,它们代表两个完全不同的秩序:即地方封国是一个政治秩序,它是以西周国家作为参照体系,而王畿地区'伯、仲、叔、季'是一个社会秩序,它是基于周人的伦理价值来规范宗族内部的权力和财产传承的一个制度。换句话说,西周国家的这两个地域是建立在不同的组织原则之上、而且以不同的方式进行管理的两大社会和行政区间。"①

根据山西曲沃天马曲村和翼城大河口等墓地的考古发现的"霸伯"(《新收》939、《铭图》04296)②和"霸仲"(《铭图续编》0323)③等有铭青铜器可知,在各诸侯国范围内,一些有封邑的高等级贵族,或者一些小的封国,也使用类似的特定称谓。

结合对上述材料的分析可以知道,这种特定的称号,可能更多体现在西周中期以前。

春秋初,晋昭侯封文侯弟成师于曲沃,号桓叔,其子继之,号曲沃庄伯;《左传》隐公元年记郑庄公封其弟段于京,称"京城大叔"(《郑世家》谓"庄公元年,封弟段于京,号太叔"),也是类似的情形,应是其孑遗。

附带提及,笔者在《觌公簋试读》中曾提到有学者介绍研究的一柄"戊

---

① 李峰:《西周考古的新发现和新启示——跋许倬云教授〈西周史〉》,许倬云:《西周史(增补二版)》,生活·读书·新知三联书店,2012年,第385—386页。
② 天马—曲村遗址 M6197:11。
③ 山西省考古研究院、临汾市文物局、翼城县文物旅游局联合考古队,山西大学北方考古研究中心:《山西翼城大河口西周墓地一号墓发掘》,《考古学报》2020年第2期,第217—219页。

（越）王白（伯）侯"剑，《铭图》（17872）以为伪器。

关于疏公与唐伯的关系，学者间有不同的认识。

前文已提及，朱凤瀚先生认为覞公本人有可能是商遗民，随着唐叔封于唐，属于唐伯之僚属。

李伯谦先生据晋侯墓地 M114 所出一件觯和曲村北墓地 M6195 一件鼎的铭文都有"⋈"，且时代为西周早期，认为覞公一族也随唐伯一同到了晋地，但因为器主以"公"自称，所以对其身份尚有疑虑。①

李学勤先生认为疏公可能是故唐国的馀民，一个部族的领袖，属于燮父的治下（前文已提及）。在《论芮姞簋与疏公簋》中，又有进一步的分析："'疏公'并不能认为是一位公爵的国君。查检传世文献，周代很有一些大夫甚或身份更低的人称作'公'的……疏公簋特记作器'遣于王命唐伯侯于晋'即唐叔虞之子燮父迁都于晋之事，这表明疏公实际是从属于唐，也就是后来的晋国的。其所以在铭末标记族氏'五'而又自称'疏公'者，是由于他按照晚商以来传统方式，原来的族氏为'五'，而后受封于'疏'，故亦可称疏氏……'五'氏存在于晋国，还有一个证据，即是山西天马曲村晋国墓地 M6195 西周早期墓所出的一件鼎，其铭文为：白（伯）雍乍（作）簋（宝）小妻（肅）贞（鼎）。⋈（五）。足证当时晋国确有'五'这一族氏……疏公应该是食邑于疏的晋国贵族。我的想法是疏就是胥……晋有胥氏，具体说有见于《左传》僖公二十三年的司空季子……这个胥氏到春秋晚期已亡……当然，西周早期的胥氏能否与春秋时的胥氏是一家，其间有无绝封更封之事，还是需要考虑的。"②

笔者在《覞公簋试读》曾分析，疏公的称谓，也有沿袭前代"旧爵"的可能，③为唐或后来燮父迁晋的邻国。但根据前述谢尧亭等先生对与疏公簋形制纹饰几乎全同的出土于山西绛县横水西周墓 M2001：3 簋的介绍和研究，这个问题还有待再思考。

---

① 李伯谦：《覞公簋与晋国早期历史若干问题的再认识》，《中原文物》2009 年第 1 期，第 51 页。

② 李学勤：《论芮姞簋与疏公簋》，《夏商周文明研究》，第 150—151 页。

③ 所谓"或因殷之旧爵"。参见杜佑：《通典》卷三六，岳麓书社，1995 年，第 522 页。

（三）关于唐叔虞初封

唐叔虞，据《晋世家》，字子于，所以，唐叔也应是号。田建文先生也曾指出："《史记》明言唐叔虞名虞字子于，其被称为叔虞者是对其的尊敬，就如叔鲜丁管、叔度于蔡一样，《左传》中提及唐叔虞者共八回，均言'唐叔'。"[①]据《左传》昭公元年，古唐国季世即唐叔虞。《周本纪》记"晋唐叔得嘉谷"，《晋世家》开篇即言"晋唐叔虞者"，两者前面冠以"晋"，也许是为了和前代的唐叔虞区别（《鲁周公世家》叙述得禾一事只言"唐叔"）。郑玄《诗谱·唐谱》称叔虞为唐侯，可能是称叔虞的爵。

北赵晋侯墓地 M114 出有叔夨方鼎（《铭图》02419），[②]关于器主叔夨的身份，多数学者考证，认为就是唐叔虞，但也有学者持不同看法。[③] 笔者同意叔夨即唐叔虞的观点。[④]

---

① 饶宗颐、黄盛璋、朱凤瀚等：《曲沃北赵晋侯墓地 M114 出土叔夨方鼎及相关问题研究笔谈》，《文物》2002 年第 5 期，第 76 页。

② 北京大学考古文博院、山西省考古研究所：《天马—曲村遗址北赵晋侯墓地第六次发掘》，《文物》2001 年第 8 期，第 9 页。

③ 李伯谦：《叔夨方鼎铭文考释》，《文物》2001 年第 8 期；李学勤：《谈叔夨方鼎及其他》，《文物》2001 年第 10 期；饶宗颐、黄盛璋、朱凤瀚等：《曲沃北赵晋侯墓地 M114 出土叔夨方鼎及相关问题研究笔谈》，《文物》2002 年第 5 期；张庆捷：《晋文化考古研究中的三个问题》，"晋文化研讨会"论文，2002 年 6 月；田建文、谢尧亭《问疑晋叔墓》、黄盛璋《晋侯墓地 M114 与叔夨方鼎主人、年代和墓葬世次年代排列新论证》、黄锡全《晋侯墓地诸位晋侯的排列及叔虞方鼎补证》、孙庆伟《晋侯墓地 M114 年代与墓主的推定》、李学勤《叔虞方鼎试证》、沈长云《新出叔夨方鼎中夨字的释读问题》、冯时《叔夨考》、刘雨《叔虞方鼎铭的闰月与祭礼》，上述文章均收入上海博物馆编：《晋侯墓地出土青铜器国际学术研讨会论文集》，上海书画出版社，2002 年；陈奇猷：《北赵晋侯墓出土叔夨方鼎铭文研究》，《古籍整理研究学刊》2004 年第 1 期；饶宗颐：《由古唐国谈唐叔虞封地与"叔夨"及"燮父"问题》，《饶宗颐新出土文献论证》，上海古籍出版社，2005 年；吴镇烽《金文人名汇编（修订本）》，中华书局，2006 年，第 194—195 页。不同意或怀疑叔夨为唐叔虞的学者中，田建文、谢尧亭认为自作之器冠以伯仲叔季之排行尚需讨论；张懋镕认为私名前不见爵称殊为奇怪，且叔夨的地位较低；黄盛璋、陈奇猷认为叔夨即燮父；饶宗颐结合《左传》对唐叔虞的记载，认为叔夨的赏赐不配唐叔虞的身份。

④ 学者或据叔夨被赏赐的品级怀疑其国君的身份。与叔夨方鼎铭文中王对叔夨的赏赐可相比照的，李学勤先生已引用麦尊（《集成》06015）等铭文。此外，燕侯旨鼎（《集成》02628）也可参照。某次赏赐的内容，不必然反映受赏赐者的身份。

　　方鼎铭文中的叔，有学者理解为器主的字。① 但笔者以为，叔在这里虽与行第有关，但不是字，而是号。叔矢，是称号加名。在赏赐或册命铭文里，尤其是受赏赐者或受册命者所作铭，在赏赐或册命的部分，不会出现受赏赐者或受册命者的字，而出现名或者名前冠以爵称或称号则是常见的。例如，兮甲盘（《集成》10174），王国维曰："兮甲者，人名……甲者月之始，故其字曰伯吉父。吉有始义……甲字吉父，上云兮甲从王，下云兮伯吉父作般。前对王言，故称名，后纪自己作器，故称字也。"②又如，匽侯旨鼎（《集成》02628），铭文作"匽（燕）侯旨初见事于宗周，王赏旨贝廿朋……"；匽侯旨作父辛鼎（《集成》02269），铭文作"匽（燕）侯旨作父辛尊"。又如，晋侯䣄钟（《新收》0870—0885、《铭图》15298—15313）。关于此类铭文格式，学者已经有较多的研究。③

　　叔矢、唐伯在金文中出现，是对传世文献中晋国早期历史的重要印证和补充。④ 据《左传》昭公元年，唐叔虞又被称为"大叔"。类似称谓《左传》多见，前述郑庄公弟段即是一例。金文也有大叔之称，如山西闻喜县上郭村M375：10出有一件残器，有铭"□弟大叔……"（《新收》0991、《铭图》19453）。

　　叔虞封唐的时间，据《左传》昭公元年和《晋世家》的记载，是在成王时。《左传》定公四年对其受封情况也有较多记述。晋公盨铭文（《集成》10342）谓"晋公曰：我皇祖唐公［膺］受大命，左右武王"，《国语·晋语》记叔向谓晋平公语，"昔吾先君唐叔射兕于徒林，殪，以为大甲，以封于晋"。⑤ 又据《逸周书·王会》所载"成周之会……唐叔、荀叔、周公在左，太公

---

① 田建文、谢尧亭、冯时等先生的文章比较明确表达了这个看法。

② 王国维：《兮甲盘跋》，《观堂集林》，中华书局，1959年，别集卷二，第1206—1209页；陈梦家：《西周铜器断代》，中华书局，2004年，第323—327页。

③ 陈汉平：《西周册命制度研究》，学林出版社，1986年，第341—362页，"西周册命金文分析表"；李学勤：《先秦人名的几个问题》，《当代学者自选文库：李学勤卷》，安徽教育出版社，1998年，第670—679页。

④ 陈梦家先生曾论证金文中的"鄂叔"即唐叔虞，参见《西周铜器断代》，第46—48号。已发现的疏公簋、叔矢方鼎和北赵晋侯墓地所出其他器铭，不支持这一观点。

⑤ 参见韦昭注，上海师范学院古籍整理组校点：《国语》，第461—462页。

望在右……", ①结合《周本纪》《鲁周公世家》等叙述唐叔得嘉谷献之成王一事在营筑洛邑之前，则唐叔之封，也可能不晚于成周的建成。学者或据此对唐叔是成王母弟还是武王母弟有所讨论。② 笔者以为，史书明言叔虞为成王母弟，并没有其他矛盾的说法，但叔虞封唐的时间还有进一步探讨的余地。在上述材料之外，《晋世家》有"箕子见唐叔之初封"的记载，也是考虑这个问题时应该注意的。

关于西周早期文字中的"唐"。

李学勤先生《文王玉环》考释玟王玉环中"⿰⿱口口"读作"唐"，并分析其字形。③ 陈斯鹏先生将叔虞方鼎的"⿱⿰"释为"觞"的象形初文，铭文中读作"唐"，相关词句读作"殷厥士觞（唐）叔虞以裳、车、马、贝三十朋"；将玟王玉环中的"⿰⿱口口"也释为"觞"的象形初文，读作"唐"。④ 孙亚冰先生分析相关材料，认为叔虞分封的唐地及周人所灭唐国应该是卜辞中的"易"国，而不是卜辞或金文中的"唐"国；传统文献中的"唐"是"易"的通假字，"唐"行而"易"废。⑤ 朱凤瀚先生也认为卜辞中"易伯痎"的"易"也许就是周初唐叔所封之"唐"。⑥ 李春桃先生将宋人所定名为爵的前流后有尾且有柱有鋬的三足酒器改释为觞，对相关字形做了系统整理和细致的分析，指出读作"唐"的叔虞方鼎的"⿱⿰"、玟王玉环的"⿰⿱口口"、晋公蠡的"⿰"均从觞。⑦

---

① 黄怀信、张懋镕、田旭东撰，黄怀信修订：《逸周书汇校集注（修订本）》，上海古籍出版社，2007 年，第 798—800 页。此篇下文另有"唐公"。

② 童书业：《春秋史》，上海古籍出版社，2003 年，第 130 页；陈槃：《春秋大事表列国爵姓及存灭表撰异（三订本）》，"中研院"，1969 年，第 71—75 页；李孟存、常金仓：《晋国史纲要》，山西人民出版社，1988 年，第 11 页注⑤。

③ 李学勤：《文王玉环考》，《华学》第 1 辑，第 69—71 页。

④ 陈斯鹏：《唐叔虞方鼎铭文新解》，《卓庐古文字学丛稿》，中西书局，2018 年，第 73—86 页。

⑤ 孙亚冰：《易国考》，《古文字研究》第 27 辑，中华书局，2008 年，第 42—48 页；孙亚冰、林欢：《商代地理与方国》，中国社会科学出版社，2010 年，第 330—338 页。

⑥ 朱凤瀚：《殷墟卜辞中"侯"的身份补证》，《甲骨与青铜的王朝》，上海古籍出版社，2022 年，第 85—86 页。

⑦ 李春桃：《从斗形爵的称谓谈到三足爵的命名》，《"中研院"历史语言研究所集刊》第 89 本第 1 分，2018 年，第 80—82、92—94、105 页；《释甲骨文中的"觞"字》，《古文字研究》第 32 辑，中华书局，2018 年，第 83—89 页。

关于叔虞初封的唐地，从考古学上看，目前还不能得出明确的结论。

前面提到李学勤先生讨论的膳叔樊鼎（《集成》02679），鼎铭作"膳叔樊作易（唐）姚宝鼎……"。这件器物属西周晚期，传出长治。清华简《耆夜》叙述武王八年伐耆，即《尚书·西伯戡黎》的黎。篇中周公所作歌《蟋蟀》，经整理者研究，认为与传世《诗经·唐风》首篇《蟋蟀》关系密切。[①] 周代的黎国，一直延续到春秋时期，其间或有中断，今可见较晚的黎国的器物如黎侯微逆簋（《集成》04521）属春秋晚期。叔虞最早的封地唐或许与古黎国发生过什么关系，这只是一个猜想。

五、疑公簋"唯王廿又八祀"所属王世

《史记·周本纪》称："成、康之际，天下安宁，刑措四十余年不用。""夏商周断代工程"提出的"夏商周年表"，拟成王的在位年数是 22 年，康王的在位年数是 25 年。[②] 疑公簋的出现，使得这一认识必须修改。

朱凤瀚先生首先将覎公簋和辈簋进行比较，认为就形制纹饰方面而言，属于商末至西周早期；接着考虑到铭文内涵与字体，应归于西周早期；若再从铭文书写形式看，应当属于西周早期中段时，具体而言，应即西周成王、康王时期。

对这件簋所属王世的讨论，主要依据铭文及相关金文和传世文献。朱先生分析了覎公簋的纪年属于成王或者康王的两种可能性，而倾向于属于成王世。李学勤先生将疑公簋的纪年置于康王。李伯谦先生则认为将覎公簋的纪年理解为成王纪年更为合理。彭裕商先生倾向于将觉公簋置于成王世。[③] 其他学者的意见这里暂略。

---

① 清华大学出土文献研究与保护中心编，李学勤主编：《清华大学藏战国竹简（壹）》，第 149—156 页。裘锡圭先生读作"耆举"，参看《说"夜爵"》，收入氏著《裘锡圭学术文集·简牍帛书卷》，复旦大学出版社，2012 年，第 535—539 页。

② 夏商周断代工程专家组编著：《夏商周断代工程 1996—2000 年阶段成果报告：简本》，世界图书出版公司，2000 年，第 86—88 页。

③ 彭裕商：《觉公簋年代管见》，《考古》2008 年第 10 期；收入氏著《述古集》，巴蜀书社，2016 年，第 115—120 页。

关于疏公簋的形制纹饰的时代特征,笔者也曾有补充讨论,认为与之相近的直棱纹簋,在商末至西周早期相当流行,而且可以晚到康王世。① 目前倾向将疏公簋置于康王世的意见,理由如下。

如大家已经揭示的,传世文献关于晋国早期历史的史料记载多表明燮父事康王。《左传》昭公十二年,楚国右尹子革语,"昔我先王熊绎与吕伋、王孙牟、燮父、禽父并事康王"。据古本《竹书纪年》,"康王六年,齐太公望卒"。② 吕伋即位当在康王时,与《左传》互相印证。③ 而且,今本《竹书纪年》载,"(康王)九年,唐迁于晋,作宫而美,王使人让之"。④ 明言唐迁于晋是在康王世。陈絜、马金霞结合觐公簋铭文,认为此条或夺"廿又"二字。⑤

李学勤先生在文章中已经提到丹徒烟墩山 M1 所出宜侯夨簋。宜侯夨簋(《集成》04320,图 20)记载虞(吴)侯迁侯于宜,铭文中有"珷王""成王",学

---

① 王泽文:《觐公簋试读》,《甲骨文与殷商史》新 1 辑,线装书局,2008 年,第 227—233 页。

② 方诗铭、王修龄:《古本竹书纪年辑证(修订本)》,上海古籍出版社,2005 年,第 44 页。又今本《竹书纪年》:"(康王)六年,齐太公薨。十六年,锡齐侯伋命。"见王国维:《今本竹书纪年疏证》,方诗铭、王修龄:《古本竹书纪年辑证(修订本)》,第 248 页。

③ 虽然《楚世家》的记载有异,谓"熊绎当周成王之时,举文、武勤劳之后嗣,而封熊绎于楚蛮,封以子男之田……楚子熊绎与鲁公伯禽、卫康叔子牟、晋侯燮、齐太公子吕伋俱事成王"。梁玉绳谓"鬻熊为文王师,故此云鬻事文王,熊绎则事成、康,故《世家》言绎事成王,《左传》言绎事康王,盖身历两朝也。而绎子熊乂或及康王中年",参见《史记志疑》卷八,中华书局,1981 年,"三代世表",第 289—290 页。李泰棻认为,"盖成康之世诸人均事周王,行文或有稍异"。参见《西周史征》卷五,1927 年印本,"本纪第五·康王",第 1 页反。张正明认为,"按,晋唐叔乃周成王之弟,其子燮父所事者为周康王的可能性大,为周成王的可能性小"。参见《楚史》,湖北教育出版社,1995 年,第 31 页注①。据《汉书·律历志》,中华书局点校本,1962 年,第 1016—1017 页,"成王元年,……此命伯禽俾侯于鲁之岁也。……鲁公伯禽……至康王十六年而薨。故〈传〉曰'燮父、禽父并事康王',言晋侯燮、鲁公伯禽俱事康王也"。又,关于齐太公之封,有武王与成王的讨论,参见顾炎武著,黄汝成集释:《日知录集释》,岳麓书社,1994 年,"谲觚十事",第 1268 页。关于太公之卒,有成王与康王的讨论,参见李学勤:《论觉公簋年代及有关问题》,《通向文明之路》,注(16)。

④ 王国维:《今本竹书纪年疏证》,方诗铭、王修龄:《古本竹书纪年辑证(修订本)》,第 248 页。

⑤ 陈絜、马金霞:《叔夨鼎的定名与西周历史上的夨国》,朱凤瀚、赵伯雄编:《仰止集:王玉哲先生纪念文集》,天津人民出版社,2007 年,第 355 页注释②。

者已经指出器当作于康王时。① 唐兰先生《宜侯夨簋考释》曾结合《左传》昭公二十六年"昔武王克殷、成王靖四方，康王息民，并建母弟，以藩屏周"，以及《左传》哀公四年记载等相关材料探讨了康王时的封建，认为是西周初期除武王、成王时以外的第三次大封建。并举邢侯簋（《集成》04241）为例，说明凡、蒋、邢、茅、胙、祭六国，可能是封于康王时。②

据《元和姓纂》："贾，唐叔虞少子公明，康王封于贾，后为晋所灭，以国为氏。又云，本自周贾伯之后。"③《广韵》："贾，姓也，出河东，本自周贾伯之后。"④《通志·氏族略二》："贾氏，伯爵。康王封唐叔虞少子公明于此。同州有贾城，即其地。或言河东临汾有贾乡是也。为晋所灭。子孙以国为氏。又晋既并贾，遂以为邑。"⑤如果记载有据，可知康王也曾对唐的封建有所调整。

结合上述金文及传世文献中关于康王时的封建的背景材料，将疏公簋铭所记"王命唐伯侯于晋"置于康王时是合适的。

---

① 陈直：《读金日札》，西北大学出版社，2000年，第202页；又，第302页附陈邦福先生意见。谭戒甫：《周初夨器铭文综合研究》，《武汉大学学报（人文科学）》1956年第1期，第190—205页，但他不认为铭文中有"成王"。唐兰：《宜侯夨簋考释》，《考古学报》1956年第2期；又收入《唐兰先生金文论集》，紫禁城出版社，1995年，第66—71页。刘启益：《周夨国铜器的新发现与有关历史地理问题》，《考古与文物》1982年第2期。黄盛璋：《铜器铭文宜、虞、夨的地望及其与吴国的关系》，《考古学报》1983年第3期，第295—305页，但他以为虞侯夨为北虞。李学勤：《宜侯夨簋与吴国》，《文物》1985年第7期，第13—16、25页，文中释出"鄬（迁）"字，读"奠"为"甸"，结合宪盉（《集成》09430）"召伯、父辛"等铭文，分"虞公""父丁"为两代，并联系康王时的青铜器荣簋（《集成》04121）。在《宜侯夨簋的人与地》中，又补充论述作器者为柯相，当康王时，参见《走出疑古时代》，长春出版社，2007年，第158—159页。杨向奎："宜侯夨簋"释文商榷》，《文史哲》1987年第6期，第3—6页。马承源主编：《商周青铜器铭文选》，文物出版社，1988年，第三册，第五七号。彭裕商：《宜侯夨簋与吴文化》，《炎黄文化研究》第2期，1995年。

② 唐兰：《宜侯夨簋考释》，《考古学报》1956年第2期；又收入《唐兰先生金文论集》。

③ 林宝撰、岑仲勉校记：《元和姓纂》卷七，中华书局，1994年，"三十五马韵"，第1044页；杨伯峻：《春秋左传注》，中华书局，1990年，第126页，桓公十年注已引。

④ 《宋本广韵》，中国书店根据张氏泽存堂本影印，1982年，"三十五马韵"，第288页。

⑤ 郑樵撰：《通志》卷二十六，浙江古籍出版社，2000年。

宜侯夨簋属于《西周青铜器分期断代研究》所分的簋的Ⅰ型2式，[①]类似的还有康王时的荣簋。[②] 关于丹徒烟墩山M1的时代，有不同意见，[③]笔者同意其属于西周早期康、昭时期的论断。[④] 宜侯夨簋虽然和疏公簋形制有别，但其腹部纹饰和疏公簋的颈部纹饰基本相同，其圈足的纹饰和疏公簋的圈足的纹饰也基本相同。从形制纹饰方面考虑，将疏公簋置于康王时，也是可以的。宜侯夨簋形制纹饰与前述娞簋（《铭图》04412）也相近（宜侯夨簋原来可能也有垂珥）。

图 20　宜侯夨簋器形及铭文

---

① 王世民等：《西周青铜器分期断代研究》，文物出版社，1999年，第57页。器形请参看《中国青铜器全集》第6卷"西周二"，文物出版社，1997年，一一八。

② 杜迺松：《荣簋铭文考释及其意义》，《故宫博物院院刊》1982年第3期，第89—91页。李学勤：《宜侯夨簋的人与地》。刘启益：《西周铜器断代研究的反思》，《揖芬集：张政烺先生九十华诞纪念文集》，社会科学文献出版社，2002年，第261—279页。马承源主编：《商周青铜器铭文选》第三册，第一二三号，以为昭王时。彭裕商定在穆王时，参见《西周青铜器年代综合研究》，巴蜀书社，2003年，第321页。张懋镕定在昭穆之际，参见《试论西周青铜器演变的非均衡性问题》，《考古学报》2008年第3期；收入《古文字与青铜器论集（第三辑）》，科学出版社，2010年，第110—111页。荣簋形制见故宫博物院编：《故宫青铜器》，紫禁城出版社，1999年，第120号。"荣"见于康王晚年的大盂鼎、小盂鼎。结合曆簋（参见保利艺术博物馆编：《保利藏金（续）》，岭南美术出版社，2001年，第106—111页），荣簋不会晚至穆王。

③ 参见郑小炉：《吴越和百越地区周代青铜器研究》，科学出版社，2007年，第15—16页。

④ 参看朱凤瀚：《古代中国青铜器》，第804—806页。

笔者倾向于将疏公簋的纪年置于康王世，还出于一个考虑。如果把疏公簋置于成王廿八年，假设成王只 28 年，则燮父至少在此之前已即位，其后还要历经康王至少 26 年、昭王 20 年，最少活到穆王初年（晋侯墓地 M114 是晋侯燮父之墓，墓中所出鞍觑的纪年已经到昭王十九年）。[①] 这样推算，燮父的在位年数至少接近 50 年，稍嫌过长。邹衡先生曾分析《晋世家》及《左传》有关记载，认为唐叔虞是周成王时就封，则其在位可延至周康王。[②]

附带提及，涉及康王年代的纪时材料，有小盂鼎（《集成》02839）、庚嬴鼎（《集成》02748）及《汉书·律历志》引《毕命》篇，三条历日材料不能同时兼容，[③]原因复杂。从行用的历法方面看，北赵晋侯墓地 M114 所出叔夨方鼎纪时"十三月"就反映了当时的未知情况。[④]

张恒和谢尧亭先生近年对天马—曲村西周墓地作了进一步的研究，认为 M6069 和 M6210 是曲村墓地两座年代较早的铜器墓，其年代属于西周早期偏晚阶段："近年来发现的'觊公簋'铭文记载'王令唐伯侯于晋，唯王廿又八祀'。这里的'唐伯'被认为是晋侯燮父，即晋侯墓地 M114 的墓主，其墓葬年代在穆王早期，与曲村 M6069 和 M6210 年代相近。结合'觊公簋'记载的历史事件，M6069 和 M6210 这组夫妇异穴合葬墓的墓主及其家族很有可能是随燮父迁于晋者。"[⑤]

关于疏公簋的讨论，就介绍这些，请赐教。

---

① 孙庆伟：《从新出鞍觑看昭王南征与晋侯燮父》，《文物》2007 年第 1 期，第 64—68 页。李学勤：《论鞍觑铭及周昭王南征》，朱凤瀚、赵伯雄编：《仰止集：王玉哲先生纪念文集》，天津人民出版社，2007 年，第 76—80 页；又收入氏著《通向文明之路》，商务印书馆，2010 年，第 107—111 页。

② 邹衡：《论早期晋都》，《文物》1994 年第 1 期，第 30 页。

③ 参见夏商周断代工程专家组：《夏商周断代工程 1996—2000 年阶段成果报告：简本》，第 28 页。

④ 北京大学考古文博院、山西省考古研究所：《天马—曲村遗址北赵晋侯墓地第六次发掘》，《文物》2001 年第 8 期。关于这个问题，有诸多讨论，此处从略。李学勤先生曾提出"十三（四月）"的性质为"补偿月"的看法，见李学勤：《眉县杨家村器铭历日的难题》，《宝鸡文理学院学报（社会科学版）》2003 年第 5 期；收入《文物中的古文明》，商务印书馆，2008 年，第 495—499 页。笔者认为，"补偿月"的观点值得重视，也曾略加讨论，参见先秦史研究室：《王泽文副研究员作眉县佐鼎历日问题的学术报告》，先秦史研究室网站，2006 年 5 月 14 日。

⑤ 张恒、谢尧亭：《试论曲村 M6069 和 M6210 的年代及相关问题》，《中原文物》2017 年第 2 期，第 60—62 页。

六、主要参考文献

朱凤瀚：《𫷷公簋与唐伯侯于晋》，《考古》2007 年第 3 期。

李学勤：《论觉公簋年代及有关问题》，初刊于《"夏商周断代工程"简报》第 163 期，后载于《庆祝何炳棣先生九十华诞论文集》，三秦出版社，2008 年，收入氏著《通向文明之路》，商务印书馆，2010 年，第 115—117 页。

王泽文整理：《𫷷公簋研讨会纪要》，《"夏商周断代工程"简报》，第 164 期。

李学勤：《释"疏"》，《考古》2009 年第 9 期，收入氏著《三代文明研究》，商务印书馆，2011 年，第 75—76 页。

李学勤：《论芮姞簋与疏公簋》，原载《陕西韩城出土芮国文物暨周代封国考古学研究国际学术研讨会文稿（一）》，2012 年 8 月，收入氏著《夏商周文明研究》，商务印书馆，2015 年，第 151—152 页。

李伯谦：《𫷷公簋与晋国早期历史若干问题的再认识》，刊于北京大学震旦古代文明研究中心编：《古代文明研究通讯》总第 33 期，2007 年 7 月，又收入《中原文物》2009 年第 1 期。

孙庆伟：《𫷷（尧）公簋、晋侯尊与叔虞居"鄂"、燮父都"向"》，刊于北京大学震旦古代文明研究中心编：《古代文明研究通讯》总第 35 期，2007 年 12 月。

林沄：《𫷷公簋质疑》，为演讲内容，由复旦大学出土文献与古文字研究中心网站 2008 年 1 月 29 日发布。

彭裕商：《觉公簋年代管见》，《考古》2008 年第 10 期。

王泽文：《𫷷公簋试读》，《甲骨文与殷商史》新 1 辑，线装书局，2008 年。

王恩田：《𫷷公簋不伪》，收入氏著《商周铜器与金文辑考》，文物出版社，2017 年，第 94—95 页。

郭若愚编集：《殷契拾掇》，上海古籍出版社，2005 年。

姚萱：《殷墟花园庄东地甲骨卜辞的初步研究》，线装书局，2006 年。

朱凤瀚：《简论与西周年代学有关的几件铜器》，朱凤瀚主编：《新出金文与西周历史》，上海古籍出版社，2011 年。

黄一：《觉公簋、晋侯尊与唐都地望》，《中国国家博物馆馆刊》2015 年第 11 期。

中国国家博物馆、中国书法家协会编：《中国国家博物馆典藏甲骨文金文集粹》，安徽美术出版社，2015年。

吕章申主编：《中国国家博物馆百年收藏集粹》，安徽美术出版社，2014年。

吕章申主编：《近藏集萃：中国国家博物馆新入藏文物》，北京时代华文书局，2016年。

张恒、谢尧亭：《试论曲村M6069和M6210的年代及相关问题》，《中原文物》2017年第2期。

王玉哲：《中华远古史》自序，上海人民出版社，2019年。

中国国家博物馆编：《中国国家博物馆馆藏文物研究丛书·青铜器卷·西周》，上海古籍出版社，2020年，第192—194页。

谢尧亭、陈晓宇：《疏公盨续说》，《北方文物》2020年第2期。

容庚：《商周彝器通考》，上海人民出版社，2008年。

李学勤、艾兰编著：《欧洲所藏中国青铜器遗珠》，文物出版社，1995年。

附记：本文根据拙作《覨公盨试读》(《甲骨文与殷商史》新1辑，线装书局，2008年)，以及在2021年8月底至9月初研究室举办的"殷周金文史料研读"系列活动上的讲稿的基础上综合整理而成。在研究室汇报时，承蒙诸位同仁不吝赐教，在此表示感谢。

文中提到的谢尧亭等先生介绍的形制纹饰与疏公盨几乎完全相同的出土于山西绛县横水西周墓M2001∶3 ⋈ 盨，已著录于《倗金集萃：山西绛县横水西周墓地出土青铜器》(山西省考古研究院等编著，上海古籍出版社，2021年，第128—131页)。

李零先生《山西考古断想》(《文物季刊》2022年第1期，第67—79页、第99页)、《青铜器铭文考释（三则）》(《中国国家博物馆馆刊》2022年第4期，第30—37页)也讨论了疏公盨(该文称觉公盨)、叔矢方鼎以及晋国的初封和变迁。

又，吴毅强先生《晋铜器铭文研究》(浙江大学出版社，2018年)对疏公盨和叔矢方鼎也有较详细的研究，本文写作时未及见，补记于此。

金文著录中收藏信息订补札记[*]

——以《商周青铜器铭文暨图像集成》为例

李红薇**

《商周青铜器铭文暨图像集成》①（以下或简称"《铭图》"）是迄今收录商周铜器铭文最为全备的大型著录书，逐器收录铜器图像、铭文，且说明器物的时代、出土时地、形制纹饰、收藏者、著录等信息，颇便使用。但其中不少器物的"收藏者""著录"等说明存在错漏，今仅据笔者阅读过程中遇到的一些问题为例，分别捡出，以求教方家。

一、可补充者

《铭图》02970—02972 善夫吉父鬲【收藏者】记"原藏程潜，'文革'期间暂存湖南省博物馆，上世纪 80 年代初期归还程家，2007 年售给中国文物信息咨询中心，后转拨中国文字博物馆"。

据杨树达《积微翁回忆录》1948 年 10 月 30 日记：

> 方叔章藏善夫吉父鬲，有铭十许字，近年西安出土。同时出数器皆此人器；今藏程潜处，珍秘不肯示人也。②

以上记载，可补充该器递藏过程，即原藏方叔章，后为程潜收藏。

---

* 本文写作得到中国社会科学院"青启计划"（2024QQJH075）资助。

** 中国社会科学院古代史研究所（郭沫若纪念馆）、中国社会科学院甲骨学殷商史研究中心。

① 吴镇烽：《商周青铜器铭文暨图像集成》，上海古籍出版社，2012 年。

② 杨树达：《积微翁回忆录》，北京大学出版社，2007 年，第 199—200 页。

《铭图》05621 滕侯苏盨，旧多误为敦（簋），容庚较早指出乃盨盖。① 【收藏者】记"原藏吴式芬（攈古），现藏上海博物馆"。

1935 年版《两周金文辞大系图录》②（以下或简称"《大系》"）滕侯鲧簋拓本钤有阴文印"秀水金兰坡拓赠"，《大系》拓本源于《周金文存》，金兰坡即金传声，清末著名金石学家。容庚《商周彝器通考》亦明确记载金传声曾收藏过该器。③ 故该器藏家当补金传声。

《铭图》02317 师趛鼎【收藏者】记"原藏罗振玉"。盖源于《殷周金文集成》02713 师趛鼎说明"罗振玉旧藏"。

关于此器，《金石学录三种》"费念慈"条下谓"晚得师趛鼎，更号趛斋"。④ 可知，费念慈晚年曾入藏，并据师趛鼎而更号趛斋，且有印"趛斋"。⑤ 此器后由费氏归周鸿孙，周氏自号斋名"趛鼎楼"，曾倩赵时棡刻有一印：

边款记"师趛鼎为东南著名之器，湘云得于费氏，因颜其廛。叔孺"。⑥ 据此，收藏者应补充费念慈、周鸿孙。

《铭图》02165 楚王酓延鼎【著录】应补充《寿县新出楚王鼎考释又一器》《古代铭刻汇考续编》。

胡光炜《寿县新出楚王鼎考释又一器》一文最早公布了这件器的拓本。

---

① 容庚：《商周彝器通考》，中华书局，2012 年，上册，第 254 页。

② 郭沫若：《两周金文辞大系图录》，文求堂书店，1935 年。

③ 容庚：《商周彝器通考》，上册，第 253—254 页。

④ 李遇孙、陆心源、褚德彝著，桑椹点校：《金石学录三种》，浙江人民美术出版社，2017 年，第 209 页。

⑤ 赵海明：《碑帖鉴藏》，天津古籍出版社，2010 年，第 297 页。

⑥ 赵时棡：《二弩精舍印谱》，重庆出版社，2014 年，第 128 页。

胡文云"因卫君聚贤，得见沪上朱氏所藏楚王鼎拓本"。① 郭沫若《寿县所出楚器之年代》一文较早公布了该鼎的清晰拓本，系金祖同拓后寄赠郭沫若的，与胡光炜拓本不同。②

《铭图》12351 号季氏子组壶【著录】漏收《大系》，依《铭图》体例，收录的是 1957 年版《两周金文辞大系考释图录》，故当补"大系录 285"。

二、应订正者

《铭图》05094 仲戳父簋【收藏者】记"原藏南陵徐乃昌集古斋（小校），现藏上海博物馆"。《小校经阁金石文字》八.30 收录的拓本钤有一印：

当释"南陵徐乃昌藏器"。《铭图》所谓"集古斋"当为"积学斋"之误。徐乃昌，字积余，室名随庵，藏书处称积学斋，而非集古斋。

三、需统一体例者

《铭图》17082 大王光逗戈【收藏者】"原藏何嘉祥（周金）"。《铭图》11425 仲尊【收藏者】"原藏何澍（罗表）"，其实何嘉祥、何澍为同一人。何元锡、何澍父子辑《西泠四家印谱》，西泠印社于 1962 年收购得该谱底册，副页钤有"何嘉祥印""夙明持赠"两印。"夙明"为何澍之字，"嘉祥"当是何澍的初名。③《铭图》直接转引于《周金》（即《周金文存》）、《罗表》（即《三代秦汉金

---

① 胡光炜：《寿县新出楚王鼎考释又一器》，《国风半月刊》1934 年第 4 卷第 6 期，第 1—4 页。

② 郭沫若：《寿县所出楚器之年代》，《古代铭刻汇考续编》，文求堂书店，1934 年。

③ 沙孟海：《〈西泠四家印谱〉跋》，《西泠四家印谱》，西泠印社出版社，1979 年；后收入《沙孟海研究》总第 9 辑，2012 年，第 20 页。黄尝铭：《关于西泠八家的印谱》，《浙派印论文斋》，西泠印社出版社，2015 年，第 149—150 页。

文著录表》），未详加考证，不辨何嘉祥、何澍实为一人，易误导读者。

《铭图》15496 士父钟甲【收藏者】"原藏叶东卿（缀遗），现藏湖南省博物馆"，《铭图》04190 叔龟簋【收藏者】"原藏叶东卿，现藏不明"，《铭图》13016 辛卣【收藏者】"叶志诜原藏"，叶东卿即叶志诜。叶志诜，字东卿，湖北汉阳人，藏有兔簋、段簋、扬簋、黄大子伯克盘等百余铜器，见《平安馆藏器目》。《铭图》大量器物或称"叶东卿"、或称"叶志诜"，为避免读者误以为是二个人，当统一收藏者姓名。

四、需进一步考证说明者

《铭图》02371 曾子仲宣鼎【收藏者】"原藏中吴某氏、曾鼎山房（《大系拓本跋》）"。曾鼎山房并非人名，实指陈德大。陈德大，字子有，浙江海盐人，一作海宁人。居曰曾鼎山房。①

《铭图》05234 段簋【收藏者】"原藏汉阳叶氏、吴县潘氏、李荫轩，现藏上海博物馆"。《铭图》05209 小臣守簋盖【收藏者】"原藏潘祖荫、汉阳叶氏、李荫轩，现藏上海博物馆"。汉阳叶氏当指叶志诜。吴县潘氏当指潘祖荫。潘祖荫字伯寅，号郑盦，江苏吴县人。

另《铭图》不少器物收藏者有"秀水姚氏""武进费氏"，这些说法多沿袭自旧著录，其实就是当时著名收藏家姚观光、费念慈。

有铭铜器是古文字学研究的重要对象。但金石文物的收藏，在过去很长的一段时间内，往往聚散无常，真伪莫辨。弄清器物的收藏、流传过程，不仅对器物的真伪鉴别起到至为关键的作用，而且有利于推进古文字学史与艺术史的深入研究。

---

① 李遇孙、陆心源、褚德彝著，桑椹点校：《金石学录三种》，第 193 页。

古 史 钩 沈

《尚书·尧典》与帝尧的美德[*]

刘义峰[**]

我国最早系统记载帝尧事迹的文献首推《尚书·尧典》。《尚书》是我国第一部史料汇编，无论从文献学的角度还是从历史文化的角度，都是一部对中华民族产生了巨大和深远影响的经典著作。唐代史学家刘知几在《史通·断限》一文中称其为"七经之冠冕，百氏之襟袖"，[①]反映了《尚书》在浩如烟海的传统文献中所处的塔尖位置。学习古籍，最好先从精读《尚书》开始，这样便可取得事半功倍、举一反三的效果，对古籍的研读也会更加得心应手、游刃有余。《尚书》按照年代顺序，分为《虞书》《夏书》《商书》《周书》四个部分，从中既可见虞夏商周统治者杰出的政治智慧，又可见昏主佞臣逸豫亡国的惨痛教训，是我们学习中国早期历史的必读经典。《尚书》更是中华优秀传统文化的重要载体，可以为当代社会的不断前进提供强大的精神动力。在一部如此重要的典籍中，《尧典》被列为首篇，这不仅是基于人物年代的考虑，更体现了编纂者的价值认同和道德判断。

根据《史记》《汉书》的记载，《尚书》为孔子所整理和编订。《史记·孔子世家》云：

> 孔子之时，周室微而礼乐废，《诗》《书》缺。追记三代之礼，序《书》传，上纪唐虞之际，下至秦缪，编次其事。……故《书》传、《礼》记自孔氏。[②]

* 本文为"古文字与中华文明传承发展工程"规划项目"商代卜官研究"(G3941)阶段性成果。

** 中国社会科学院古代史研究所、中国社会科学院甲骨学殷商史研究中心。

① 刘知几著，浦起龙通释，王煦华整理：《史通通释》，上海古籍出版社，2009年，第90页。

② 《史记》卷四七《孔子世家》，中华书局，1972年，第1935—1936页。

《汉书·艺文志》亦云：

> 《书》之所起远矣，至孔子纂焉。上断于尧，下迄于秦，凡百篇而为
> 之序，言其作意。①

孔子编订《尚书》的工作，除了编选、作序，还确定了上下的断限。上面的断限始于帝尧，这与孔子对帝尧的尊崇和敬爱是密不可分的。《论语·泰伯》云：

> 子曰："大哉！尧之为君也。巍巍乎，唯天为大，唯尧则之。荡荡
> 乎，民无能名焉。巍巍乎，其有成功也。焕乎，其有文章。"②

这段是孔子对尧的赞美，分别用"大哉""巍巍乎""荡荡乎""焕乎"这些形容语对帝尧的德行和文章进行赞美，帝尧之所以深受百姓的爱戴，主要是他能效法天道，呵护并保育万民，从而取得了宏伟而博大的功业。从"文章"一语也可以看出孔子应是看到了《尧典》以及与之类似的文献，他曾经对包括《尧典》在内的一些《书》篇进行评价。《尚书大传》卷六记载了子夏与孔子关于《尚书》的一段对话，其文云：

> 子夏读《书》毕，见夫子。夫子问焉："子何为于《书》？"子夏曰：
> "《书》之论事也，昭昭如日月之代明，离离若星辰之错行，上有尧舜之
> 道，下有三王之义。商所受于夫子，志之于心，弗敢忘也。虽退而岩居
> 河沸之间、深山之中，作壤室，编蓬户，尚弹琴其中，以歌先王之风，则亦
> 可以发愤忧慨，忘己贫贱。有人亦乐之，无人亦乐之，而忽不知忧患与
> 死也。"夫子造然变色曰："嘻！子殆可与言《书》矣。虽然，见其表，未见

---

① 《汉书》卷三〇《艺文志》，中华书局，1962 年，第 1706 页。
② 刘宝楠撰，高流水点校：《论语正义》，中华书局，2015 年，第 308 页。

其里也。"颜回曰:"何谓也?"子曰:"窥其门,而不入其中,观其奥藏之所在乎? 然藏又非难也。丘尝悉心尽志以入其间,前有高岸,后有大谿,填填正立而已。是故《尧典》可以观美,《禹贡》可以观事,《咎繇》可以观治,《鸿范》可以观度,六《誓》可以观义,五《诰》可以观仁,《甫刑》可以观诚。通斯七观,《书》之大义举矣。"①

在这段对话里,孔子谈了对《尧典》的认识,即所谓"《尧典》可以观美"。这个"美"其实就是指帝尧的德行之美。在《尧典》中,帝尧的美德主要通过两个方面来展现:一是总论帝尧之德;二是重点围绕帝尧的选人、用人和禅让来称颂帝尧之德。

《尧典》开篇即对帝尧进行了总体的评价与赞美,其文云:

> 帝尧曰放勋。钦明文思安安,允恭克让。光被四表,格于上下。克明俊德,以亲九族;九族既睦,平章百姓;百姓昭明,协和万邦。黎民于变时雍。②

钦明文思安安:钦,恭敬之意;明,显明之意;文,文采,智慧;思,思辨;安安,读为"晏晏",温和的样子。允恭克让:允,诚信;恭,恭敬;让,谦让。四表:四方荒远之地。格于上下:格,至;上下,天地神灵。九族:帝尧之九族,《尚书正义》孔颖达疏引夏侯、欧阳说,以为九族指父族三、母族三、妻族二。③ 平章:无差别地彰明。雍,和也。

这句话的意思就是说,帝尧的名字叫放勋,他庄敬英明,文采斐然,思辨而有条理,诚信恭敬而能谦让,所以他美好的德性能够照临护佑四方,并为天地神灵所闻知。他能显明自己的德性,来使自己的九族关系和睦亲近。

---

① 王闿运:《尚书大传补注》,王云五主编:《丛书集成初编》,中华书局,1991年,第702册,第240页。
② 孔安国传,孔颖达正义,黄怀信整理:《尚书正义》,上海古籍出版社,2014年,第34—37页。
③ 孔安国传,孔颖达正义,黄怀信整理:《尚书正义》,第37页。

九族和睦以后，又无差别地使百姓彰明。百姓彰明后，进一步使万邦之间的关系和谐。这样，民风就变得淳美而和悦了。

《尧典》对帝尧的赞颂不仅如此，《尧典》的主要内容其实是讲帝尧禅让帝位的过程。正如《书序》所说："昔在帝尧，聪明文思，光宅天下，将逊于位，让于虞舜，作《尧典》。"①可见，《尧典》突出要表达的是帝尧的禅让思想。尽管从帝尧自身的德行来看，已经近乎完美。但孔子所称的"《尧典》可以观美"似乎不止于此，更着重是在凸显帝尧的"让"，即在身居帝位、天下咸服、万众仰望的情境下，依然能够做到"让"。当然，这种"让"既不是退让，也不是忍让，而是有目的、有计划地寻找德才兼备的继位者，并将帝位禅让给他。在孔子看来，这种权力和帝位的合理有序接续是美的。拥有继续掌控的能力时，却能主动将帝位转让给有才有德的胜任者，这是美好的。这种权位的更迭没有发生争斗，没有偏私，没有发生选错人的情况，还有什么比这更美好的呢？由此观之，帝尧可谓美德之盛者也！

当帝尧向大臣询问谁可以提升任用时，他的大臣放齐认为尧的儿子丹朱贤明可用。但帝尧却不这样看，他认为丹朱"嚚讼"，不能用。"嚚讼"是说丹朱这个人不忠信，又好争闹。《尚书·益稷》篇有关于丹朱品行的介绍，其文云：

> 无若丹朱傲，惟慢游是好，傲虐是作，罔昼夜頟頟，罔水行舟。朋淫于家，用殄厥世。②

这段文字是讲，丹朱这个人啊，喜欢四处巡游，傲慢暴虐，不分昼夜地玩乐，在无水的地方还要坐船，在家中聚众淫乱，因而绝灭了他的世系。当然，这样的人是不能任用的了。从血缘上讲，他是尧的儿子，按照古代父子相继的制度，帝位理应由丹朱来继位。但尧却不是这样考虑，在他心中，贤能比

---

① 孔安国传，孔颖达正义，黄怀信整理：《尚书正义》，第31页。
② 孔安国传，孔颖达正义，黄怀信整理：《尚书正义》，第174页。

血缘更重要。在继任者的选择上,他并没有将血缘关系放在优先的位置上,这是相当难能可贵的。要知道后世漫长的封建王朝,都是实行家天下,而不是让贤的禅让制。可以说,尧开启的禅让制是建立在其完美的道德基础上的,是可以穿越时空的一种理想的人才继任选拔制度。

否决了丹朱后,帝尧让臣下继续推荐可以佐助自己的人选。驩兜向其推荐了共工,认为共工能聚合众人,成就其功。帝尧则否定了这个提议,认为共工"静言""庸违""象恭滔天"。"静言"是说共工不怎么提出异议,不发表个人的意见;"庸违"是说他做起事情来却违背命令;"象恭滔天"就是说共工这个人表面看起来很恭顺,其实行为忤逆,大逆不道。所以共工是不可用的。

帝尧在位时,发生了很大的洪水。他想找到能够治理洪水的人。四岳都一齐推荐鲧。帝尧认为鲧"方命圮族",就是说他无法完成命令,且会造成族人的损失。四岳则坚持自己意见,帝尧不好再反对,决定试用一下鲧。结果,鲧治水九年而不成。这件事也反映了帝尧看人、识人之准。

帝尧在位七十年,决定将帝位传给四岳。四岳认为自身的德行不足以承受帝位,于是帝尧让他们推荐在民间处于僻陋地位的贤能之人。四岳推荐了一个叫舜的单身汉,介绍了一下他的情况:

> 瞽子。父顽、母嚚、象傲,克谐以孝,蒸蒸乂,不格奸。[1]

舜的家庭出身可以用苦难来形容了,父亲是个盲人,顽固且不辨善恶,母亲好以谎言欺骗愚弄他,弟弟对他傲慢不恭,在这种情况下,舜用至孝来使家庭和谐,使他们努力勤勉,不至于堕入奸邪的境地。帝尧听到这种情况,很高兴,决定亲自考验一下舜,并把两个女儿嫁给了他。

舜接受考验的这部分内容见于今本《舜典》,也就是孔传本《舜典》,不过在汉初伏生所传的今文《尚书·尧典》是包含孔传本《舜典》的。所以,我们

---

[1] 孔安国传,孔颖达正义,黄怀信整理:《尚书正义》,第58页。

将这部分内容与孔传本《尧典》合并到一起来论述。帝尧考察虞舜的诸事如下：

> 慎徽五典，五典克从；纳于百揆，百揆时叙；宾于四门，四门穆穆；纳于大麓，烈风雷雨弗迷。[①]

这四件事是对舜能力的考察。"五典"应为前人传下的法规制度，舜能谨慎奉行并发扬光大。"纳于百揆"指舜揣度处理百种事务，使之有条不紊。再派舜去四门导迎宾客，四门都肃穆恭敬。最后将舜置于山野森林中，结果大风和雷雨都不能使他迷路。经过了这番考验，帝尧决定将帝位正式传给虞舜了。

从帝尧选拔任用人才、禅让帝位的过程，我们可以看到尧帝的美德始终贯穿其中：

第一，自身完美的德行和知人善任的能力。尧帝能够亲自主持人才的选拔与考核过程，这是基于他自身的完美德行和高超的知人善任的能力。如《尧典》开篇就形容他"钦明文思安安""允恭克让""克明俊德""平章百姓""协和万邦"，这是对他作为一位上古帝王的高度评价。如果没有这样的品行和能力，也就难以做到后来的知人善任和禅让。

第二，任人唯贤不唯亲。任人唯贤，讲起来简单，但是贯彻起来却极难。漫长的古代社会，卖官鬻爵、任人唯亲的例子不胜枚举。即使是现代社会，在个别地方的人事任用中，通过血缘、裙带等关系上位的现象也是偶有发生，这必然导致权力的滥用和腐败的滋生。

第三，任人不唯出身，不论资排辈。帝尧在选拔人才的过程中，没有片面强调出身，也不搞论资排辈，强调的是德才兼备。从舜的启用就可以看出来，这个没有任何背景、身居侧陋处境的单身汉，能被任用并最终继承帝位，完全仰仗帝尧的大格局和人才启用上的不拘一格。如果人才的任用有了过

---

① 孔安国传，孔颖达正义，黄怀信整理：《尚书正义》，第73页。

多非德行、非能力的条条框框，就会使很多真正的人才被淹没。

第四，对人才的考察机制。决定任用的人才是否合适，要进行一定阶段的考察。如果能够经受住考验，才证明选出的人是真正的人才。从鲧的启用以及舜的启用都可以看到这一点。鲧治理洪水九年不成，证明帝尧识人很准，是四岳的举荐失误。而舜通过了帝尧的系列考验，最终证明了当初的举荐是正确的。比如后世的人事任用都有试用期制度，追溯源头恐怕都得追到帝尧这里。

第五，大公无私的尽职与禅让精神。帝尧在位时尽职尽责，为民众披肝沥胆，精诚付出七十载。手控权柄却不为己用，而是为民众服务。年长时开始有目的地发现和培养继任人选，顺利完成了禅让，这在古代社会无疑是一种极具进步意义的精神品质。

综上，可以看出，帝尧德行突出体现在他选人任人的过程中，发现启用德才兼备的虞舜，并将帝位禅让给他，实现帝位的平稳交接，为民众安定祥和的生活忠诚竭力，无疑是他德行中极为美好的部分。他的道德精神，以及人才选拔任用过程中一系列原则和举措，对后世产生了极为深远的影响。

平王东迁的史料分析

邵 蓓[*]

邵 蓓[*]

关于两周之际平王东迁的史事,目前主要见于三种文献记载:《史记》《竹书纪年》和清华简《系年》。其中《史记》记述周幽王于公元前771年被杀,周平王继位,次年公元前770年为周平王元年,周东迁洛邑,没有提及幽王败亡之后存在过一个携王政权,与其他两种记载迥异。《竹书纪年》和清华简《系年》都记述了携王的存在,所不同的是《纪年》明确提出了"周二王并立",《系年》却记载平王是在携王死后才被拥立的。《系年》的公布提供了平王即位和东迁的更多资料,同时也因为其与《史记》的叙述和年代系统相抵牾,而使平王即位和东迁的时代成为两周之际的一段疑案。

《系年》第二章记载:

> 周幽王娶妻于西申,生平王,王或取褒人之女,是褒姒,生伯盘。褒姒嬖于王,王与伯盘逐平王,平王走西申。幽王起师,围平王于西申,申人弗畀。缯人乃降西戎,以攻幽王,幽王及伯盘乃灭,周乃亡。邦君诸正乃立幽王之弟余臣于虢,是携惠王。立廿又一年,晋文侯仇乃杀惠王于虢。周亡王九年,邦君诸侯焉始不朝于周,晋文侯乃逆平王于少鄂,立之于京师。三年,乃东徙,止于成周,晋人焉始启于京师,郑武公亦正东方之诸侯。^①

---

* 中国社会科学院古代史研究所、中国社会科学院甲骨学殷商史研究中心。

① 清华大学出土文献研究与保护中心编,李学勤主编:《清华大学藏战国竹简(贰)》,中西书局,2011年,第138页。本文引文尽量以通行字写出。

目前学界对于平王东迁的年代大致有公元前 738/737、公元前 759/758、公元前 770 年三种意见(因为算法的不同,会有一两年的差异)。这三种意见对简文中的"周亡王九年"理解不同,因此得出的平王东迁年代也有不同。

第一种意见认为"周亡王九年"是指携惠王被晋文侯所杀后的九年,约公元前 741 年,晋文侯迎立周平王,又过了三年,平王东迁,年代在公元前 738 年左右。[①] 这种解读最符合《系年》的文意。但是根据《史记·十二诸侯年表》的记载,和平王东迁有密切关系的晋文侯(卒于公元前 746 年)、郑武公(卒于公元前 744 年)、秦襄公(卒于公元前 766 年)、卫武公(卒于公元前 758 年)早已在此年之前去世,不可能护送平王东迁。故这种说法与《史记》的年代系统存在着明显的矛盾。

第二种意见将"周亡王九年"理解为周幽王死后的第九年,或者周幽王死后九年的一个时间段,约公元前 762 年,晋文侯迎立周平王,三年后,公元前 759 年东迁。[②]

第三种意见则坚持《史记》中公元前 770 年平王东迁的记载,对"周亡王九年"作了多种解读:(1)"周亡王"是周幽王;(2)"周亡王九年"应句读为"周亡。王九年",而"王九年"为幽王九年;(3)"周亡王九年"中"周"是指周都,幽王死后周都有九年无王,而这九年中发生了晋文侯立平王及平

① 此种意见以刘国忠(《从清华简〈系年〉看周平王东迁的相关史实》,陈致主编:《简帛·经典·古史》,上海古籍出版社,2013 年,第 173—179 页)、王晖(《春秋早期周王室王位世系变局考异——兼说清华简〈系年〉"周无王九年"》,《人文杂志》2013 年第 5 期)、程平山(《秦襄公、文公年代事迹考》,《历史研究》2013 年第 5 期;《两周之际"二王并立"历史再解读》,《历史研究》2015 年第 6 期)等学者为代表。

② 此种意见以李学勤(《由清华简〈系年〉论〈文侯之命〉》,《深圳大学学报(人文社会科学版)》2012 年第 3 期)、晁福林(《清华简〈系年〉与两周之际史事的重构》,《历史研究》2013 年第 6 期)、陈民镇(《清华简〈系年〉研究》,烟台大学硕士学位论文,2013 年)、代生(《清华简〈系年〉所见两周之际史事说》,《学术界》2014 年第 11 期)、王伟(《清华简〈系年〉"周亡王九年"及其相关问题研究》,《中原文化研究》2015 年第 6 期)、徐少华(《清华简〈系年〉"周亡(无)王九年"浅议》,《吉林大学社会科学学报》2016 年第 4 期)、杨博(《由清华简郑国史料重拟两周之际编年》,《学术月刊》2021 年第 8 期)等学者为代表。

王东迁之事。①

上述第一种意见彻底摒弃了《史记》的年代系统，已有学者据《系年》的记载对诸侯年代进行了修订。② 后两种意见实际上都是基于对《史记》的年代系统与《系年》记载的矛盾所做的调和，在对简文的解读上都不如第一种意见顺畅，尤其是第三种意见更为迂曲。

此外，朱凤瀚先生认为《系年》所云携惠王立二十一年为晋文侯所杀，可能是混入了晋史纪年，应该是晋文侯二十一年，亦即平王、携王各立十一年时，晋文侯杀携王。九年以后，公元前 750 年，文侯又立平王于京师。平王立三年，公元前 748 年东迁成周。③ 王杰先生也有类似的看法。④ 这种意见是为了解决《系年》解读不顺畅的问题，以及《史记》与《系年》年代记载的矛盾而作的处理。

为何《史记》和《系年》在两周之际的史事记载上有如此大的差异？学者已经察觉到这是由于文献的记录者所持的立场不同造成的。⑤ 考察记载平王东迁文献的史源，探索文本差异背后的原因，充分利用现存文献材料进行综合性的研究，促进对此问题的思考和研究是本文的目标所在。

一、三份文献记载的史源追踪

《系年》是战国中期楚国人编写的历史著作，其所记述的西周史事，材料

① 参见王红亮：《清华简〈系年〉中周平王东迁的相关年代考》，《史学史研究》2012 年第 4 期；魏栋：《清华简〈系年〉"周亡王九年"及两周之际相关问题新探》，罗运环主编：《楚简楚文化与先秦历史文化国际学术研讨会论文集》，湖北教育出版社，2013 年，第 109—121 页；罗运环：《清华简〈系年〉前四章发微》，《出土文献》第 7 辑，中西书局，2015 年，第 90—97 页；王占奎：《清华简〈系年〉随札——文侯仇杀携王与平王、携王纪年》，《古代文明》第 10 卷，上海古籍出版社，2016 年，第 205—214 页；李零：《读简笔记：清华简〈系年〉第一至四章》，《吉林大学社会科学学报》2016 年第 4 期。
② 程平山：《秦襄公、文公年代事迹考》，《历史研究》2013 年第 5 期；《唐叔虞至晋武公事迹考》，《文史》2015 年第 3 期。
③ 朱凤瀚：《清华简〈系年〉"周亡王九年"再议》，《吉林大学社会科学学报》2016 年第 4 期。
④ 王杰：《清华简"周亡王九年"新释》，《殷都学刊》2020 年第 1 期。
⑤ 除上文提到的学者外，还可参看沈载勋：《对传世文献的新挑战：清华简〈系年〉所记周东迁史事考》，李守奎主编：《清华简〈系年〉与古史新探》，中西书局，2016 年，第 128—159 页。

来源时代较早,具有很高的史料价值,目前是学界的共识。除学者提到的用词、字体等证据外,①这里还可以提出一点。《系年》第二章"邦君诸侯"连用,学者一般以为邦君就是诸侯,实际上西周时期的邦君和诸侯虽然含义上有重合之处,但是内涵有别,并不混用。邦君可以指称所有有土之君,分布涉及西周内服和外服,而诸侯是指被周王特别册命的拥有"侯""甸""男"称谓的外服君长,他们可以说是一类特殊的邦君。邦君和诸侯的概念混用发生在春秋以后。②《系年》中"邦君诸侯"连用,仅见于第二章两周之际的史事记录中,而记录春秋战国史事的章节只有"诸侯",没有"邦君",这也表明清华简关于两周之际的史事记载确实渊源有自,时代较早。了解邦君和诸侯的差异,对于深入理解这一段史事亦有帮助。从记录来看,"邦君诸正乃立幽王之弟余臣于虢",则拥立携惠王的是周的内服王臣,外服诸侯可能并没有参与其中,而"周亡王九年,邦君诸侯焉始不朝于周,晋文侯乃逆平王于少鄂,立之于京师",这里的"邦君诸侯"应该是周的外服君长,由此,平王即位是出于外服诸侯的扶持。这一记载可以和古本《竹书纪年》"申侯、鲁侯及许文公立平王于申,以本大子,故称天王。幽王既死而虢公翰又立王子余臣于携",③以及《左传》昭公二十六年"携王奸命,诸侯替之,而建王嗣,用迁郏鄏"④的记载相互印证。携王为幽王一系的内服王臣所支持,而平王由外服诸侯所拥戴,周之二王并立,体现的是两周之际内外服势力的争斗。

朱凤瀚先生推测《系年》论西周史事的四章可能多本于周王朝史官所记录的旧档中之一种。《系年》中记述"携惠王"的文字,很可能是西周末叶拥戴幽王及站在携王立场的史官所记。⑤ 他还认为《系年》论史事可能颇多参

---

① 参见陈民镇:《从虚词特征看清华简〈系年〉的真伪、编纂及性质》,李守奎主编:《清华简〈系年〉与古史新探》,第255—271页。

② 参见任伟:《西周金文与文献中的"邦君"及相关问题》,《中原文物》1999年第4期;邵蓓:《〈封许之命〉与西周外服体系》,《历史研究》2019年第2期。

③《春秋左传正义》,阮元校刻:《十三经注疏》,中华书局,1980年,第2114页。

④《春秋左传正义》,阮元校刻:《十三经注疏》,第2114页。

⑤ 朱凤瀚:《清华简〈系年〉所记西周史事考》,《甲骨与青铜的王朝》,上海古籍出版社,2022年,第875—886页。

考过晋国史书，《系年》第二章不排除混入晋史纪年之可能。① 从《系年》第二章称携王为"携惠王"，并且不承认周二王并立，以周东迁作为晋人兴起的开端来看，其说可从。不过《系年》本身是战国中期楚人的作品，是基于平王—东周王室传承的历史事实书写的，整体而言体现的是后世楚国人客观阐述历史变迁的史学态度，因此《系年》的这段行文表现出既尊携王又尊平王的中立倾向。②

《史记》关于两周之际的史事记载和年代体系主要见于《周本纪》《秦本纪》《十二诸侯年表》。《史记》完全没有携王的记载，有学者认为司马迁出于正统意识，有意摒弃了周二王并立的史料记载，对两周之际史事作了有意的编辑和书写。笔者认为这种认识还需要再斟酌。《汉书·司马迁传》称"其文直，其事核，不虚美，不隐恶，故谓之实录"。③ 司马迁号称良史之材，他为未称帝的项羽作本纪，作《吕太后本纪》而非《孝惠本纪》，很难想象他会因为所谓的正统观念而隐去周代携王的历史。从《史记》的行文来看，司马迁没有记录周二王并立的事情，不是他有意为之，而是他所见到的平王东迁的史事记载中缺乏此方面的内容，因此他对携王的事一无所知。

《十二诸侯年表》序称："太史公读《春秋历谱谍》……儒者断其义，驰说者骋其辞，不务综其终始；历人取其年月，数家隆于神运，谱谍独记世谥，其辞略，欲一观诸要难。于是谱十二诸侯，自共和讫孔子，表见《春秋》《国语》学者所讥盛衰大指著于篇，为成学治古文者要删焉。"④司马迁自称作《十二诸侯年表》主要参考的是《春秋》《国语》学者以及战国谱牒类著作。学者指出《周本纪》记载两周之际史事的文献来源主要是《国语·郑语》《晋语》以及《吕氏春秋·疑似》篇。⑤ 这也是目前大多数学者的看法。至于《秦本纪》对

① 朱凤瀚：《清华简〈系年〉"周亡王九年"再议》，《吉林大学社会科学学报》2016 年第 4 期。
② 有关《系年》性质的诸家观点，参见陈民镇：《从虚词特征看清华简〈系年〉的真伪、编纂及性质》，李守奎主编：《清华简〈系年〉与古史新探》，第 255—271 页。
③ 《汉书》卷六二，中华书局，1962 年，第 2738 页。
④ 《史记》卷一四，中华书局，2014 年，第 647—650 页。
⑤ 参见泷川资言考证，杨海峥整理：《史记会注考证》，上海古籍出版社，2015 年，第 206—207 页。按，第 207 页所引《晋语》"十一年幽王乃灭，周乃东迁"句，现见于《周语上》。

两周之际的史事记载，王玉哲先生已经根据《史记·六国年表》序称"太史公读《秦记》，至犬戎败幽王，周东徙洛邑，秦襄公始封为诸侯"，指出本之于秦人所撰史书《秦记》。[①] 值得注意的是中华书局修订本《史记·周本纪》在"辟戎寇"下出校勘记云："疑文有脱误。按：高山本此下有'当此之时秦襄公以兵送平王平王封襄公以为诸侯赐之以西地从武王尽幽王凡十二世'三十六字。"[②]泷川资言也有类似的说法。[③] 这段文字与《秦本纪》一致，如果《史记·周本纪》原有这样一段文字，那么我们有理由相信司马迁作《周本纪》时，对于平王东迁的史事记载也参考了《秦记》。《秦本纪》称"（文公）十三年，初有史以纪事"，金德建先生据此认为《秦记》是从秦文公的时候开始写作的。[④] 所以《秦记》中关于秦襄公时期幽王败亡和平王东迁的史事是秦人追述的，不是当时的实录。

无论是《国语》还是《秦记》，都没有周二王并立和携王的记载。《左传》中虽有"携王奸命，诸侯替之，而建王嗣，用迁郏鄏"的记载，但其意不明，学者一直将携王视为伯服，即使是浏览过《竹书纪年》的杜预也是如此。[⑤] 正因为所参考的主要材料中都没有携王及周二王并立的明确记载，所以司马迁在《史记》中遗漏了这段史事。《六国年表》序称"秦既得意，烧天下诗书，诸侯史记尤甚……史记独藏周室，以故灭……独有《秦记》，又不载日月，其文略不具"，[⑥]是周史记及诸侯史记都被秦焚毁，《秦记》成为司马迁所见唯一记载这段史事的诸国史记，对于司马迁构筑两周之际史事和年表有重要的影响。《秦记》中为何没有携王的记载，王玉哲先生推断是秦人史书为掩盖其

---

① 王玉哲：《平王东迁乃避秦非避犬戎说》，《天津社会科学》1986 年第 3 期。

② 《史记》卷四，第 218 页。

③ 泷川资言考证，杨海峥整理：《史记会注考证》，第 207 页。

④ 金德建：《〈秦记〉考征》，《司马迁所见书考》，上海人民出版社，1963 年，第 419 页。金德建先生认为《秦记》的叙事是从秦襄公时候开始的（第 419 页），则未必正确，因为《六国年表》称"太史公读《秦记》，至犬戎败幽王，周东徙洛邑，秦襄公始封为诸侯"，用"至"字，则表明《秦记》中应该还有襄公之前的史事记载。《秦本纪》中襄公以前的秦人故事，可能也源自《秦记》。

⑤ 参见《春秋左传正义》，阮元校刻：《十三经注疏》，第 2114 页。

⑥ 《史记》卷一五，第 836 页。

侵略周的真相而隐讳修饰所致，[①]这一说法有其合理的成分。秦襄公受封为诸侯是秦国立国的大事，传世秦公簋（《集成》4315）铭文“秦公曰：不（丕）显朕皇祖，受天命，鼏（幂）宅禹责（迹），十又二公，在帝之坏（坯）”，秦公镈（《集成》267—268）和秦公钟（《集成》262—266）铭文“我先祖受天令（命），商（赏）宅受或（国），剌剌（烈烈）卲文公、静公、宪公，不㒸（坠）于上”，所记“受天命”都是指秦襄公受封为诸侯的事。[②] 封立秦襄公为诸侯的是平王，开国大事与平王息息相关，秦人在追记中可能有意或无意隐去了携王的存在，平王以嫡子的身份接继幽王，而襄公先是救助幽王，继而护送平王，于两代周王都有功绩。

有关平王东迁的记载还见于《竹书纪年》。《左传》昭公二十六年孔颖达正义云：

> 汲冢书《纪年》云平王奔西申而立伯盘以为大子，与幽王俱死于戏。先是，申侯、鲁侯及许文公立平王于申，以本大子，故称天王。幽王既死而虢公翰又立王子余臣于携，周二王并立。二十一年，携王为晋文公所杀，以本非适，故称携王。[③]

此记载亦见于《通鉴外纪》，引文作：“幽王死，申侯、鲁侯、许文公立平王于申，虢公翰立王子余，二王并立。”[④]

《竹书纪年》是战国时魏国的史书。杜预称：“《纪年》篇起自夏殷周，皆三代王事，无诸国别也。唯特记晋国，起自殇叔，次文侯、昭侯，以至曲沃庄伯……编年相次。晋国灭，独记魏事，下至魏哀王之二十年……哀王二十三

① 王玉哲：《平王东迁乃避秦非避犬戎说》，《天津社会科学》1986年第3期。

② 参见苏辉：《由清华简〈封许之命〉释春秋金文的“天命”“大命”》，李健胜主编：《西北早期区域史学术研讨会暨第十一届中国先秦史学会年会论文集》，三秦出版社，2020年，第318—325页。

③《春秋左传正义》，阮元校刻：《十三经注疏》，第2114页。

④ 方诗铭、王修龄：《古本竹书纪年辑证（修订本）》，上海古籍出版社，2005年，第61页。

年乃卒，故特不称谥，谓之今王。"①从杜预的描述来看，《纪年》虽是以年编次，却非《春秋》那样的实录，而是根据有关史料记载进行的追述，写作于魏哀王时代，书中关于平王东迁的史事记载应源于晋国史书。孔疏所引的"周二王并立"，在今本《竹书纪年》中是作为注而非正文出现的，有学者怀疑孔疏所引这段话并非《纪年》的原文。李学勤先生认为孔疏所引这段话和《系年》在不少地方相似，绝不是孔颖达综括出来的。②从整段孔疏来看，除了《竹书纪年》，还引用了《国语·郑语》、《晋语》（孔疏引作"《周语》"）、《史记·周本纪》，孔疏对这些文献的引用都是直接引录原文，而不是综合概述，所以孔疏引《纪年》应该也是直接引录原文。作为平王东迁的主要参与国之一，晋史的记述明确提到"周二王并立"，相较《系年》和《史记》所依据的原始材料，应该说更为客观。

从上面的分析可以看出，有关平王东迁的三份文献记载，虽然《系年》的作者和司马迁本身都是站在客观记述历史的立场上追述这段史事的，但是由于他们所据的原始材料本身立场有偏颇，记录不全面，因此都没能对这段史事给予客观的叙述，最客观叙述这段史事的是《竹书纪年》。虽然所记史事与《系年》大致相同，但是现存辑佚的古本《纪年》条目简约，并不与《史记》的年代系统发生矛盾，而今本《纪年》又是完全根据《史记》的年代表对平王东迁的史事进行架构的，所以在《系年》发表前，学者虽已根据《竹书纪年》等文献的记载还原了两周之际二王并立的史事，却很少质疑《史记》所载平王东迁的年代列表。③

二、关于平王元年

《史记》的原始材料否定二王并立，抹杀携王的存在，将平王元年定为公

---

① 《春秋左传正义》，阮元校刻：《十三经注疏》，第 2187 页。

② 李学勤：《由清华简〈系年〉论〈纪年〉的体例》，《深圳大学学报（人文社会科学版）》2012 年第 2 期。朱凤瀚先生亦认为"二王并立"应是《纪年》的原文，而非整理者所加（《清华简〈系年〉"周亡王九年"再议》，《吉林大学社会科学学报》2016 年第 4 期）。

③ 王雷生先生曾经怀疑平王东迁在公元前 747 年，但未引起关注。见王雷生：《平王东迁年代新探——周平王东迁公元前 747 年说》，《人文杂志》1997 年第 3 期。

元前 770 年,接续幽王。《系年》的原始材料也否认二王并立,支持的则是携王政权,按照《系年》的行文,平王是在携王死后才登上王位的。《纪年》肯定了二王并立,孔颖达疏所引《纪年》说幽王死之前,平王已经被立于申,称天王了,而《通鉴外纪》所引《纪年》却是幽王死后,平王被立于申,携王被立于携。在这些纷乱抵牾的文献记载后面的史实究竟如何？值得注意的是今本《竹书纪年》的一条记载,其文云:

> （幽王）十一年……申侯、鲁侯、许男、郑子立宜臼于申,虢公翰立王子余臣于携。（原注：是为携王,二王并立。）①

关于今本《竹书纪年》的史料价值,刘光胜先生认为"今本《纪年》的问题不在于它依据的材料不真,而是过多地注重与传世文献的调和,广泛采撷不同传世文献的说法,纳入自己的文本体系","泯灭了原本属于自己的学术个性与价值"。② 这是比较客观的看法。今本《竹书纪年》是套用《史记》的年代系统对平王东迁的史事进行编排的,不过其具体记载可能自有来源,并非完全抄自古本《竹书纪年》佚文或其他传世古籍。上述这条记载和古本《纪年》对比,拥立平王的诸侯"许文公"作"许男",多了"郑子"。《春秋》僖公九年记载,"夏,公会宰周公、齐侯、宋子、卫侯、郑伯、许男、曹伯于葵丘",文中的"宋子"是指还在父丧中的宋襄公。《左传》僖公九年云:"九年春,宋桓公卒。未葬而襄公会诸侯,故曰'子'。凡在丧,王曰'小童',公侯曰'子'。"杨伯峻先生注:"《春秋》之例,旧君死,新君立,不论已葬未葬,当年称子,踰年称爵。"③宋襄公在其父去世当年参加诸侯盟会,在史官的记载中称"子"。准此,今本《竹书纪年》中的郑子应该是郑武公。如果今本《竹书纪年》的这条记载可信,那么郑武公之父桓公与周幽王一起死于骊山之下,武公称"郑

---

① 王国维：《今本竹书纪年疏证》,方诗铭、王修龄：《古本竹书纪年辑证（修订本）》,第 262—263 页。

② 刘光胜：《清华简〈系年〉与〈竹书纪年〉比较研究》,中西书局,2015 年,第 255 页。

③ 杨伯峻：《春秋左传注（修订本）》,中华书局,1990 年,第 324、325 页。

子"，可见申侯等诸侯拥立平王即在幽王死的当年——公元前771年，第二年公元前770年可称平王元年。然而，对于这条材料却不可以遽信。《新唐书·刘贶传》载："贶尝以《竹书纪年》序诸侯列会皆举谥，后人追修，非当时正史。"[1]刘贶所见《竹书纪年》诸侯列会都用谥号，孔颖达疏和《通鉴外纪》所引《纪年》都用"许文公"，所以《纪年》原本对列国诸侯是直接用谥称的，与今本《纪年》不同，不能排除这条记载是今本《竹书纪年》的改编者依《春秋》文例进行的修改。[2] 而其中的"郑子"也有可能是改编者所作的增补，还不能成为我们确定平王元年的证据。值得注意的是孔颖达疏在引了《纪年》后，还有这样一段文字："束晳云：案《左传》'携王奸命'，旧说携王为伯服。伯服，古文作伯盘，非携王。伯服立为王，积年，诸侯始废之而立平王。其事或当然。"[3]由此来看，束晳所见《纪年》记载了诸侯废携王后又拥立平王的事，与《系年》的记载相合。结合现存古本《竹书纪年》"申侯、鲁侯及许文公立平王于申""虢公翰又立王子余臣于携""周二王并立"的记述，我们可以推测《纪年》既记载了"周二王并立"时平王被立，又记载了"积年"诸侯废携王立平王之事，则在《纪年》的叙事中，平王是被立了两次的。而今本《竹书纪年》所记"郑子"参与立平王的记载，似也可为这一推断作一辅证。遗憾的是《纪年》已佚，后人辑佚文字不全，无法窥得全貌，造成了文意理解上的纷乱矛盾。

《系年》中的携王被杀，"周亡王九年"后，"晋文侯乃逆平王于少鄂，立之于京师"，是平王第二次被立，这次拥立平王得到了诸侯和王朝大臣的一致认可。《系年》的原始材料认可携王政权，所以在记叙中将平王视为携王政权的接续，不认可其之前的继位。《史记》将平王元年确定为幽王死后的次年，很大可能是依据《秦记》的记载所定的。《秦记》认可幽王死后平王即继位，和《通鉴外纪》所引的《纪年》文相符。这时的平王并没有得到公认，不过《秦记》是站在认可平王的立场上书写的，故将幽王死后的继位之君确定为平王。虽然我们还无法确认平王第一次被立的年代，不过，以平王接续幽

---

[1]《新唐书》卷一三二，中华书局，1975年，第4522—4523页。

[2]《春秋》中国君在位时称公、侯、伯、子、男，死后才以谥称为"某公"。

[3]《春秋左传正义》，阮元校刻：《十三经注疏》，第2114页。

王，将公元前 770 年定为平王元年，作为一种历史书写，应该是可以接受的。

三、平王东迁的年代

目前，学者普遍接受了《系年》所说的平王立于京师后，又过了三年才东迁的说法，认为平王立为王和周东迁有三年的间隔，也因此否定了《史记》平王即位即东迁的记载。这里需要提到《清华大学藏战国竹简（陆）》收录的《郑武夫人规孺子》。

《郑武夫人规孺子》记载了郑武公去世至下葬前后，郑武夫人武姜等对嗣君郑庄公的规诫及庄公的表态。李守奎先生认为这篇文献"很可能是完成于郑庄公初年的郑国历史实录"，具有很高的文献价值。① 其说确切。文中有：

> 吾君陷于大难之中，处于卫三年，不见其邦，亦不见其室。②

是说郑武公在位期间曾经有三年处于卫，不在郑国。《系年》第二章在记平王东迁后，主要记载了郑国早期的君位变迁，因此其材料来源还有可能与郑国的史书有关。③《郑武夫人规孺子》也出于郑国的史记，郑武公"处于卫三年"很可能和《系年》"三年，乃东徙"相关。《系年》称"晋人焉始启于京师，郑武公亦正东方之诸侯"，东迁之后郑武公成为平王卿士，郑国走上了小伯之路，这期间武公发生"处于卫三年，不见其邦，亦不见其室"的事情的可能性不大，所以郑武公的"处于卫三年"应该是在东迁之前。由此来看，无论平王东迁于哪一年，《史记》所记平王元年即东迁的说法都不可信，而《系年》平王立于京师后三年东迁的记载更为可信。那么《史记》的记载为何会将幽王身死、平王继位和东迁视为接连发生的事件呢？这应该是和《秦记》的特点有

---

① 李守奎：《〈郑武夫人规孺子〉中的丧礼用语与相关的礼制问题》，《中国史研究》2016 年第 1 期。

② 清华大学出土文献研究与保护中心编，李学勤主编：《清华大学藏战国竹简（陆）》，中西书局，2016 年，第 104 页。

③ 参见杨博：《裁繁御简：〈系年〉所见战国史书的编纂》，《历史研究》2017 年第 3 期。

关。司马迁称《秦记》"又不载日月,其文略不具",日本学者藤田胜久分析《秦本纪》的叙事特点,认为从秦文公开始,秦国的史书才开始依纪年记录史事,在此之前的记录以古传说和世系为主,还没有年表形式的记录。[①] 此说令人信服。笔者猜想史迁所见的《秦记》将犬戎攻周、秦襄公救周、平王继位、秦襄公护送周东迁,以及受封为诸侯诸事连续记载下来,却没有具体纪年,导致史迁以为这些史事连续发生,并没有年代间隔。

《郑武夫人规孺子》中的"陷于大难",李学勤先生认为"当即指西周王朝的覆亡而言。当时桓公死难,武公即位,其间武公曾有三年不在他父亲在今河南新郑一带建立的国家而居处于卫国","武公的处卫是在嗣位之初"。[②] 李守奎先生亦认为郑武公陷于大难是"此时君父被杀,民人离散,嗣君寄居卫地,郑国依靠诸大臣执政,安定郑国,武公在卫参与郑国治理,只是远闻遥知而已"。[③] 如果说郑武公嗣位之后即不在郑国而处于卫,他是很难在公元前 770 年护送平王东迁的。也就是说,公元前 770 年平王东迁的说法成立的可能性不大。[④]

晁福林先生认为简文"不见其室"的"室"以指妻室为妥。"不见其邦,亦不见其室"说明郑武公居卫应当是有了妻室之后的事情。他据《史记·十二诸侯年表》载郑武公十年"娶申侯女武姜",推测武公娶妻后的十一年到十三年间(前 760—前 758),是其居卫的三年。[⑤] 赵世超先生曾详细考察先秦典籍中的"室",指出"室"可以指代房屋、妻子和家财,进而成为家庭的代名词,在春秋以前指的是父家长制的大家族。[⑥] 在有关春秋时期的文献中,"室"指

---

① 藤田胜久著,曹峰、广濑薰雄译:《〈史记〉战国史料研究》,上海古籍出版社,2008 年,第 251 页。

② 李学勤:《有关春秋史事的清华简五种综述》,《文物》2016 年第 3 期。

③ 李守奎:《〈郑武夫人规孺子〉中的丧礼用语与相关的礼制问题》,《中国史研究》2016 年第 1 期。

④ 王红亮先生将"大难"解为周幽王九年(前 773)废嫡立庶,认为郑武公此时因为和父亲桓公产生政见分歧,离开周室而到了卫国,则郑武公"处于卫三年"为周幽王九年至十一年(前 773—前 771)。此说文下学者评议已指出于简文文意理解不顺。见王红亮:《清华简(六)〈郑武夫人规孺子〉有关历史问题解说》,复旦大学出土文献与古文字研究中心网,2016 年 4 月 17 日。

⑤ 晁福林:《谈清华简〈郑武夫人规孺子〉的史料价值》,《清华大学学报(哲学社会科学版)》2017 年第 3 期。

⑥ 赵世超:《说"室"》,《瓦缶集》,人民出版社,2003 年,第 77—88 页。

代妻、子、家财、卿大夫之家，或作动词，意为娶妻，多有所见。如《国语·鲁语下》"公父文伯之母欲室文伯"，韦昭注"室，妻也"；《晋语六》"纳其室以分妇人"，韦昭注"室，妻妾货财"；《楚语上》"樊及仪父施二帅而分其室"，韦昭注"室，家资也"。① 又，《左传》桓公六年"齐侯又请妻之，固辞……大子曰：'……今以君命奔齐之急，而受室以归，是以师昏也'"；宣公十四年"卫人以为成劳，复室其子"，杜预注"以有平国之功，复以女妻之"，孔颖达疏"男子谓妻为室"；襄公十九年"子展、子西率国人伐之，杀子孔而分其室"；昭公二十五年"公鸟死，季公亥与公思展与公鸟之臣申夜姑相其室"；②等等。文献常见的"王室""公室"之"室"也是此意。由此看来，郑武公的"不见其邦，亦不见其室"，更可能发生在他继位为君并且娶妻成家之后，晁先生的说法更为可据。平王东迁于公元前 759/758 年的观点恰落在了此说的时间段内。也就是说如果此说准确，"周亡王九年"是周幽王灭后的九年，又三年，公元前 759 年平王东迁的说法同样受到了冲击。值得玩味的是，在清华简《系年》的三种主要解读中，只有第一种即周东迁发生在携王被杀之后，而非二王并立时，与《郑武夫人规孺子》的这则材料不发生矛盾，而又恰好是最为顺畅的解读。

种种文献记载表明周东迁可能是在一个比较晚的年代。刘国忠先生已据《左传》僖公二十二年"辛有适伊川，见被发而祭于野者"的记载说明平王东迁的年代可能较晚。③ 在文献中还可以找出一些证据。《左传》昭公二十六年载"携王奸命，诸侯替之，而建王嗣，用迁郏鄏"，王子朝的这段话中平王东迁是在携王被杀之后，与《系年》的记载正好相合。又，《国语·郑语》云："及平王之末，而秦、晋、齐、楚代兴，秦景、襄于是乎取周土，晋文侯于是乎定天子，齐庄、僖于是乎小伯，楚蚡冒于是乎始启濮。"④秦晋之兴都以平王东迁为契机，从这段记载来看，东迁可能并不发生在平王早年。

---

① 《国语》，上海古籍出版社，1988 年，第 210、420—421、537 页。

② 《春秋左传正义》，阮元校刻：《十三经注疏》，第 1750、1886、1969、2109 页。

③ 刘国忠：《从清华简〈系年〉看周平王东迁的相关史实》，陈致主编：《简帛·经典·古史》；亦可参见王雷生：《平王东迁年代新探——周平王东迁公元前 747 年说》，《人文杂志》1997 年第 3 期。

④ 《国语》，第 524 页。

郑武公"处于卫三年"发生在东迁之前,如果说这"三年"是公元前760 至公元前758 年,那么周东迁的时代将会更晚。但是如果按照《系年》的文意,将平王东迁定在公元前738 年左右,则与《史记·十二诸侯年表》所记年代系统差距太大,春秋初期的诸侯年代需要作大规模的调整,甚至会冲击到整个春秋时代的诸侯纪年。综合各种材料和因素,朱凤瀚先生认为晋史纪年混入《系年》,所谓"二十一年"可能是晋文侯纪年,晋文侯二十一年杀携王,公元前748 年平王东迁,是很值得考虑的一个思路。至于两周的年代分野,以幽王作为西周时代的最后一位周王,以平王作为东周时代的第一位周王,按照《史记》的记载,将东周的始年定为公元前770 年,并无不妥。

结语

我们目前所见到的有关平王东迁的三份记载都不是最原始的记载,而是后人引述的。由于原始撰述人所持立场不同,对于平王东迁史事的记载也有所不同,呈现出不同文本叙事的矛盾,反映了这段史事的不同侧面。深入探究这段史事,需要对多种文献材料进行综合分析。《系年》的内容可以和《竹书纪年》的记载相印证,由此可确定《史记》失载了周二王并立的史事。但是因此就认定《系年》所记录的年代比《史记》更为可信,或者说《史记》关于两周之际的史事记载几无可取之处,则也非审慎的态度。《史记》中有关平王东迁的记载是司马迁根据《秦记》中追述的材料整理而成的,其原始材料未及携王一事,并不客观。《系年》成书早于《史记》,但也是战国中期楚人的作品,楚人在追述这段史事时没有什么倾向,但其凭借的原始材料本身并不客观,因此在纪事中也没有二王并立的史实记载。就目前的材料而言,进一步解决平王即位和东迁的年代问题只能有待新材料出现带来新的契机。

原载《简帛研究 二○二二(春夏卷)》,广西师范大学出版社,2022 年,今据以收入。

汉 学 研 究

萨满或巫：图形伪装的研究*

[英] L. C. Hopkins（著）　郅晓娜**（译）

　　布鲁诺·辛德勒（Bruno Schindler）①博士在其著作《中国古代的巫师》
（*Das Priestertum im Alten China*）②的第一部分，也是已出版的唯一部分，
用了大量篇幅和精力来研究中国汉字"靈"*ling*，magic 和"巫"*wu*，shaman
所代表的思想文化内涵。

---

* 本文为"古文字与中华文明传承发展工程"项目"金璋的甲骨收藏与研究"（G3014）阶段性成
果。原文出处：L. C. Hopkins, "The Shaman or Wu 巫：A study in Graphic Camouflage,"
The New China Review 2, no.5（Oct.1920）：423 - 439.本书第 223 页有金璋的照片。此译文
中脚注标有【译者注】的，是译者增加的脚注，其余则是原文中的脚注。
** 中国社会科学院古代史研究所、中国社会科学院甲骨学殷商史研究中心。
① 【译者注】Bruno Schindler(1882—1964)，德国犹太裔汉学家。1910 年到莱比锡大学学习东方
　语言学，包括阿拉伯语、亚述语和民族学。但 August Conrady(孔好古)的汉语课程吸引了他，
　他学了两年汉语，并在 Conrady(孔好古)的建议下于 1912 年来到中国，主要在开封、上海等地
　研究犹太问题。一战前夕他返回德国，参加了本土驻军服务，在学校教授古典语言并进行汉
　学研究，他的第一项研究成果是发表在《东方杂志》上的一篇有关中国汉字的文章。1919 年
　他以 *Das Priestertum im Alten China*（《中国古代的巫师》）获得了莱比锡大学的博士学位。
　同年他与 Alma G. Ehrlich 结婚，并在妻子的帮助下于 1920 年创办汉学杂志《亚洲学刊》
　（*Asia Major*），1923 年出版了创刊号（Introductory Volume），最初的系列直到 1933 年他被迫
　逃离德国时才结束。1949 年他移居英国，恢复了这个项目，并一直主持编辑到 1964 年去世，
　为汉学研究作出了重要贡献。参看 1964 年该刊第 11 期收录的 Obituary of Dr. Bruno
　Schindler（by W. Simon）。值得注意的是，《亚洲学刊·创刊号》就收录了金璋的论文 The
　Royal Genealogies on the Honan Relics and the Record of the Shang Dynasty（《殷虚甲骨上所
　载王室谱系及商代之记载》）。该书还公布了金璋的甲骨 H744 的照片和 Conrady(孔好古)教
　授的释文"？日月之鸣鸟"，并指出这片甲骨在 1914 年莱比锡图书展上展出过，希望读者继续
　探索其奥秘。
② 【译者注】Bruno Schindler：*Das Priestertum im Alten China*. 1. Teil：Konigtum und
　priestertum einleitung und quellen. Inaugural-Dissertation. Leipzig：Druck der Spamerschen
　Buchdruckerei, 1919.

辛德勒博士的著作是如此周密、细致、资料详实，一旦全部完成，势必成为该项研究的权威之作。我们非常希望最终能有完整的法译本或英译本。

本文所研究的内容，在辛德勒博士著作的第14—29页也顺便有所提及，标题为"Introduction and Sources"（Einleitung und Quellen）。我的研究以下列汉字的图形历史为中心，包括靈 *ling*，magic，巫 *wu*，shaman，無 *wu*，not-to-have，舞 *wu*，to dance，和河南甲骨上的一个未识字，并得出了一些有趣且具有启发性的结果，当然这只是我的浅薄之见。

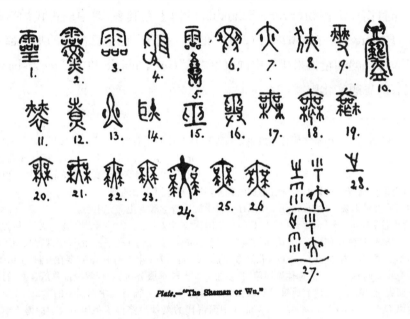

Plate.—"The Shaman or Wu."

* * *

靈 *ling*，magic 这个字。

在进行其他研究之前，我们最好先梳理一下《说文》对这个字的说法，它是如何解释它的字义，又是如何分析它的复杂结构的。

首先，值得注意的是，这个字是《说文》第六字部"玉"（*yü*，jade）部长长列表中的最后一个字。这个位置在《说文》中有时暗示了这个字或其分类存在一些疑虑或难点。但无论何种情况，这个字的字头是本文图版中的 Fig.1［靈］，但这个字形后面紧接着是这样一句注解"靈或从巫"（靈 *ling* 有

时也从巫 *wu*，a shaman 旁）。作者许慎对这个字形的分析是"从玉 *yü*，jade 霝 *ling* 声"。根据这个分析，*ling*，无论下部从玉还是从巫，都是形声字，不是辛德勒博士认为的会意字。①

那么，《说文》是如何解释这个字的？它是这样解释的："霝巫以玉事神也。"一位通霝的巫师用玉来侍奉神霝。段玉裁注曰"巫也以玉事神"，省略了第一个字"霝"，并通过变换语气词"也"的位置，使得《说文》好像是把霝 *ling* 这个词解释为同义词巫 *wu*，a shaman，尽管在中国普通文献和语言中这两个词并不同义，*ling* 只是巫的特质而非巫本身。

在"巫也"两字后面，段玉裁给出了如下有趣的解释："各本巫上有霝字，乃复举篆文之未删者也。许君原书，篆文之下，以𣜩复写其字，后人删之，时有未尽。此因巫下脱也字，以霝巫为句，失之，今补也字。"各版本中"巫"*wu*，shaman 的前面都有"霝"*ling* 字，但这只是重复而未被删除的字头而已。许慎常常在《说文》的篆文字头后面用隶书或现代字形重写一次本字。后世注疏家对这些现代字形进行了删除，但有一些仍被保留了下来。在这段话中，"巫"后面脱落一个"也"字，"霝巫"*ling wu*，inspired shaman 被当成了一句话，实际上这是错误的，现在补上"也"字。为了论证自己的观点，段还引用了屈赋《九歌》。这首诗中有几个段落，霝 *ling* 都明确地用来表示萨满（shaman）或巫师（thaumaturgist），正如"霝偃蹇兮姣服"，萨满穿着闪闪发光的长袍弯腰鞠躬。

段玉裁进一步解释道："楚人名巫为霝。许亦当云巫也无疑矣。"如果楚人用霝 *ling* 表示巫 *wu*，shaman，那么毫无疑问许慎也应写作"巫也"*wu yeh*，a shaman（而不是如通常版本中印刷的"霝巫"*ling wu*，inspired shaman）。

除了上述这些，我们还应该加上王筠对这个字的阐述。他几乎全文引用了《说文》的解释，但删除了"巫"前面的"霝"字，由此暗示了"霝"是"巫"的别称，王筠又进一步补充说双音节词"霝子"*ling tzu* 也表示这个词义。在单

---

① 他在其著作第 14 页写道："这个字形的基本含义——它主要由雨 + 三个口形—洞（笛子?）+ 神奇的舞者三部分组成（一些古老的异体字形中缺最后一部分），显然表示'通过喊叫（音乐）来求雨'。"

独用来表示萨满时,靈可能是通常的省略语。

上述论述,展示了《说文》和后来两位注疏家对这个重要音节和字形的解释。

然而,在最古老的青铜铭文和甲骨刻辞中,我们将会发现比上述讨论更为惊人的事实。在不止一种最有效的伪装中,我们将会发现萨满本身。

*　*　*

值得注意的是,*ling* 这个词在最古老的铭文中虽然并不少见,但通常作为形容词,修饰各种不同的事物和概念,并且有几种不同的写法。比如,*ling chung* 这个词(现在写作“令终”),我们很难用一个简短有效的词来解释它,但它暗含了一种死后所拥有的影响日常俗事的能力,在铜器上通常写作“霝终”或“霝冬”。

在薛尚功《钟鼎彝器款识》①收录的一件铜器铭文齐侯钟(五)上,我们发现了赞美性的用语“靈公”,有影响力的公爵。这个词出现在这件铭文中相邻的两行,并且这两个字并行排列。在前一行里这个字写作 Fig.2 [图],但在下一行里写作 Fig.3[图],字形的异体变化通过这种对比得以强调。

但这并不是该字字形多变的终结。*Ling* 的另一种写法是 Fig.4[图]。一个例子出现在一件铜器铭文中,吴大澂和《朝阳阁字鉴》的作者都正确地将其列在霝 *ling* 字下面。正确地,是就这个特殊字形用来表示 *ling*,magic 这个词而言,但是把它视为霝这个字的异体字形,则是不正确的。这后一句叙述,可以通过河南遗物得以证明。在河南遗物上,这两种字形表示一个词义,但其字形差别如此之大,任何一个都不可能是另一个的异体。在我收藏的一件微型骨刻 H.247 上,我们发现了霝剑 *ling chien*,magic sword,霝写作 Fig.5[图],同样 H.437 上有霝璧 *ling pi*,magic disk。

---

① 《钟鼎彝器款识》卷六。【译者注】即《历代钟鼎彝器款识法帖》。经查,此器在卷八,不是卷六。

但河南微型骨刻(miniatures)上表示 *ling* 的更常见字形是 Fig.4[⬚]，我在 1915 年 JRAS 发表的一篇论文中已经对其字形含义进行了充分讨论。① 由于其字形含义并不影响下文要讨论的观点，因而这里只略述一下。在那篇文章中我认为，这个迄今很少为人所知且未被解释的字形，是后世写作铃，读作 *ling*，意为手铃(handbell)的这个字的象形本源。果真如此的话，如果我们发现它表示 *ling*，magic，就如河南遗物上那样，那么，它就是另一个"假借字"的例子。

河南甲骨上出现了两种表示 *ling*，magic 的异体字形，一种是霝，另一种是 Fig.4[⬚]所示，但我们没有发现 Fig.2[⬚]这种复杂奇异的形式。

Fig.2[⬚]这种字形，目前有 7 个例子，3 例来自齐侯镈钟，4 例来自一套 13 件的齐侯钟。这 14 件铜器，从其命名和其他特征来看，显然都是同一时期为纪念同一位齐侯而作。这 7 个例子的字形差异很小，因此这个字形是被充分证实了的。

这个字形由上、中、下三部分组成。然而，我相信，中间和下部构成了整个字形所必需的表意部分。按顺序来分析，上部显然就是后世的霝 *ling*，依照辛德勒博士的意见，这一部分完全是表音成分。这个字的中部最有趣。我毫不怀疑在它里面有巫 *wu*，shaman 这个字最古老的形式，这个观点可以得到日本的饱学之士、《朝阳阁字鉴》的作者高田忠周的支持，他写道"今审此篆形，下形亦巫之异文也"，②但他的论述到此为止。接下来的分析和解释都只是我本人的观点。

首先，我们把最下部的**矢**剥去，留待下文分析。剩余部分就如 Fig.6[⬚]所示。这个字形大体上与现在写作交 *chiao*，to join 和文 *wên*，lines，decoration 的字相似，都是描述一个正面的人形。在两侧可见，手和手臂脱离(正如我想象的，在图形的紧凑上牺牲了自然主义)，左边手往上指，右边

---

① L.C. Hopkins, "The Archives of an Oracle," *JRAS* 47, no.2 (Apr.1915)：290‐291.
② 高田忠周：《朝阳阁字鉴》卷二八，吉川弘文馆，1905 年，第 19 页。

手掌朝下，两者合在一起，象征了萨满跳靈舞时的姿势和手势。每条腿上附加的两根短画，对此我不解其意。

现在来解释剩余的部分，即**夾**这个符号。

在形式上，这个是亦 *i*，also 的更早字形。乍一看，它似乎不会给中间符号的解释带来任何灵感。然而它确实带来了光，一束强烈的光，正如我现在想要展示的。但是，我们必须挣扎着穿过许多烟雾，才能到达洁净的火焰。

《说文》对篆文字形"亦"（Fig.7［夾］）的解释是"人之臂亦也"，人的腋窝，并用亦来解释胳 *ko* 和胠 *ch'ü*，都解释为"亦下"*i hsia*，腋窝下面。

中国学者普遍认为亦是腋的更古字形，北方方言读作 *yeh*，后者是现在通用字形。毫无疑问，*i* 和 *yeh* 只是同一读音的不同变化，实际上这两个音节现在仍然存在语音上的振荡。

《说文》接着分析这个字形本身，"从大象两亦之形"。从大。象两腋之形。这个当然是指两侧的短画，如段玉裁所说，"象无形之形"，也即，暗示了不可见之物。

王筠的解释更加明晰，"以点记两臂之下谓亦在是耳"。在他看来，这两点实际上是任意的符号，与我们在相似环境下对**八**的使用相同。显然，"亦"曾经被用来书写我们现在写作"腋"的这个词。但是最古老的铜器证明，它也同样普遍地用来表示同音词 *i*，义为"也"（also）。

我一直急于将《说文》对"亦"这个字的解释进行一个完整的陈述，这种解释可以被视为传统的、正统的解释，因为我同样急于要彻底推翻它。尽管这种解释听起来似乎有道理、很合理，但在证据的驱使下，我慢慢开始相信这个字有一个完全不同的来源。

如果我们对许多带有"火"（*huo*，fire）这个符号的最古老的字形进行研究，我们会发现，在相当一部分字形中，在本该出现"火"的地方，出现了已经证明是"亦"的更早字形的符号"**夾**"。

它出现在一些古老的字形中，比如 Fig.8［狄］，狄 *ti*，非汉族族名；Fig.9［燮］，燮 *hsieh*，concord（和睦）；Fig.10［鑄］，铸 *chou*，to cast metal（铸

造金属）；以及 Fig.11［褮］，褮 *ying*，这个字在翟理斯（Giles）①和顾赛芬（Couvreur）②的词典中均未出现，但《说文》释为"鬼衣也"，根据郭璞的解释，是指破烂的衣服（tattered clothing）。同样的形式也出现在尞 *liao*，set on fire（点火）这个字中，专指祭天时点的篝火，篆文字形作 Fig.12［尞］。

因此，关于夾这个字我们有两点可以确定的事实。第一，它被用来表示一个现在读作 *i* 或 *yeh* 的词，义为"腋窝"，也用来表示另一个同音词，义为"也"。第二，它既可以用作火 huo，fire 的异体字形，又可以用作一个独立的字，表示一个尽管字形上有密切关系，但读音不同、其词义又恰好可以用火的图像来表示的另一个词。

是否可能找到一个字，既能满足上述图像上的要求，同时又能表示这么一个符合上述语音要求的词？

这是有可能的。我现在要提出的这个字形和相关读音，就符合形、音、义三方面的要求。

先看字形。我在其他地方已经说过，一笔横画穿过一笔竖画，有时是原始的、纺锤状圆柱形或椭圆形设计的后期程序化发展结果。比如，十 *shih*，ten，就是从表示树叶的原始字形 ♦ 发展而来。③

---

① 【译者注】翟理斯（Herbert Allen Giles，1845—1935），英国驻华外交官、汉学家。1867 年来华，后长期在英国驻华领事馆供职，1893 年离职返英。他 1897 当选剑桥大学第二任汉学教授，1932 年请辞，在剑桥大学任中文教授达 35 年。金璋这里所说的词典，是翟理斯 1892 年出版的 A Chinese-English Dictionary（《汉英词典》）。在该部字典中，翟理斯修改了威妥玛建立的汉语罗马化体系，形成了广为人知的威氏拼音系统。参看王绍祥：《西方汉学界的"公敌"——英国汉学家翟理斯（1845—1935）研究》，福建师范大学博士学位论文，2004 年。

② 【译者注】顾赛芬（Couvreur Seraphin，1835—1919），法国传教士、汉学家。1870 年来华，在河北献县传教，期间曾返回法国，1904 年再次来到中国，1919 年在献县去世。他翻译了大量中国典籍，包括《四书》(1895)、《诗经》(1896)、《书经》(1897)、《礼记》(1899)、《〈春秋〉和〈左传〉》(1914)、《仪礼》(1916)等，是这一时期汉学家中翻译、研究中国典籍成绩最为卓著者之一。顾赛芬还编著了多部词典，《汉拉辞典》(1877/1892)、《法汉常谈》(1884)、《官话：北方官话》(1886)、《汉法字典》(1890)、《汉文拉丁文字典》(1892)、《法文注释中国古文大辞典》(1892、1904)、《汉法小字典》(1903)、《中文古文词典》(1904)等。参看卢欣、岳峰：《汉籍欧译大师顾赛芬》，《中国社会科学报》2021 年 5 月 6 日第 A12 版。金璋这里所说的词典，不知是哪一部。

③ 参看 L.C. Hopkins, "The Chinese Numerals and their Notational Systems. Part 2," *JRAS* 48, no.4 (Oct. 1916): 759-760.

顺着这条线索，从**夾**我们可以推测出一个字形，如 Fig.13［🔥］。是否存在这样的字形？再一次的，答案是肯定的。它出现在耿 kêng，bright 的古老字形中，如 Fig.14［🔥］，这是在无价之宝毛公鼎上找到的。

这个字形，或者另一个与它没有本质区别的字形，我认为就是上述各种字形中那个共同元素的本源，而在同一个字的其他例子中，它通常写作火 huo，fire。

再来看这个改造过的字形的读音。我们发现它的晚期字形**夾**不读作 huo 或其他变异音节，而是读作 i。那么，我们需要一些读作 i 或 yeh 的词，但其词义可以恰当地、一目了然地用火的图形来表示。这样的词存在吗？再一次的，答案是肯定的。尽管《说文》中没有这样的词，但《康熙字典》引用了其他辞书中的一个字焬 i，并引用《玉篇》认为它表示"火光"fire-light。《康熙字典》也引用了《集韵》的陈述"或作焱炀"，有时写作焱（通常读作 yen）和炀。

因此，我认为 i，fire-light(火光)这个词，就是最初写作差不多如我推测的那个字形 Fig.13［🔥］，后来写作**夾**，再后来写作亦，并最终发展出假借义"腋窝""也"，掩盖了它的原初本义"火光"（这是汉语中同音词的常见命运）。《康熙字典》引用的那个形声字焬 i 被创造出来，通过另一种方式来表达亦 i 所代表的原初本义。

这就是我大胆提出来的，对本文要讨论的靈 ling 这个字最下部符号**夾**的解释，以及它为何出现在上述不同的字形中，这种现象无论从读音还是从字形上都是比较难理解的。

但是，假设"亦"作为表意符号确实能够表示火光(fire-light or flame)这个词，那么为何要把它附加到一个表示舞动的萨满的形象上呢？

这个问题，迪格鲁特(De Groot)的巨著《中国宗教制度》(*The Religious System of China*)给我们做了最好的解释。在这部书的第六卷第 1292 页，《灵媒、驱魔师和先知》(Possessed Mediums，Exorcists and Seers)这一章，作者描述了当代厦门农村这类人群的活动。

"但是，正如我们都能理解的"，他写道，"在这种情况下驱魔的最好方法莫过于穿过火这种元素，这是世界上最强大的驱魔方法。因此，要举行一种叫做'踏火'或'行火路'的仪式，师公凭着一个卷起的垫子往前行进，他非常灵敏而迅速地把垫子推过这团火，几乎是把垫子一分为二，通过这种方式'开火路'，因此，在推的时候，他本人是第一个跨过去的"。

我敢断定，我们正在研究的这个图画文字正是表示这种古老的仪式。时代越古老，萨满的表现可能越激烈。但本质上它一定是相同的，都证实了人们对火的净化和炼狱力量的信仰。

假如我们已经在 *ling* 这个古文字形更复杂的中间部分发现了 *wu* 或萨满的早期形象，那么，我们应该在它的现代字形巫 *wu* 以及从中发展出现代字形的篆文字形 Fig.15［ ］中，看到一个缩简的、变形的舞蹈的萨满的残留，因而必须相应地补充《说文》对巫 *wu* 的解释，详如下文。《说文》中巫的篆文字形是 Fig.15［ ］，释曰："祝也女能事无形以舞降神者也象人两褒舞形与工同意古者巫咸初作巫。"英文翻译如下："An Invoker. A woman who can serve the Invisible, and by posturing bring down the spirits. Depicts a person with two sleeves posturing. Analogous in construction to 工 kung, handicraft. In ancient times Wu Hsien was the first shaman."。（召唤师。能侍奉无形者的女性，通过舞蹈使神灵降下。描绘了一个舞动双袖的人形。在构形上与工 *kung* 相似。在古代，巫咸是第一位萨满。）

这段暗示性的话需要一些解释和评论。

许慎认为 *wu* 就是祝 *chu*，an Invoker（召唤师），正如迪格鲁特（De Groot）所译。然而，*wu* 似乎并非都是女性，尽管有女性的 *wu* 存在。因此，段玉裁和王筠在其注本中均认为原文没有女 *nü* 这个字。如果他们是正确的，很可能确实如此，那么我们应该将其译为"one who can"，不能译为"a woman who can"。

"象人两褒舞形"这几个字，其后是"与工同意"，值得注意。如果 这个元素表示双袖，那么剩下的"工"形显然代表舞袖之人，因而它必然是 Fig.2 中间部分的变形，表现了伸展的胳膊和双腿，侧面的笔画是双手而非双袖。"与工同意"这几个字，对于初学者来说就是陷阱，实际上对于任何不

269

熟悉《说文》专门术语的读者来说都是陷阱，因为它们并没有字面上所表达的那种意思：与工意思相同——一个非常荒谬的陈述。相反，在《说文》中"同意"经常表示形式上的相同或相似。在这个例子中，巫 *wu* 和工 *kung* 都有共同的构件"工"。上文已经指出巫 *wu* 中的这个符号是从伸展着胳膊和双腿的人形演变而来。那么，许慎的话也可能暗示了工的最初形式也是人形。不过这个观点我们就不在这里展开讨论了。

巫 *wu* 还有另一种异体字形需要考虑，即《说文》中增加的"古文"字形，如 Fig.16［🜊］所示。这是一个更加精致的合体字，一个独立的字和词"廾" *kung*，由两只上举的手形构成，被安放在这个字的最下部，并且显然有两个口形被安插在双袖（𠂉 𠂊）下面。

近代《说文》注疏家和其他学者，都对《说文》中所谓的"古文"缺乏尊重，认为它们是从周朝末年混乱的世纪，即群雄争霸时期低质量的俗文字中吸收来的。因此，罗振玉尤其强调了河南甲骨上难以找到确认这类文字的证据。如果巫的这个所谓"古文"是孤立的，我们无需过多关注它。但是，颇为奇怪的是，我们在筮 *shih*（通过植物的茎条进行占卜）的字头（因此，通常是篆文字形）和另外两个从巫的形声字中，并没有如我们预想的那样找到巫这个字形，而是找到了《说文》所谓的巫的古文字形。或许这是隶书的一次记忆失误。智者千虑，必有一失。

我希望到目前为止，通过前面几页内容，我能够让读者确信，在 Fig.2［🜊］中我们认出了萨满或巫 *wu* 的最早象形，其两腿中间及下部所画的是火或火焰的图像。

＊　＊　＊

接下来的内容，我们将踏在不那么坚实的基础上，但是假设不一定都是错觉。我相信未来的发现要么能够证实我的假设，要么能够证明它们是如何以及为何错的。

现在要提出的观点是：萨满的形象在巫 *wu* 这个字中表现出来，他的仪式功能在靈 *ling* 最古老的字形中展示出来；不惟如此，揭去所有的伪装，萨满的形象也在"無"*wu*，not-to-have（没有）这个字中呈现，而且他踏着大而有力的双脚，正在复合字"舞"*wu*，to dance（跳舞）中舞动。

首先，我们来研究"無"这个字。鉴于本文并非简单通透，我们将提前考察一下基础资料。

《说文》中有两个篆文字形值得关注。一个是 Fig.17［森］所示（列在第208 部"林"下［卷六］），即"無"。另一个是 Fig.18［森］所示（列在第 457 部"亡"下），该字在现代汉语中已经消亡，但在汉隶中它写作 Fi.19［森］。

第一个字，即"無"，《说文》并没有像我们预想的那样把它释为"否定词"，而是释为"豐也"*fêng yeh*，丰盛的样子。反而是第二个字，现在已经淘汰的字，《说文》把它释为否定词，"亡也"*wang（or wu）yeh*。然而，有丰盛或茂盛义的这个音节 *wu*，尽管现在有时写作"蕪"，有时写作"廡"，但是在许慎的时代，简单的"無"无疑常常用来表示它。一个《说文》没有说明但仍然非常重要的事实就是，"無"这个字在最古老的铜器上也常常用作否定词（"無"的唯一现代释义），比如反复出现的短语"無疆"*wu chiang*，没有尽头。另外，需要注意的是，《说文》所列从"亡"的这个复合字［森］，在古代铜器或河南甲骨上都没有出现过。

做完以上这些考察工作，接下来我们必须确定，《说文》对"無"*wu* 的解释"豐也"，以及后面的进一步阐述，如下文所引，——这里可以提一下——对于后世注疏家来说都是棘手的问题，如此棘手以至于其中一位注疏家王筠暴躁地宣称"無字之说全不可解。"①

就目前的情况来看，这段话，无论出自许慎之手，还是被后来的注释给复杂化了，都一点也不简单。这段话是这样的："从林奭或说规模字从大卌数之积也林者木之多也卌与庶同意商书曰庶草繁無。"在译成英文之前，我需要说明一点，段玉裁认为第三个字"奭"应该重复一次，倒数第 12 个字"卌"应是"無"*wu* 的篆文字形，而非两口被线横穿的这个字。然而，按照原文的样子，不带段的校注，这段话应译为：

---

① 【译者注】王筠：《说文解字句读》，中华书局，1988 年，第 6 册，第 46 页。

从林 *lin*，forest（树林），从爽。爽，根据一些人的说法，是规模 *kuei-mu* 的模 *mu*，a pattern，model（样式、模型）字，从大 *ta*，great，从卅（《广韵》读为 *hsi*，广东话读为 *sip*），一个大的数字。林，多树也。卅 *hsi*（或爽，按照段玉裁的说法）类似于庶 *shu*，也表示数量大。《商书》（《书经》之一篇）曰"庶草繁無"，各种植物将非常繁盛。

上述内容有几句话需要更多讨论，但这里我们无须逐一进行分析。可以看出，许慎根据篆文字形认为 *wu*，abundent（丰盛），是由林和另外一个元素构成的复合字，对于这个元素的含义他显然拿不准。古代铜器上有许多例子可以支持许慎的想法，即林是"無" *wu* 的一部分。但也有许多例子的"無"不从林。比如，Fig.20［■］和 Fig.21［■］是从林的例子，Fig.22［■］和 Fig.23［■］是不从林的例子。因而，林究竟是不是 *wu* 字的一部分，我们现在还须保留怀疑态度。

无论如何，我们都需要考虑那个更令人费解但也更有趣的成分爽。《说文》的作者谨慎地转述了一种说法，认为爽是模字。他自己并没有这么说，但如果确实如此，这也能够暗示"無" *wu* 应是形声字，从林，义符，从 *mu*，声符。然而，段玉裁认为它是会意字。

这第二个含混不清的元素，在《说文》其他地方，无论是在词头中，还是在其他解释文本中，都未出现过。但它出现在《康熙字典》《补遗》中（列在大部下），引自两部书《篇海》和《类编》，读若莫胡 *mo-hu*，音模 *mu*，义为法 *fa*，刑 *hsing*，规 *kuei*。不过，这两部辞书都比《说文》晚很长时间，因此这种解释可能来源于《说文》。

但是，如果我们有一系列"無"的古文字形，它们都包含"林"这个成分，或者都能合理地宣称有"林"这个成分，那么我就认为王筠在其《说文释例》第 17 卷第 9 页的分析更为合理。他认为这个字从大 *ta*，作为义符，从■，一个已知的某 *mou*（现在用作某某，但一些权威学者宣称这是梅 *mei*，plum 的古字）的古文，作为声符。

然而，与这个和上文提议的其他来源相反的是，还存在一种非常古老的类型，在这种类型里■代替了■，■这个符号里显然没有木 *mu*，wood。

比如 Fig.24［⿰⿰图］,Fig.25［⿰图］,Fig.26［⿰图］。正是根据这个古文字形,我获得了我相信是"無"*wu* 的真正构形意义的线索。请尤其注意 Fig.24。它有一个核心的基本部件,是一个没有完全线条化的人的正面形象,左右两边各有一个完全相同的附件,乍一看很难分辨其义。但是《周礼》可以为我们带来一些线索。《乐师》下面列举了六种官方认可的需要教授的舞蹈,分别是帗舞、羽舞、皇舞、旄舞、干舞、人舞等。

相应地,我倾向于认为,两侧的附件是表演者或舞蹈者使用的一种象征性物件,羽状物就是一种选择。那个显然是伸开手臂的人形就是舞者本人,一位进行古老巫仪的舞者,或者萨满,正在行使他的奇幻之术。因此,我们也可以看出,现代汉字"無"*wu* 只不过是一个象形字,是一个正在舞蹈或表演的人的形象,只不过它被极度地伪装了;而且正如我要提出的,它也是巫*wu*,shaman(萨满)的古老变体。

但在这一点上,中国学者可能会提出质疑,认为上述讨论,无论价值如何,如果能够论证这些古文字形是"無"*wu* 和巫*wu* 的早期字形,那么也能同样多地——如果没有更多——证明这些古文字形是现代汉字舞*wu* 的字形来源。

针对这种质疑,我没有什么可批驳的。实际上,我认为上述展示并讨论过的古文字形,正是"無"、巫和舞这三个字的共同祖先。我尤其认为,现在读为 *wu* 巫(萨满)和 *wu* 舞(舞蹈)的这两个词,只是口语中 *wu* 这个音节所体现的同一概念的不同应用,仅是在书面语的后期阶段才有所区别。我更认为 *wu*(没有)和 *wu*(繁盛)这两个独立但同音的词,只是简单地假借了一个已经存在的、原本用来表示舞蹈的萨满或巫的字形。

如果考察舞 *wu*(跳舞)这个字的较早历史,上述假设就会显得不太可能。《说文》认为舞的篆文"舞"从舛 *ch'uan*,相背的(此为脚跟对脚跟的象形),无(*wu*)声。《说文》还列出一个古文字形翌,从羽亡(*wu* 或 *wang*)声。

但是,如果我们去研究中国学者出版的图录中公布的、我们所能研究的最古老的铜器上的铭文,就会发现,《说文》所列上述字形一个也找不到。相反,在一个例子中,我们发现,*wu*(跳舞)这个词写作从"無"(*wu*),形符从辵

（cho）的一个字（见于《捃古录金文》第 7 卷第 69 页）；在另一个例子中，这是一个具有指导意义的例子，我们发现"無"（wu）被用来表示现在隶定为大舞（ta wu）——显然是一种舞蹈名称——的舞字，而在同一件铭文中，无（wu）还用作无（wu，没有），出现在常用语"無疆"（wu chiang，没有尽头）中（见于《捃古录金文》第 9 卷第 27 页）。再一次的，在另外两件稍微不清晰的例子中，从字形上看是常见的"無"字，但表示舞（wu，舞蹈）这个意思（见于《捃古录金文》第 9 卷第 24 页）。

这是一些关键的例子，可以证明以下观点：早期书写者在书写 wu（没有）和 wu（舞蹈）这两个词时并无区别。

* * *

如果我把揭示巫 wu 的最终化身，在我看来，正如他在河南遗物上展示的那样，作为本文的结束语，希望我不会被当作痴迷萨满的受害者。

Fig.27[ ]是我收藏的一件碎骨，即金 638 上的两条独立但相邻的刻辞。两条刻辞中间有一条横向界划线。刻辞里填有红色朱砂，现在仍有部分文字的朱砂清晰可见。

在翻译这两条刻辞之前，有必要先简要讨论一下其中两个较难确认的字，尽管这两个字并不影响我想对巫 wu 提出的一些看法。

第一个难点是古文字形 ，罗振玉隶定为之 chih。但在这一点上，他前后并不一致。在《殷虚书契考释》《文字第五》篇，罗氏把 Fig.28[ ]列为之 chih 的甲骨字形，没有列出其他字形（页 57）。但在《卜辞第六》，在许多尽可能用现代汉字释出的完整卜辞中，他总是把 这个甲骨字形直接隶定为之 chih。我一直无法接受这种隶定。但在某种程度上我与他意见相合，认为这是一个动词性的词，含有某种对神灵或祖先祈祷或献祭之义，最可能是两义兼有。罗氏对这个字的解释如下（页86）："右言之于或但言之言于者六十有六之者适也之于某犹特牲馈食礼筮辞云适其皇祖某子矣。"[①]右边所列"之于"辞例66条，有的只有"之"，有的只有"于"。之 chih 这个词相当于适 shih，到达或接近。"之于"这个短语，适于某某，是把一种祭牲献给某某的祭祀仪式。在用蓍草占卜的术语中，同样的意思则表述为"适其皇祖某子矣"。

带着对"ㄓ"这个古文字形实际所表示的词的上述保留意见，以及为了叙述之便，我暂且在下列释文中采用之 chih 这种隶定。

第二个难题是ㄜ这个字形，即下述卜辞中的第三个字。第一眼看上去这似乎是亡 wu（或 wang），否定动词，不在或没有，在河南甲骨上经常用作无 wu。但是，这种否定词义在我们引述的这条卜辞中讲不通。实际上，这条卜辞中的这个字必须是ㄜ = 作 tso 的轻微缩减（在甲骨其他地方也经常这样），而这种缩减，我补充一句，在另一个异体字中进行得更彻底，即《朝阳阁字鉴》第2卷第15页所引的ㄥ。

对于这两个难点我们讲了许多，现在来做这条卜辞的释文和翻译。

上面部分，我读作"評巫之雨"hu wu chih yu，命令巫献祭以求雨。下面部分，我读作"評巫作雨"hu wu tso yu，命令巫作雨。

作雨 Tso yu，是公认的用巫术祈雨的词语，如《佩文韵府》所示。

因此，我想我们可以有把握地得出以下结论：大这个带三叉手形的线条化人形，是后来巫字的前身和词源，是创作河南甲骨刻辞的那个时代表示萨满的通用字形。

再见了，巫和他的舞蹈！

---

① 【译者注】罗氏所说"之于"实为"ㄓ于"。

A New Interpretation of *Shū*-type Texts from the Perspective of Political Philosophy
——An instance of Yegor's *Mediation of Legitimacy in Early China*[*]

Xia Yunan[**]

Chinese scriptures are difficult to read, especially the *Shu*. *Shangshu* (尚书) has been famous for its ancient and abstruse content since the antiquity, and *Yizhoushu* (逸周书) is even more intractable. With the advent of a large number of unearthed manuscripts in recent years, the definition and specific research on *Shū*-type texts are also increasing. In particular, the

---

[*] The new interpretation of pre-Qin political philosophy is an important direction in the study of pre-Qin history. Recently, Mr. Yegor Grebnev, in his book *Mediation of Legitimacy in Early China: A Study of the Yizhoushu and the Grand Duke Traditions*, revealed the frontier analysis of early *Shū*-type texts such as *Yizhoushu*. This interpretation attempts to conduct an all-round study on the process of writing, text classification, content analysis, and ideological source of *Yizhoushu* from the perspective of cultural memory theory. Combined with the handed down and newly unearthed *Shū*-type texts and Taigong documents, through multidisciplinary comprehensive analysis and the perspective of historical theories of knowledge, we have a new comprehension of the process and text source of *Yizhoushu*. Analyzing different chapters and explaining the relationship between different documents layer by layer will help to excavate the relationship between the main text of *Yizhoushu* and the Daoist texts. In terms of stylistic features, *Yizhoushu* is a community of political authorities in different times and knowledge systems of many schools.

[**] Institute of Ancient History, Chinese Academy of Social Sciences (中国社会科学院古代史研究所); "Paleography and Chinese Civilization Inheritance and Development Program" Collaborative Innovation Platform ("古文字与中华文明传承发展工程"协同攻关创新平台).

appearance of the bamboo strips collected by Tsinghua University has promoted the research process of *Shū*-type texts. In addition to the relevant chapters of the received *Shangshu* and *Yizhoushu*, there are some texts beyond the scope of "one hundred" in the Tsinghua bamboo slips, which means that more *Shū*-type texts seem to have been circulating in the pre-Qin period. *Shangshu* is a kind of canonical scripture, *Yizhoushu* is a representative of non-canonical scripture, but both embody the tradition of "*liyan* 立言" (establishing words). Both the records of the historiographers from the "Royal Library and Archives (*Mengfu* 盟府)" and those of people from all walks of life in the pre-Qin society are the embodiment of their enthusiasm for "*liyan*". "*Liyan*" means that the political civilization at that time was marching towards the maturity of culture and theory. At present, Yegor's book *Mediation of Legitimacy in Early China: A Study of the Neglected Zhou Scriptures and the Grand Duke Traditions* is a representative work of overseas scholars on the study of *Yizhoushu* in all aspects, such as its process of composition, text classification, content analysis, and ideological sources. It's also a comprehensive study to re-assess the textual structure, literature sources, important historical events and key figures of *Yizhoushu* from the perspective of the tradition of "*liyan*".

Shū-type texts and Political Authority

"*Shu*" in the Western Zhou Dynasty originally meant documents, including order books for recording commandation appointed by the king, books for offering sacrifices to gods and praying, and books for recording the labor of the project. These documents themselves were kept as archives. According to oracle bones and inscriptions on bronze, the tradition of "*zuoce* 作册" (composing texts) was inseparable from the functions of historiographers.

The main functions of the historiographer were to "record words (记言)" and "record events (记事)", which involve various activities related to politics, religion, military, society, etc. The texts of "words", such as *Gao* (诰), *Shi* (誓), *Hao* (号) and *Ling* (令) issued to the king, were also included in the "*Shu*".

Yegor's new book mainly comprehends the text of *Yizhoushu* from the perspective of the status of the monarch and political legitimacy, which involves a focus on the discussion of the "recorded words" texts (Yegor calls them speech texts). This perspective can be used as a clue for reading the book. As a young overseas sinologist, Yegor has always been committed to the study of early Chinese classics, especially the related research on *Shū*-type texts.

He analyzes the text mainly with the method of formal criticism, and believes that the formation and dissemination of classics known as "forgeries" in traditional academia (such as *Yizhoushu*, which looked suspicious to later generations) were crucial in the Warring States Period. This view coincides with the research and understanding of *Shū*-type texts in China. However, Yegor's way of analyzing these texts is slightly different from traditional research, in that he believes that the structure of these "suspicious" texts and the formulaic phrases (套语) that appear repeatedly in them reflect the genetic generation and correlation between them and important canonical scriptures. This cannot be simply explained as borrowing or applying canonical scriptures. By carefully studying the sources and formal characteristics of these neglected texts, he tries to explore the reasons for the formation of the text, including whether the appearance of this text was closely related to the ruling authority and political legitimacy of the monarch at that time. Therefore, it further analyzes how the pluralistic knowledge system in early China, especially in the Warring States Period, was created. Undoubtedly, this research perspective is relatively new, and traditional research mostly starts from the interpretation of words and the understanding of content. The book first sorts out the structure and formation process of *Yizhoushu*, reassesses the formation of early Chinese classics, and on this basis, distinguishes the stratification, source and formation reason of each chapter and paragraph, which has far-reaching significance for the study of *Yizhoushu*. Although this kind of analysis is also common in the comprehensive study of *Yizhoushu* by domestic scholars in recent years, this research has focused more on the word identification and literature research of a single or several chapters of *Yizhoushu*. In contrast, it has less evidential and linguistic analysis of the text, and is better at building theories and models. The advantages are also obvious. This research method is more macroscopic, paying more attention to the formation process of *Yizhoushu* as a flowing anthology, and the relationship between the speech texts in this process and the political authority or the legitimacy of governance (p.178). In fact, the emergence of *Shū*-type texts is the inevitable result of the historiographer's "recorded words", which gradually affected all strata in the Warring States Period, especially the intellectual class, to form the tradition of "*liyan*". This meant to establish authority in both language and a literal sense for the former Kings, the former Dukes and political rulers, and archive it, even hoping it would last longer than metal and stone (金石). The emergence of a large number of these texts promoted the formation of the authoritative canonical scripture system, and ultimately led to the establishment of official schools and the emergence of academic schools based on some unified texts. Canonical scriptures based on academic officials became the basis for the national selection mechanism to carry out institutional education, while non-canonical scriptures not based on academic officials were gradually ignored. Whether a text can be called canonical scripture is probably also related to the literature itself and whether it could establish the ruling legitimacy and political authority that was considered at that time.

Yegor's academic research background has a great relationship with the writing of this book. The traditional research on the "*Shu*" in Western sinological circles was basically the study of *Shangshu*. However, most of them continued the tradition of Chinese classical hermeneutics or ancient historical research in the Qing Dynasty, and did not use a special "foreign perspective（异域视角）". Starting from Martin Kern and Dirk Meyer, the "*Shu*" was placed in the perspective of comparative study to study the similarities and differences between early Chinese and Western civilizations, which also affected the judgment of the textual nature and content of *Yizhoushu*. Yegor's research was influenced by this research method. He once tried to carry out a comparative study of the documents of the early Western Zhou Dynasty and the Mesopotamian royal inscriptions, as well as a comparison of the ancient Chinese documents and the "*shuji*（数纪）" texts with the Pali classics, and a clarification of the knowledge pedigree. This kind of research has a broad perspective, and strives to eliminate the hybrid phenomenon of early Chinese scriptures and reproduce its textual formation process. Although they have unique features that cannot be replaced, they also have much in common with other classics of early human civilization, and their common role is to highlight the legitimacy of the ruling authority and monarchical politics.

As preserved archives, *Shū*-type texts were very important to the governance of the Zhou Dynasty and symbolized the legitimacy of the monarch's rule. The content and theme of most of the "recorded words" chapters in *Yizhoushu* are the same as those in *Shangshu*. Yegor also noted that the uniform formulas before and after the speech texts in *Yizhoushu* are mostly used to introduce the time, place, people and other information of historical events recorded in the texts, which are more like the records of historians. Such records can reflect a kind of "authenticity", which helps to highlight the authority of the text and the importance of expressing ideas. The middle paragraphs of these chapters are more inclined to be the elaboration of political thoughts. Yegor's relatively obvious division of this kind of text into two sources makes an approximate binary analysis. However, for the stratification of the text of *Yizhoushu*, the research of domestic scholars has already gone deep into the multiple research on the stratification of a single article. The degree of intermingling of the text of *Yizhoushu* can be fully reflected from the perspectives of characters, sentence patterns, phonology, grammar, etc., and be influenced by various schools of thought, which cannot be divided by dualism alone. The language of kings is often fleeting, and the historiographers of the same era and later generations need to record it in a more solid form. Through "*shu* (述)" and "*zuo* (作)", whether carved in metal and stone or written on bamboo slips and papers, this was the ability to pursue the legitimacy of national politics, the authority of the monarch's rule, and the resistance of time.

Canonical and Non-Canonical scriptures

Although there are traces to follow in the process of *Shū*-type texts being established as official, the shaping of classics was fluid and complex. The *Shangshu* recorded by *Yiwenzhi* (艺文志) in *Hanshu* (汉书) is undoubtedly an authoritative classic, which had been circulated in an orderly manner with numerous annotations. However, the *Zhoushu* (周书) referred to in *Yiwenzhi* was placed after *Xu Shang's Wuxing zhuanji* (许商五行传

记）and before the *Yizou sishierpian*（议奏四十二篇）. Its position is self-evident, which should be close to the annotation of *Shangshu*. For a long time before and after Kong Chao（孔晁）, there was no annotated version of *Yizhoushu*. As for detailed explanations, it was not until the Confucian scholars in the Ming Dynasty and the Qing Dynasty began to pay more attention to the Confucian classics. The existence of such marginalization reflects the long-term marginal position of *Yizhoushu*.

According to Yegor's new work, both domestic and international scholars can basically agree on the nature of the book and compilation of the text of *Yizhoushu*. But compared with most studies on *Yizhoushu* in China and abroad, Yegor believes that the "*Yi*（逸）" of *Yizhoushu*, which the text focused on in this paper, meant "neglected"（p.1）, rather than "lost". *Yizhoushu* is one of the texts that, despite having been continuously preserved in the tradition, have been dismissed for a long time, surviving only on the brink of oblivion. This is similar to the views of scholars who have recently studied *Yizhoushu*, such as Li Xueqin（李学勤）, Huang Huaixin（黄怀信）and Zhang Huaitong（张怀通）. In fact, "neglected" is not enough to fully explain the fundamental reason why *Yizhoushu* was not annotated for a long time. To be more precise, it can be interpreted as "not being serious", "not standing in an official position", and "always being marginalized". The word "*Yi*" provides an important clue to correctly understand the position of such documents in the Han Dynasty and later. For a long time, the position of *Shangshu*, as an authoritative classic, and *Yizhoushu*, which was on the edge, were very different. This cannot be explained by the fact that the chapters of *Shangshu* are more ancient or reliable. Yegor's book gives a layer-by-layer analysis, forming a complete and self-consistent interpretation.

In the process of writing, in addition to an awareness of problems, formal care also needs to be realized through narration. Narrative methods are different, but they are closely related to the focus of the author. Yegor's new book is composed of six chapters, which are discussed step by step and closely linked, but it is also a separate and independent monographic study. Structurally, the study begins with an introduction of the current state of scholarship on the *Yizhoushu*, Chapter 1 gives a survey of the collection's textual history, Chapter 2 explains the definition of *Shu*, and discusses the parts that can be proved relevant to the text of *Shangshu* (Canonical Scriptures; chapters 2 – 3). This is followed by an analysis of the collection's most characteristic chapters (Chapter 4), which turns out to be closely connected to previously misclassified early Daoist texts, pushing the history of religious Daoism several hundred years back into antiquity. The reason for the gradual change of the Grand Duke's (Taigong 太公, or Jiang Taigong 姜太公) status as a Daoist immortal during the medieval period is inferred from the shaping process of the Grand Duke's image (Chapter 5). Chapter 6 is a summary. The "recorded words" chapter in *Yizhoushu* is a series of "Heirloom Treasures (传家宝)" with mysterious power, which played a key role in establishing the legitimacy of rulers. However, Yegor believes that it is difficult to explain this point without the theoretical basis of anthropology. This way of writing reflects the author's ability of logical deliberation and theoretical construction, and is promoted layer by layer. The previous four chapters focus on the relationship between the marginal *Yizhoushu* and the authoritative *Shangshu*. The texts of "recorded words" in the two books seem to be the same, but have different credibilities. As early as 2017, Yegor had re-examined the relationship between *Yizhoushu* and *Shangshu*, summarized the types of relevant texts on a macro level, and also focused on the definition, type induction, structural analysis, rhetoric research, etc. of texts from a micro perspective. The purpose was still to re-analyze the *Shangshu*, *Yizhoushu* and related *Shū*-type texts in Tsinghua bamboo slips. This was Yegor's preliminary research on the text of *Yizhoushu*. He was not satisfied with the definition of the concept of *Shū*-type texts by scholars at that time. He identified the chapters with similar forms in *Shangshu* and *Yizhoushu* by means of "formal criticism", identified the diachronic development characteristics of these texts in terms of models, and proposed some standards for judging the relevance of the materials of the two books. Yegor started this research project from his undergraduate studies at Moscow State University, up until his PhD research stage at Oxford. In the process of overseas sinological academic exchanges, Yegor has continuously accumulated the research achievements of many sinologists on *Yizhoushu* and *Shū*-type texts. It is undoubtedly convenient to understand the latest research on *Shū*-type texts in sinological circles.

Although there are some limitations in this kind of research, there is still room for the demonstration of the problem itself and the interpretation based on the text. Nonetheless, *Shū*-type texts are regarded as a flowing collection, with single text stratification, differences between multiple articles, and the main purpose of *Yizhoushu* and its chapters. The "performance" features embodied in the "recorded words" texts are also worthy of further study.

The Grand Duke's Image in the New Vision of "Kings and Sage Officials"

The traditional relationship between the monarch and his subjects in China is a motif of historical research. In the political structure of "supreme monarchy", how the monarch gets along and communicates with his officials was different in different historical stages, which is worthy of constant discussion by historians. The literature of the Warring States

Period undoubtedly provided a basis for understanding the relationship between the monarch and his subjects at that time and in earlier times. The text of *Yizhoushu* also recorded the political structure between a large number of virtuous officials such as the Duke of Zhou (周公) and Duke of Shao (召公) and the rulers of the early Zhou Dynasty.

Yegor's book not only pays attention to *Yizhoushu*, but also to the Taigong documents. *Taigong* (太公), which was divided into the Daoist and Military schools in *Qilue* (七略), was classified into Daoism by Ban Gu (班固) in *Yiwenzhi*, and Taigong was praised as "a man of the original Dao". Based on recent research on the Taigong documents contained in the unearthed documents, and the discussion of the received *Liutao* (六韬), Yegor clarifies the source and development of the versions of documents related to Taigong (pp.132 – 133), analyzes the textual structure (pp. 137 – 138), and points out the similarities with *Yizhoushu*.

Yegor notices that Dunhuang manuscripts Bo No. 3454 chapter *Zhouzhi nianba guo* (周志廿八国) of *Liutao*, coincides with the current chapter *Shiji* (史记) of *Yizhoushu*. From this point of view, we can draw a reflection on the nature of the Taigong documents. After comparing with the text of *Yizhoushu*, Yegor believes that the Taigong documents cannot be defined as military documents, and the opening of a large number of texts is similar to the "recorded words" texts in *Yizhoushu*. Taigong became the main political object of the king (King Wen of Zhou, 周文王) and played an important role in the political rule of the early Zhou Dynasty. This kind of pattern of the king asking for governmental advice from wise officials is completely consistent with the situation of the king asking for governmental advice from the Duke of Zhou and the Duke of Shao in *Yizhoushu*. These texts are very similar in terms of title and text structure at the beginning of the chapter. However, in the documents of

Taigong represented by *Liutao*, the authority of Taigong is even completely superior to the royal power. In particular, King Wen displays reliance on the Grand Duke, such as in chapter *Mingzhuan* (明传). Yegor thinks that this seemingly "absurd" model of monarch and minister is actually different from the model of the monarch and the Duke of Zhou in the early Zhou Dynasty in *Yizhoushu*. The Duke of Zhou is a blood relative of the King of Zhou, and the checks and balances of the Grand Duke and Duke of Shao on the power of the Duke of Zhou can also be seen in the chapter *Jinteng* (金縢) of *Shangshu*.

One of the highlights of the book is the relationship between the text of *Yizhoushu* and Daoist literature and schools, as well as the discussion on the origin of early Daoism. Academics have already noticed the textual connection between *Yizhoushu* and *Liutao*. However, due to the abscission, corruption and mutilation of different versions of the text, it is indeed difficult to conduct in-depth research. Under the new vision of "Kings and Sage Officials", Yegor started with the protagonist of the text of "recorded words", namely Taigong, and clarified the narrative mode similar to the chapter of *Yizhoushu*. He also pointed out that Taigong was the first person to have Dao in the political rule of the early Zhou Dynasty from the perspective of catalogue sorting and document ideology(p.158), and was a typical moral authority (p. 168). If possible, I look forward to further discussion of the questions raised in this book, such as whether this seemingly "absurd" worship of Taigong's wisdom and the shaping process of Taigong's typical moral authority were modified or transformed by the intellectuals of the Warring States Period.

A study of the early Chinese *Shū*-type texts related to the ancient history of the Mesopotamia prompted Yegor to consider several common features that have not been paid attention to by the academic community.

These include: 1. Early historical documents not only describe the past, but also provide imitation cases similar to "drama", so that the relationship between the monarch and his subjects described by future generations can reproduce the behavior patterns in the documents; 2. The literature reflects a special distribution and adjustment of authority, that is, the relationship between "Kings and Sage Officials" is unequal but complementary. The special case is that the wisdom of some ministers seems to be much higher than that of kings. Yegor believes that this kind of text represents an attempt by the pre-Qin elite group to obtain a higher and more stable social status through historical writing. The Grand Duke and the Duke of Zhou, regardless of their origin, seniority, and performance, are enough to meet this imagination. In the imagination of people in the Warring States Period, one (or several) "Sage Officials" were indispensable to the "Kings" of ancient times. This historical ideal was not only reflected in *Shiji* (史记) and other documents, but also had a profound impact on the official culture and religious culture after the Han Dynasty.

Conclusion

Generally speaking, this book is influenced by the theory of cultural memory. The author is good at analyzing the linguistic characteristics, stylistic structure model, especially the thought and connotations of the text, and discussing the epochal and purposeful compilation of *Yizhoushu* and its chapters. He also emphasizes the performance characteristics of the text, and pays attention to discussing the text from the perspective of ritual functions. On the basis of cultural memory theory, we can deal with *Shū*-type texts, presenting many new ideas, but it is also difficult to avoid being limited by theoretical frameworks. In his book, Yegor rejects the inferences and judgments of "Modernism(现代主义)" and the discourse research on

"Centralism(中心主义)" in China and the West. He tried to return to the context of historical documents themselves and interpret *Yizhoushu* in a way that connects literature, philosophy and history. Therefore, this is a book worth reading by philologists and historians with a sense of comparative research. It is also a book that combines comprehensiveness with specific chapter themes to study the academic monograph of *Yizhoushu*. It is also a book beneficial to further exploration in methods, narrative and other aspects.

The changes in the form of ancient scripture, the changes in the regions and channels of circulation, and the birth of classics were not simply the combination or collection of various bamboo slips, but closely related to the changes of the times, political forms, cultural innovation, and the emergence of new knowledge systems and social groups. Furthermore, we should pay more attention to the underlying reasons behind the formation of ancient scripture and their chapters.

References

Huang Huaixin(黄怀信), *Yizhoushu yuanliu kaobian*(《逸周书》源流考辨)(Xi'an：Northwest University Press, 1992).

Huang Peirong(黄沛荣), "*Zhoushu yanjiu*(周书研究)"(PhD diss., Taiwan University, 1976).

Li Xueqin(李学勤), "Qinghuajian yu *Shangshu Yizhoushu* de yanjiu(清华简与《尚书》、《逸周书》的研究)," *Journal of Historiography* 2(2011)：104-109.

Lin Wenhua(林文华), *Yizhoushu yanjiu*(《逸周书》研究)(Gaoxiong：Liwen wenhua Press, 2010).

Lou Jiaxiang(罗家湘), *Yizhoushu yanjiu*(《逸周书》研究)(Shanghai：Shanghai Chinese Classics Publishing House, 2006).

Martin Kern and Dirk Meyer, *Origins of Chinese Political Philosophy: Studies in the Composition and Thought of the Shangshu (Classic of Documents)*(Boston: Brill, 2017).

Wang Lianlong(王连龙), *Yizhoushu yanjiu*(《逸周书》研究)(Beijing: Social Sciences Academic Press, 2010).

Xia Yunan(夏虞南), "*Yizhoushu wenben yu chengshu xinlun*(《逸周书》文本与成书新论)"(PhD diss., Tsinghua University, 2022).

Yegor Grebnev, "Regarding some common features in the historical imagination in ancient Mesopotamia and China(论两河流域与古代中国历史想象的几个共同点)"(Forum on Asian Civilizations, Hangzhou: Zhejiang University, May 15 – 16, 2022).

Yegor Grebnev, *Mediation of Legitimacy in Early China——A Study of the Yizhoushu and the Grand Duke Traditions*(New York: Columbia University Press, 2022).

Zhang Huaitong(张怀通), *Yizhoushu xinyan*(《逸周书》新研)(Beijing: Zhonghua Book Company, 2013).

Zhang Ning(章宁), "*Yizhoushu ruoganpianzhang chengpian shidai yanjiu*(《逸周书》若干篇章成篇时代研究)"(PhD diss., Beijing Normal University, 2019).

Zhou Yuxiu(周玉秀), *Yizhoushu de yuyan tedian ji qi wenxianxue jiazhi*(《逸周书》的语言特点及其文献学价值)(Beijing: Zhonghua Book Company, 2005).

编　后　记

　　《殷周历史与文字》第二辑的约稿正值三年防疫政策的调整，诸位作者先生克服了许多困难，提供了有自己心得和创获的高质量的论文，并认真加以修订，在此表示感谢。

　　本辑的编辑工作，自始至终得到研究室主任刘源先生的支持，刘源先生还对"编辑前言"的修改提出指导性意见，也在此表示感谢。

　　感谢中西书局的编辑田颖和王泺雪先生为本辑的出版付出的辛勤劳动。

　　期待大家对我们的工作提出宝贵意见。

王泽文

2024 年 3 月 11 日

图书在版编目(CIP)数据

殷周历史与文字. 第二辑 / 中国社会科学院甲骨学
殷商史研究中心编. —上海：中西书局，2024
ISBN 978 - 7 - 5475 - 2253 - 0

Ⅰ.①殷…　Ⅱ.①中…　Ⅲ.①中国历史−商周时代−
文集　Ⅳ.①K221.07 - 53

中国国家版本馆 CIP 数据核字(2024)第 086445 号

殷周历史与文字(第二辑)

中国社会科学院甲骨学殷商史研究中心　编

责任编辑	田　颖
助理编辑	王泺雪
装帧设计	黄　骏
责任印制	朱人杰

出版发行	上海世纪出版集团
	®中西书局(www.zxpress.com.cn)
地　址	上海市闵行区号景路 159 弄 B 座(邮政编码：201101)
印　刷	上海商务联西印刷有限公司
开　本	700 毫米×1000 毫米　1/16
印　张	18.5
字　数	265 000
版　次	2024 年 4 月第 1 版　2024 年 4 月第 1 次印刷
书　号	ISBN 978 - 7 - 5475 - 2253 - 0/K · 459
定　价	98.00 元

本书如有质量问题,请与承印厂联系。电话：021-56044193